Nun sind die letzten Manuskriptseiten von mir korrigiert. Ich spüre den Stolz desjenigen, der etwas geschaffen hat, verbunden mit der Hoffnung, Ihnen, dem Leser und Nutzer dieser Arbeit, damit eine Freude zu bereiten.

Dies ist auch der Moment des Dankes.

An meine Frau Birgit und meine Kinder, die während der Arbeitsphase an diesem Buch für einige Monate auf unsere rare gemeinsame Freizeit verzichten mussten.

An meinen Sohn Sebastian, der bei der Aufbereitung der Rezepte tatkräftige Computerunterstützung leistete und darüber hinaus meine Homepage aufbaute und pflegt.

Und an alle anderen, die an diesem Werk mitgearbeitet haben, besonders meinen Mitautor Thomas Ruhl.

Ich habe als Koch viel erreicht.

Ohne meine Crew, die in jeder Situation viel Engagement und Eigeninitiative zeigt, sowie Herrn Althoff und Herrn Wagner, die als Inhaber bzw. Direktor des Schlosshotels Lerbach für das angenehme Gesamtambiente sorgen, wäre dies alles nicht so leicht möglich gewesen.

Ihr Dieter Müller

2. Januar 2000

"Ein Starkoch ohne Starallüren"

"Ein Top-Kreativer, aber kein Überflieger"

"Sympathisch und einfach ein netter Kerl"

Das ist Dieter Müller!

PROLOG

Die Kochkunst von Dieter Müller lernte ich in den 80er Jahren in den "Schweizer Stuben" kennen. Als Hobbykoch habe ich schon damals viele Details seiner Arbeit kopiert und übernommen. Dieter Müllers Entwicklung zu verfolgen war hoch interessant, denn seine Menüs wurden immer einfallsreicher und vielschichtiger.

Als ich am 28. Februar 1992 der Eröffnung seines Restaurants in Bergisch Gladbach beiwohnte, genoss ich jedoch ein Menü, das ich in dieser Form niemals ähnlich gesehen und verzehrt hatte. Inspiriert durch seine Auslandstätigkeit zuvor, zauberte Dieter Müller eine Kombination aus der deutschen, asiatischen und französischen Küche, die er zu einem von ihm kreierten Gesamtkunstwerk verband.

Ich halte das für die Geburtsstunde eines ganz neuen Kochstils. Darum gibt es auch dieses Buch - ich möchte damit das Schaffen von Dieter Müller jedem zugänglich machen und empfehle allen Interessierten, sich mit seinen Aromakombinationen auseinanderzusetzen.

Kochen Sie nach! Genießen Sie Ihre eigenen Dieter-Müller-Menüs.

Und ... keine Angst vor dem aufwendigen Styling. Bedenken Sie, dass Dieter Müller nicht nur ein Weltklassekoch, sondern auch ein perfekter Foodstylist ist. Auch wenn Sie die Gerichte auf dem Teller etwas einfacher gestalten - es schmeckt trotzdem genial. Wir hatten bei den Fotoaufnahmen das Glück, über den vielleicht besten Menü-Designer der Welt zu verfügen - Dieter Müller.

Thomas Ruhl - Der Mitautor

Thomas Ruhl

Jahrgang 1956, Ausbildung in den Bereichen Grafik-Design, Fotografie und Marketing, arbeitet heute als Geschäftsführer und Inhaber der gleichnamigen Werbeagentur und des Fotostudios "Hot Shots". Für seine Arbeit als Gestalter wurde er mehrfach ausgezeichnet.

Impressum:

Alle Rezepte kreiert und gestylt von Dieter Müller.

Wir danken besonders folgenden Mitgliedern der Dieter-Müller-Crew für die Mitwirkung an diesem Buch:

Nils Henkel, Sous Chef
Christoph Lindpointner, Chef Pâtissier

Text:

Dieter Müller,
Thomas Ruhl
falls nicht anders vermerkt.

Creative Direction:

Thomas Ruhl

Art Direction und Layout:

Ute Goebel,
Uta Schmitz-Esser,
Thomas Ruhl

Fotos:

Pietro Pellini,
Köln
Thomas Ruhl
für "Hot Shots" Studio, Köln,
falls nicht anders vermerkt.

Gesamthandling:

Carola Gerfer

Produktion, Satz, Litho:
Ruhl Agentur GmbH,
Köln
Carola Gerfer,
Tanja Lehwald

Druck:
Neue Stalling,
Oldenburg

Verlag:
© 2000 DuMont Buchverlag, Köln

Anschriften:

Restaurant
Dieter Müller im
Schlosshotel Lerbach
Lerbacher Weg
51465 Bergisch Gladbach
Tel.: 02202 / 20 40

Ruhl Agentur GmbH
Werderstr. 21
50672 Köln
Tel.: 0221 / 95 29 12-0

Hot Shots
Waldweg 6
51919 Odenthal
Tel.: 02202 / 70 90 48

Julian Brown, vielmals prämierter Designer und einer der wenigen Träger des Ehrentitels "Royal Designer for Industry" des britischen Königshauses:

"Ein Buch voller Kraft und Stärke, das nie langweilig wird. Die Variabilität des Gestaltungsrasters beschert uns auf jeder Seite ein neues Erlebnis. So wird das Ganze gleichermaßen zu einem Gaumen- und Augenschmaus."

Jörg Dümmig-Zitzmann, Geschäftsführer der alfi Zitzmann GmbH in Wertheim, Träger der Wirtschaftsmedaille das Landes Baden-Württemberg, "Design-papst", Mitglied im "Chuchi"-Club kochender Männer und als solcher ein absoluter Gourmet und Spitzen-Hobby-Koch:

"Dieses Buch setzt Zeichen. Wunderbare Gerichte, perfekt gestylt und gekonnt präsentiert. Die Bildgestaltung und die Typographie sind ebenso ideenreich und perfekt wie die Kochkunst von Dieter Müller. Hier haben sich zwei "Buchmacher" getroffen, die eine Spache sprechen. Sie haben ein Werk geschaffen, das sich deutlich und sehr positiv von der allgemeinen Kochbuchlandschaft abhebt."

SUPPEN, CREMES UND KALTSCHALEN

FLEISCH, GEFLÜGEL UND WILD

EIN KÄSEGERICHT

DESSERTS

FEINE PATISSERIE

MARMELADEN UND CHUTNEYS

GRUNDREZEPTE

STICHWORTVERZEICHNIS

VORWORT

HEINZ HORMANN,

VERANTWORTLICHER REDAKTEUR FÜR DIE SCHÖNEN DINGE DES LEBENS BEI DER TAGESZEITUNG "DIE WELT" UND SELBST AUCH BUCHAUTOR.

"Man sagt, für den ersten Eindruck gebe es keine zweite Chance. Er sei alles beherrschend und für Beziehungen wegweisend. Das mag stimmen oder nicht. Bei Dieter Müller kommt es in jedem Fall hin, da ist die Erkenntnis 100 Prozent positiv besetzt. Die Begegnung, das Kennenlernen, fand in den Schweizer Stuben statt. Die automatische Tür zur Küche schwang auf, ein adretter Herr mit jungenhaftem Lächeln schritt in properer Kochmontur durch die Halle, Zurückhaltung und Bescheidenheit signalisierend. Freundlich und gleichzeitig selbstbewusst. Unabhängig von fachlicher Qualifikation, von Auszeichnung und internationaler Bedeutung stellte sich sofort der Gedanke ein, der später immer wieder ins Bewusstsein zurückkam: Den muss man einfach sympathisch finden.

Bescheidenheit und Zurückhaltung bedeuten dabei wahrlich nicht Langeweile. Dieter Müller aus dem Markgräflerland und Wahl-Rheinländer, der unbestritten zu den zwei besten deutschen Köchen aller Zeiten gehört, sprudelt über vor Ideen, steht bei äußerlicher Gelassenheit immer unter Dampf. Tagtäglich. Seine Dynamik kennt keine Ruhephasen. Das Rezept seines beruflichen Erfolges lernte ich im Laufe unserer Freundschaft kennen. Er hält sich eisern an das Natürliche, er predigt Respekt vor Jahreszeiten und Frische. Er beherrscht die Kunst der Nuancen und Schattierungen, doch bekennt er sich ebenso zu eindeutigen Konzentrationen und zu dominierenden Aromen herausragender Köstlichkeiten.

Die Leichtigkeit, die der Gast bei ihm genießt, ist in Wirklichkeit das Resultat eines unbarmherzigen Leistungswillens, seines Perfektionismus. Nur so schaffte er es, die Schweizer Stuben in Wertheim zu einem der besten Restaurants in Europa zu machen und im Schloss Lerbach, Bergisch Gladbach, noch einmal zuzulegen, das Gourmetrestaurant im Althoff-Hotel etablierte sich über Jahre zu einer sicheren Drei-Sterne-Adresse. Mit seiner Kraft überzeugte er auch Gault Millau, bekam den Titel "Koch des Jahres". Fantasie und Fingerspitzengefühl fordern geradezu immer wieder weitere Traumnoten der Gastro-Päpste. Bei allem Können, das weiß Dieter Müller, kann auch der Beste allein in der Küche nicht bestehen. Seine Brigade in Lerbach - qualifizierte Mitarbeiter aus den Top-Restaurants im Lande - , die wie die Auswahl eines National-Teams in der Küche glänzen, zaubern im Einklang mit dem Meister. Gemeinsamer Erfolg bedeutet vielfaches Glück. Das gilt in höchstem Maße für Birgit, seine Frau, die gleichzeitig sein größter Fan und wichtigster Kritiker wurde. Es ist angenehm, die beiden ganz privat zu erleben, aber auch ihre professionelle Partnerschaft in Lerbach zu genießen.

Jeder, der wie ich Dieters Küche liebt, sich auf neue Kreationen freut, die dem Meisterkoch oft erst bei der Vorbereitung einfallen, wird mit Spannung auf die Chance warten, ihm erneut in die Töpfe gucken zu dürfen.

Guten Appetit und gutes Gelingen."

DIETER MÜLLERS EIGENER GARTEN

LOSS LERBACH LIEFERT FRISCHE KRÄUTER UND BLÜTEN FÜR DIE KÜCHE.

AUSZUG AUS EINEM TEXT DES JOURNALISTEN JOACHIM HEIDERSDORF

Die Gäste haben es seit langem gewusst, 1997 bestätigte der Guide Michelin das Urteil: Dieter Müller zählt nun offiziell zu den besten Köchen der Welt! Die neue Ausgabe der roten "Gourmet - Bibel" adelt den Küchenstar des Schlosshotels mit drei Sternen - der höchsten und wichtigsten Auszeichnung der Branche. "Mein Lebenstraum ist in Erfüllung gegangen", jubelt der 49-Jährige. "Herzlichen Glückwunsch. Wir sind sehr stolz", freuen sich Privathotelier Thomas H. Althoff und Hoteldirektor Kurt Wagner. Die Verantwortlichen des Schlosshotels haben allen Grund zur Freude. In Deutschland dürfen sich außer Müller nur Harald Wohlfahrt in der Traube, Tonbach, Jean-Claude Bourgueill im Schiffchen, Düsseldorf, und Helmut Thieltges im Waldhotel Sonnora in Dreis mit drei Sternen schmücken; weltweit sind es lediglich 32 Kollegen. Der zusätzliche Ruhm wird das Haus international noch bekannter machen und das Geschäft mehr ankurbeln.

Dieter Müller verspricht jedoch, dass sich dadurch in seinem Restaurant nichts ändern wird. Und an seiner Maxime "Alles für den Gast" schon gar nicht.

Drei Sterne: Dieter Müller zählt zu den besten Köchen der Welt. "Müller kocht konstant auf höchstem Niveau", sagt Michelin-Chef Manfred Schweiß der "Welt am Sonntag".

Die drei Sterne im Guide symbolisieren "Eine der besten Küchen, eine Reise wert". In der Erläuterung heißt es: "Ein denkwürdiges Essen, edle Weine, tadelloser Service, gepflegte Atmosphäre ... entsprechende Preise." Müller verzaubert die anonym auftretenden Inspektoren bei mehreren Besuchen mit seinen feinen, leichten und fantasievollen Gerichten, die vorwiegend französische, mediterrane, aber auch asiatische und regionale Einflüsse verraten. Diese Vielfalt zeigt bereits der Gruß aus der Küche;

DIETER MÜLLER ALS DRESSMAN FÜR D

EINE STORY

ACH AROMEN.

KLEIDUNGSUNTERNEHMEN REGENT.

Werksfoto Regent

das sogenannte Amuse Bouche ist eine kleine kulinarische Weltreise mit drei Leckerbissen. Bei unserem jüngsten Besuch zum Beispiel Hummermousse mit Kaviar (im Eierbecher), Lachs im Reisblatt mit Lauch und Zitronengras sowie ein Königsberger Klops mit Reisnudeln in einer ganz milden Käsesauce. Der Meister spricht von einer "Küche der Kontraste".

Die Michelin-Chefs verkündeten die gute Nachricht persönlich im Schlosshotel Lerbach, wo bald darauf die Dom Perignon-Korken knallten. Ehefrau Birgit Müller, die gute Seele des Restaurants und am Erfolg ihres Mannes in hohem Maße beteiligt, hatte eine originelle Idee: Sie besorgte sich schnell Deko-Schmuck und klebte jeweils drei goldene Sterne auf die weißen Jacken der 12 Köche. Der bescheidene Herdkünstler selbst, ohnehin eine Frohnatur, strahlte noch mehr als sonst, richtete den Blick aber schnell nach vorn. "Diese Auszeichnung bedeutet für mich eine wichtige Bestätigung - und auch einen

neuen Ansporn." 20 Jahre lang hat er von diesem Tag geträumt. Vor zwei Jahrzehnten hatte er in den "Schweizer Stuben" in Wertheim zwei Sterne bekommen; seitdem strebte er mit ungeheurem Ehrgeiz nach dem dritten. Dazwischen kürten ihn der Restaurant-Führer Gault Millau und das Champagnerhaus Krug jeweils zum "Koch des Jahres".

Trotzdem: Für Dieter Müller haben die Zufriedenheit der Gäste und die Freude an der Arbeit Vorrang. Daran hat sich in seiner langen Laufbahn bis heute nichts geändert. "Kochen hat mir schon als Junge Spaß gemacht", erzählt der sympatische Star, der keine Allüren kennt. "Ich kann mich noch gut an die Zukunftswünsche meines Schulrektors anno 1963 erinnern: Dieter, du wirst mal Schiffskoch. Ich habe stolz gegrinst und gedacht, das muss also als Koch das Größte sein. Ja, der Herr Direktor muss es wissen, denn er kam ab und zu sonntags in unseren Gasthof im Badischen; dort stand mein Vater am Herd, ich half fleißig mit." Der Vater bestimmte später die Berufswahl. "Du wirst Koch, gegessen wird in guten

DIETER MÜLLERS "KÜCHE DER KONTRASTE" IST DIE ABSOLUTE GESCHMACKSHARMONIE.

DIE RÜCKSEITE DES SCHLOSS-HOTELS LERBACH MIT DEM RESTAURANT-WINTERGARTEN. EIN TRAUMHAFTER BLICK AUF EINEN ROMANTISCHEN INNENHOF.

DIE TERRASSE BIETET EINEN HERRLICHEN BLICK AUF DEN PARK.

und in schlechten Zeiten." Der Mann hatte die richtige Nase. Nach der Lehre in Mühlheim kochte Dieter Müller zunächst wieder im Familienbetrieb, dann 15 Monate bei der Bundeswehr in Esslingen. Die erste Auslandsstation, der Schweizerhof in Bern, war ein Glücksfall. Die Zusammenarbeit mit Ernesto Schlegel markierte für ihn die Geburtsstunde des großen Kochens, das von 1973 an in den Schweizer Stuben in Wertheim neue Dimensionen erreichte.

Der Restaurantführer Gault Millau erhob ihn in den "kulinarischen Olymp" und lobte unter anderem: "Müller kreiert Fischgerichte, nach denen man süchtig werden kann, und entzückt durch seine allzeit ideenreiche, himmlisch leichte und hinreißend präsentierte Küche. Bei Dieter Müller könnte man immer dann essen, wenn man keinen Hunger hat." Gourmet-Kritiker Wolfgang Siebeck schrieb: "Wenn einem jungen Menschen alles, was er beginnt, so treffend gelingt, dann ist das natürlich kein Zufall ... Seine Kreationen sind oft erstaunlich kostbare, kleine Kunstwerke, die das Auge verblüffen und die Zunge

entzücken. Alles, was auf den Tisch kommt, sind erlesene Köstlichkeiten von höchstem Raffinement. Was dem Gast vorkommen mag, wie mit leichter Hand entworfene Glückstreffer, ist in Wirklichkeit das Resultat eines unbarmherzigen Leistungswillens, ist angewandter Perfektionismus nach Art des Dieter Müller. Es ist die Handschrift eines überragenden Chefs, der zu jenen gehört, die die zeitgenössische Küche auf ein neues, kultiviertes Niveau gebracht haben."

Seit dem 1. März 1992 können sich die Schlemmer im Schlosshotel Lerbach von seinem herausragenden Können überzeugen. Vor seinem Wechsel ins Bergische Land nutzte der Badener die zweijährige Pause zu Gastspielen in Thailand, Frankreich, Australien, Japan, Hawaii und den USA. "Diese Reisen prägen heute meinen Stil", erläutert Müller. Er kocht vor allem geschmacksintensiver als früher. Hier eine Prise Thai-Curry in den Safransud zum Steinbuttfilet mit Karotten und Koriander-Haube, da provenzalische Kräuter bei Canneloni mit Weinbergschnecken auf Mangold mit Fontina d'Aosta-Sauce und dort

DIETER MÜLLER MIT SEINER 13-KÖPFIGEN CREW.

(von links)
Jörg Eichenberg, Frédéric Guillon, Marius Fallert, Jörg Krölls, Gunter Ehinger, Michael Braun, Satoshi Katayama, Brigitte Weber, Dirk Burger, Nils Henkel, Christoph Lindpointner, Patrick Bittner
(auf dem Foto fehlt: Sven Messerschmidt)

deftige Kalbsfarce mit Trüffeln und Pistazien in den gefüllten Schweinefuß mit gebratener Gänseleber auf bunten Linsen mit Balsamicosauce. Kochen ist sein Leben. Für Dieter Müller “ein unglaublich harter, stressiger Job, aber der schönste und kreativste Beruf.”

Wie sieht es in seinem “Reich” aus? Dreizehn Köche haben feste Aufgaben. Zwei auf dem sogenannten Garde-Manger-Posten (kalte Küche) sind zuständig für Vorspeisen, Salate, Terrinen und kalte Suppen. Zwei Köche sind als “Êntremetiers” verantwortlich für die Beilagen wie Kartoffeln, Risotto, Gemüse und warme Suppen. Dem Poissionier-Posten steht der Chef selbst vor. “Mit Fischen und Krustentieren arbeite ich am liebsten, denn diese müssen besonders schnell und behutsam verarbeitet werden. Hier kann ich meine große Erfahrung und Kreativität täglich ausspielen”, sagt Müller. Saucier (Fleischgerichte und Saucen) ist sein Sous-Chef, unterstützt von einem zweiten Mann. Müller: “Feine Saucen sind die beste Handschrift eines Koches! Ich meine, sie machen das Gericht. Meine Liebe gehört den Saucen.” Nicht zu vergessen, die beiden Pâtissiers: Ein schönes, feines Dessert schließt das Menü mit einem positiven Gesamteindruck.

Wie stellt er die richtige Mannschaft zusammen? “Ein Chef braucht bei den vielen Bewerbungen sehr viel Fingerspitzengefühl; ich habe eine riesige Nachfrage. Oft bietet ein geschätzter Kollege eine talentierte Fachkraft an, was mir die Einstellung erleichtert. Ansonsten lade ich die interessantesten Kandidaten zu einem Vorstellungsgespräch mit Mittagessen ein. Persönlich führe ich sie durch die Küche, erkläre die verschiedenen Posten und merke schon im Gespräch, wie groß die Bereitschaft ist, in meinem erfolgsorientierten Team etwa 11 Stunden täglich, oft unter großer Anspannung, gut miteinander auszukommen und immer sein Bestes zu geben. Nach dem Vorstellungsessen weiß ich schnell, wieviel Idealismus und Begeisterung rüberkommt. Die Küche ist auf jeden Fall immer nur so gut wie die Mannschaft. Ein altes Sprichwort, das ich nur bestätigen kann.”

Der 1. Schultag.

Die drei Geschwister Friederike, Dieter und Jörg.

DIETER (LINKS) MIT SEINEN ELTE

DIETER MÜLLER WURDE AM 28.07.1948 IM BADISCHEN AUGGEN GEBOREN. SEINE ELTERN KARL UND LORE MÜLLER WAREN - WIE SOLLTE ES ANDERS SEIN - GASTRONOMEN. SCHON ALS JUNGE STAND DIETER - ZWEIT-ÄLTESTER VON 7 GESCHWISTERN - OFT MIT DEN GESCHWISTERN FRIEDERIKE UND JÖRG. IN DER KÜCHE DES FAMILIENBETRIEBES IM SCHWARZWÄLDISCHEN KLEINEN WIESENTAL, UM DIE GÄSTE MIT HEIMISCHEN SPEZIALITÄTEN ZU VERWÖHNEN.

Für seinen Vater stand fest: “Du wirst mal Koch”. Der Schuldirektor hatte die Alternative: “Du wirst mal Schiffskoch.”

Der elterliche Betrieb “Lug ins Land”.

"MIT DEM 3. MICHELINSTERN G

Beruflicher Werdegang: • **1963 - 1966: Kochlehre im Hotel**

IN TRAUM IN ERFÜLLUNG."

Bauer in Mühlheim/Baden, mit Auszeichnung abgeschlossen. • Zwei Jahre Mitarbeit im elterlichen Betrieb, anschließend 18 Monate Bundeswehr mit Küchenführung. Bereits nach 6 Monaten wurde er für die beste Bundeswehrküche ausgezeichnet. • 1971: Schweizerhof in Bern unter Altmeister Ernesto Schlegel (ein Gauer-Hotel) • 1972: Hotel Miramare Beach in Korfu, Griechenland (ebenfalls ein Gauer-Hotel) • 1973 - 1990: Hotel Schweizer Stuben in Wertheim-Bettingen • seit März 1992: Gourmet-Restaurant Dieter Müller im Schlosshotel Lerbach in Bergisch Gladbach.

VITA

Weitere Daten: • **Bis 1982: Zusammenarbeit mit seinem Bruder Jörg in den Schweizer Stuben • 1974: 1. Michelinstern • 1976: Abschlussprüfung zum Küchenmeister • 1977: 2. Michelinstern • 1980: 18 Punkte von Gault Millau • 1982: 19 Punkte von Gault Millau • 1982: Koch des Jahres (von Champagnerfirma Krug) • 1987: Koch des Jahres (Gault Millau) • 1988: 19,5 Punkte von Gault Millau und damit zu den 16 besten Köchen der Welt gewählt • 1989: Erstes eigenes Buch "Das Dieter Müller Kochbuch", Heyne-Verlag • 1990: Zweites Buch: "Dieter Müllers Neue Küche", Edition Gaggenau • 1990 bis 1992: Repräsentant der deutschen Küche mit Gastspielen in USA, Hawaii, Tokio, Sydney, Thailand und Frankreich.**

DIETER MÜLLER PRIVAT. DIE WENIGE ZEIT, DIE ER IN DIESEM BERUF FÜR SICH SELBST HAT, VERBRINGT DIETER MÜLLER ZUMEIST MIT SEINER FAMILIE IN SEINEM TRAUMHAFT SCHÖNEN HAUS IM BERGISCHEN LAND. NATÜRLICH STEHEN DANN DIE KINDER SOPHIE, OLIVER UND SEBASTIAN IM MITTELPUNKT.

Foto für VIF-Gourmet Journal - Globus Verlag

Die zwei sehr

geschmackvoll

eingerichteten Räume

des Restaurants bieten

Platz für 60 Gäste.

Die Gesamtatmosphäre

ist angenehm entspannend.

DAS RESTAURANT DIETER MÜLLER

IM SCHLOSSHOTEL LERBACH - SCHON EIN JAHR NACH DER ERÖFFNUNG ZÄHLTE DAS RESTAURANT ZU DEN FÜNF BESTEN IN DEUTSCHLAND. • 1993: 1. MICHELINSTERN • 1994: MITGLIED BEI RELAIS & CHÂTEAU UND RELAIS GOURMAND • 1994: 2. MICHELINSTERN • 1995: MITGLIED BEI TRADITION & QUALITÉ • 1997: 3 STERNE GUIDE MICHELIN • 1998:

INSGESAMT WURDE DIETER MÜLLER SCHON DREIM

KOCH DES JAHRES, FEINSCHMECKER

M KOCH DES JAHERS GEWÄHLT ... DAS IST EINMALIG!

DIETER MÜLLER UND SEINE FRAU BIRGIT. SIE IST DIE GASTGEBERIN IM RESTAURANT, EMPFÄNGT DIE GÄSTE UND WACHT MIT DEM MAÎTRE D'HÔTEL ANDRÉ THOMANN ÜBER DIE 12-KÖPFIGE MANNSCHAFT. PERFEKTION IST OBERSTES GEBOT.

Die Einhaltung und der Ausbau

DREI-STERNE-KÜCHE BEDEUTET:

der uneingeschränkten,

HARTE ARBEIT, JEDES DETAIL

ganzheitlichen Perfektion

"JUST IN TIME" UND AUF DEN

und Qualität

PUNKT GENAU ZUBEREITEN.

ist in dieser Küche

DREI STERNE SIND FÜR DIETER

höchstes Gebot.

MÜLLER AUCH EINE VERPFLICHTUNG FÜR DIE ZUKUNFT.

Das beinhaltet auch

NICHT AUF DEM ERFOLG AUSRUHEN, SONDERN STETIG NACH

das Streben,

NEUEM, SOGAR BESSEREM SUCHEN. AUS DIESEM GRUND

das Unerreichbare

STEHT DER MEISTER JEDEN MORGEN UND JEDEN ABEND

zu erreichen.

NOCH SELBST IN DER KÜCHE. SCHADE, DASS ES NICHT MEHR

In Asien heißt es: "Der Weg ist das Ziel".

ALS DREI STERNE GIBT.

DIE KÜCHE.

DIE KOCHCREW VON DIETER MÜLLER - ALLE SIND AUSGESUCHTE SPITZENTALENTE. WER HIER GEARBEITET HAT, BESITZT BESTE VORAUSSETZUNGEN FÜR EINE EIGENE KARRIERE. FÜR HOBBYKÖCHE WERDEN VON DIETER MÜLLER KOCHKURSE ANGEBOTEN.

ZUTATEN:

Holundersirup

20		Holunderblüten (Mai/Juni)
1	l	Wasser
1/2	l	Weißwein
7	cl	Zitronensäure
4		gewaschene Zitronen
1,5	kg	Zucker

HOLUNDERSIRUP

Zubereitung: Blüten, Wasser, Wein, Zitronensäure und gewaschene, halbierte Zitronen vermengen und zugedeckt für 48 Stunden in den Kühlschrank stellen. Den Zucker beigeben, aufkochen und 12 Minuten ziehen lassen, danach durch ein Sieb passieren. Anschließend heiß in Flaschen füllen, verschließen, abkühlen und kalt aufbewahren.
Für Drinks und Desserts verarbeiten.

Essenzen

Waldmeistersirup

100	g	Waldmeisterblätter (April/Mai)
1	l	lieblicher Weißwein
500	g	Zucker
1	TL	Vitamin C

WALDMEISTERSIRUP

Zubereitung: Waldmeisterblätter auf einem Backblech mit Küchentuch verteilen. Im Backofen bei 50° C, mittleres Fach, die Ofentür einen Spalt offen, ca. 5 Stunden antrocknen lassen. Das Trocknen verstärkt das Aroma. Weißwein, Zucker und Vitamin C aufkochen, Waldmeisterblätter beigeben und zugedeckt etwa 12 Minuten ziehen lassen. Danach durch ein Sieb passieren, in Flaschen abfüllen, gut verschließen, abkühlen und kalt aufbewahren.
Für Drinks und Desserts verarbeiten.

MEIN LIEBLINGS-APERITIF

Ein Gläschen Veuve Clicquot mit einem Spritzer Holunder- oder Waldmeistersirup, serviert mit frischen Holunderblüten oder einem Waldmeisterblatt.

Vorweg

... von frischem

Gartengemüse

und herzhaften

Crostini

mit feinsten Auflagen.

Garten-Gemüse mit Thunfisch-Dippsauce

ZUTATEN:

je nach Jahreszeit

- Radieschen
- Kohlrabi
- Staudensellerie-stängel
- Salatgurke
- Zucchini
- rote und gelbe Paprika
- Karotten
- weiße Rettiche (Eiszapfen)
- Fenchelknolle
- Petersilienwurzeln
- rote und gelbe Kirschtomaten

Thunfischsauce:

2		Eigelb
3	EL	Gewürzgurkenfond
1	EL	Weißwein
2	TL	weißer Balsamico oder Saft von 1/2 Zitrone
1/2	TL	scharfer Senf
2		Sardellenfilets
1	EL	Kapern
200 g		Thunfischstücke in Öl (Konserve)
ca. 2 dl		gutes, mildes Olivenöl
		Sträußchen Petersilie
8		Blatt Basilikum
1/4		geschälte Knoblauchzehe
		Salz und weißer Pfeffer aus der Mühle

Die Gemüse putzen, waschen und eventuell schälen. Alles in gleichmäßig schöne Stücke oder Stifte schneiden. Gemischt in Glasschalen platzieren.

Zubereitung Sauce: **Alle Zutaten im Mixer fein pürieren, zum Schluss in die rotierende Masse langsam das kalte Olivenöl laufen lassen. Die dickflüssige Sauce durch ein feines Sieb passieren, mit Salz und Pfeffer sehr würzig abschmecken und bis zum Servieren abgedeckt gut kühl stellen. Zum Servieren feine Kapern aufstreuen.**

DIESER FENCHEL MÜSSTE EIGENTLICH GEMÜSE- ODER KNOLLENFENCHEL HEISSEN.

WÄHREND DIE KNOLLE SCHON LANGE IN SÜD-EUROPA, VOR ALLEM IN ITALIEN, ALS GEMÜSE GESCHÄTZT WIRD, HAT SIE SICH IM NORDEN ERST LANGSAM DURCH-GESETZT.

GEWÜRZFENCHEL IST DA-GEGEN SEIT LANGER ZEIT EIN WEITVERBREITETES HEILMITTEL. DEN TYPI-SCHEN GESCHMACK ER-HÄLT FENCHEL DURCH DIE ÄTHERISCHEN ÖLE.

NACH DEM AUFSCHNEI-DEN SOLLTE MAN IHN SOFORT MIT ZITRONEN-SAFT BETRÄUFELN, DA-MIT SEINE WEISSE FARBE ER-HALTEN BLEIBT.

Fenchel

DAS FENCHEL-KRAUT KÖNNEN SIE MITVERWENDEN. AM BESTEN FEIN GEHACKT ÜBER DEN SALAT ODER DAS GEMÜSE STREUEN.

3 Crostini

Crostini mit Thunfischrillettes, mariniertem Thunfisch und Apfel-Meerrettich

ZUTATEN:

für 4 Personen

250	g	marinierter Thunfisch in Öl (Dose)
1/3		Lauchstange (weiß)
1		Schalotte
1/2		Knoblauchzehe
10	cl	Rieslingwein
15	g	Kapern
15	g	Sardellenpaste
1/2	TL	Thymianblätter
1	EL	Petersilie
5		Basilikumblätter
8		Estragonblätter
5		Rosmarinnadeln
1	dl	Olivenöl
		Salz, Tabasco, Limonenpfeffer
8		Scheiben Stangen-Weißbrot, in einer Teflonpfanne mit Butter beidseitig goldbraun gebraten.

Apfel-Meerrettich:

1		geriebener grüner Apfel (Granny Smith)
1	TL	geriebener Meerrettich
1	TL	Honig
1	Msp	Vitamin C

alles gut vermischen

Marinierter Thunfisch:

200	g	pariertes frisches Thunfischfilet
1	EL	frische, grob gehackte Korianderblätter
1	TL	pürierter Ingwer
1	TL	Limonenpfeffer
		Salz

Zubereitung: **Lauch, Schalotten und Knoblauch fein schneiden, mit etwas Olivenöl anschwitzen. Dann mit dem Wein ablöschen und gar dünsten. Den Thunfisch zufügen, ebenso Kapern, Sardellenpaste und die gehackten Kräuter. Alle Zutaten mit Olivenöl im Mixer dickflüssig pürieren und mit Salz, Limonenpfeffer und Tabasco abschmecken.**

Das frische Thunfischfilet gut mit Ingwer, Limonenpfeffer und Salz einreiben, darüber den Koriander streuen und nun straff in Klarsichtfolie einrollen. Angefrieren und zum Servieren in dünne Scheiben schneiden.

Die Thunfischrillettes auf geröstete Crostini streichen, jeweils mit einer Scheibe roh mariniertem Thunfisch belegen und darauf 1/2 TL Apfel-Meerrettich geben.

CROSTINI: SO NENNT MAN IN ITALIEN ANGEBRAT

FRISCHE ODER FRITTIERTE KRÄUTER SIND EINE SCHMACKHAFTE DEKORATION FÜR DIESEN EDEL-SNACK.

ISSBROTSCHEIBEN.

Focacciabrot mit mariniertem Rinderrohfleisch und Sauce verte

ZUTATEN:
für 4 Personen

250	g	Tatar (aus der Rinderhüfte)
1	Msp	Zitronenpfeffer
1		Spritzer weißer Balsamicoessig
4	EL	kaltgepresstes Olivenöl
1/2		Knoblauchzehe
		Salz
4	TL	Sauce verte (Rezept Seite 342)
		Focacciabrot (Rezept Seite 348)

Zubereitung: Eine Schüssel mit Knoblauchzehen ausreiben, das Rohfleisch mit allen Zutaten darin mit einer großen Essgabel gut vermischen. Eventuell mit Salz und Pfeffer nochmals herzhaft würzen und kalt stellen.

Das Fleisch auf kross gebackenes, abgekühltes Foccaciabrot streichen (ca. 2 cm dick). In schöne Ecken schneiden und mit Sauce verte servieren.

TIPP: **Drehen Sie das Rindfleisch erst kurz vor der Zubereitung zweimal durch die Scheibe Ihres Fleischwolfes, dadurch bleibt das Fleisch schöner rot.**

Dieses köstliche mediterrane Gericht kann man zum Brunch, Aperitif oder als größere Portion (ca. 80 g) auf gefächerten Tomaten-Gurken-Scheiben als kaltes Gericht servieren.

Kräuter-Hüttenkäse

ZUTATEN:

400	g	Hüttenkäse
2	EL	Mascarpone
8	cl	Olivenöl
1/2	Bd	Blattpetersilie
1/2	Bd	Basilikum
1/2	Bd	Brunnenkresse
1		Schale Gartenkresse
1		Estragonzweig
		Salz und Pfeffer aus der Mühle
		Zitronensaft
		weißer Balsamico
		Tabasco

Zubereitung: Die Kräuter zupfen und mit Olivenöl in einer Moulinette fein pürieren. Hüttenkäse und Mascarpone vermischen und das Kräuterpüree daruntermischen. Mit Salz und Pfeffer sowie je einem Spritzer Zitronensaft, Balsamico und Tabasco herzhaft abschmecken. Einige Stunden kühl durchziehen lassen.

Wir reichen diesen körnigen Kräuterfrischkäse in unserem Restaurant als Alternative zur Butter zu frisch gebackenem Brot. Sehr lecker schmeckt er aber auch zu warmen Pellkartoffeln als kleine Mahlzeit.

ZUTATEN:

für 4 Personen

4		Scheiben Stangenweißbrot
1		Stange Lauch
1	EL	geriebener Käse
4	TL	Tomatensauce (Rezept Seite 345)
4		dünne Scheiben Bottarga
		nach Wunsch schwarze Oliven
		Salz und Pfeffer aus der Mühle
1/2		Knoblauchzehe
1	EL	Olivenöl

Crostini mit jungem Lauch und Bottarga

Zubereitung: Eine Bratpfanne mit Knoblauchzehen ausreiben, danach Olivenöl erhitzen und darin die Weißbrotscheiben beidseitig mit Farbe knusprig braten. Nebenbei den Grünteil des Lauches in Streifen schneiden, waschen und in kochendem Salzwasser bissfest kochen, kalt abschrecken und gut ausdrücken.

Lauch mit Käse, **Salz und Pfeffer vermischen und auf die Brotscheiben verteilen. Nochmals wenig Käse aufstreuen, darüber 1 TL Tomatensauce geben und nun im Backofen nur mit Oberhitze ca. 3 Minuten überbacken. Danach mit aufgerollter Bottargascheibe oder Oliven servieren.**

P.S.: Bottarga ist eine italienische Spezialität und wird aus Thunfischeiern hergestellt. Gepresst und luftgetrocknet wird es in Fachgeschäften in ca. 50-250 g Stücke vakuumiert angeboten. Bottarga schmeckt sehr würzig und wird in Italien gerne in Fischsaucen eingemixt oder auf geröstetem Weißbrot sehr dünn belegt serviert.

Trendbrot *Ciabatta*

EIN URSPRÜNGLICH AUS NORDITALIEN STAMMENDES WEISSBROT MIT OLIVENÖL. DER UNTERSCHIED ZUM NORMALEN WEISSBROT: DER TEIG MUSS LANGE REIFEN - BIS ZU 24 STUNDEN. DER NAME SPIELT WOHL AUF DIE BROTFORM AN. CIABATTA HEISST ÜBERSETZT "LATSCHEN, HAUSSCHUH".

EINIGE

AROMATEN:

“AROMATEN”

IST DER

SAMMELBEGRIFF

FÜR ZUTATEN,

DIE SPEISEN

AROMATISIEREN.

WIE DER NAME

SCHON SAGT.

Amuse Bouche

Kleine Köstlichkeiten

Eine kulinarische

Weltreise mit

vielen kleinen

Zwischenstopps.

AMUSE - Die Freude
BOUCHE - Der Mund

Parfait von Gänsestopfleber mit Physalis

Parfait von Gänsestopfleber mit Physalis

ZUTATEN:

für 4 Personen
(im Glas oder im Eierbecher)

50	g	geräucherte Entenbrust, in feine Würfel geschnitten
80	g	marinierte Gänsestopfleber (Rezept Seite 352)
1/4	l	Geflügelfond (Rezept Seite 338)
3		Pimentkörner
5		Pfefferkörner
1		Thymianzweig
1		Blatt Gelatine
100	g	geschlagene Sahne
je 2	cl	Cognac und Portwein
		Salz und weißer Pfeffer aus der Mühle
60	g	Portweingelee (Rezept Seite 352)
2-5		Physalis als Garnitur

Gâteau von Gänseleber mit Apfel-Sellerie-Salat und Kumquatconfit

Gänseleberpraline auf Champagnergelee rosé

Zubereitung: Den Geflügelfond mit den Körnern und dem Thymianzweig auf 0,8 dl reduzieren und passieren, gut warme Geflügeljus mit der kalt eingeweichten Gelatine, dem Cognac, Portwein und der Gänseleber im Mixer fein pürieren, in eine Schüssel passieren und die Brustwürfelchen unterrühren.

Die Masse mit Salz und Pfeffer kräftig abschmecken, fast kalt rühren und zügig die geschlagene Sahne unterrühren. Nun schnell in 4 Gläser (oder etwa 12 Eierbecher) verteilen und kalt stellen. Das Parfait am besten schon am Tag vorher zubereiten.

Mit aufgelöstem Portweingelee etwa 2 mm dick überziehen.

P.S.: **Die Gläser oder Eierbecher können auch noch mit einer gefüllten Entenbrust serviert werden: kleine Entenbrust häuten, zwischen Folie leicht flach klopfen und mit Salz und Pfeffer würzen. Fingerdick marinierte Gänseleber einrollen. Mit Folie zu einer Wurst drehen und diese in 80° C heißem Wasser 10 Minuten ziehen lassen und danach gleich durchkühlen. In 1 cm dicke Scheiben schneiden und mit halbierten Physalis die Parfaits garnieren.**

JCHE

Gâteau von Gänseleber mit Apfel-Sellerie-Salat und Kumquatconfit

ZUTATEN:

für 4 Personen

60	g	Baumkuchen (Rezept Seite 346)
200	g	pochierte Gänseleber (Rezept Seite 352)

Gänseleber-Mousse:

5	cl	Madeira
5	cl	roter Portwein
2	dl	Geflügelfond (Rezept Seite 338)
100	g	pochierte Gänseleber
100	g	geschlagene Sahne
3		Blatt Gelatine
5		Pimentkörner
1		Thymianzweig
		Salz
		Pfeffer aus der Mühle

Zubereitung Gâteau: **Eine Porzellanform etwa 12 x 12 cm, mit ca. 5 cm hohem Rand mit Folie auslegen. Den gebackenen Baumkuchen passend geschnitten in die Form einlegen. Dann Gänseleber mittels Rollholz und Folie 1,5 cm dick ausrollen und auf den Baumkuchen auflegen.**
Die vorbereitete dickflüssige Mousse aufgießen, erkalten lassen und danach mit etwas aufgelöstem Portweingelee etwa 2 mm dick überziehen und 1/2 Tag kalt stellen.

Zubereitung Mousse: Madeira, Portwein, Pimentkörner, Thymianzweig und den Geflügelfond etwas reduzieren. In den Mixer passieren und noch in heißem Zustand die Gänseleber hineingeben. Das Ganze ca. 3 Minuten mixen. Dann die kalt eingeweichte Gelatine beigeben, darin auflösen und die Lebermasse durch ein Sieb passieren. Auf Eis leicht kühl rühren, zum Schluss geschlagene Sahne unterheben und mit Salz und Pfeffer fein abschmecken.

Anrichten: **Zum Servieren den Gâteau mit der Folie aus der Form nehmen und portionieren. Nach Wunsch mit Kumquatconfit, Apfel-Sellerie-Salat (Rezepte Seite 350/351) und gebackenen Kartoffelgittern servieren.**

Gänseleberpraline auf Champagnergelee rosé

ZUTATEN:

für 4 Personen

Praline:

120	g	marinierte Gänseleber (Rezept Seite 352)
80	g	Pumpernickel
10	g	Korinthen

Champagnergelee:

200	ml	Champagner, rosé
1	EL	Himbeermark
3		Blatt Gelatine

Zubereitung Champagnergelee: **Sollte man einen Tag zuvor zubereiten! 50 ml Champagner und Himbeermark erhitzen und darin die kalt eingeweichte und ausgedrückte Gelatine auflösen. Diesen Fond leicht erkalten lassen und dann den restlichen Champagner vorsichtig einrühren und kalt stellen.**
Zum Servieren schneidet man das Gelee in kleine Würfelchen oder drückt es durch eine Spätzle-/Kartoffelpresse.

Zubereitung Praline: Die Gänseleber in Kugelform ausstechen (ca. 25 g schwer). Pumpernickel und Korinthen in der Moulinette sehr fein mixen, darin die Leberkugeln wälzen und kalt stellen.

Anrichten: **Champagnergelee auf Tellerchen verteilen und je eine Gänseleberpraline aufsetzen. Nach Wunsch mit Kerbelblättchen garnieren.**

Lachsfilet im Nudelteig auf Gurken-Basilikum-Sauce

ZUTATEN:

für 4 Personen

160	g	frisches Lachsfilet
		Zitrone
		Salz
100	g	Fischfarce (Rezept Seite 341)
200	g	Nudelteig (Rezept Seite 348)
1		Eigelb

Sauce:

200	ml	Fischfond (Rezept Seite 340)
5	cl	trockener Weißwein
100	g	Sahne
2	cl	Sherry
4	EL	fein geschnittene Gurkenstifte
		Basilikumblätter
50	g	kalte Butterwürfel
		Butter
		Salz
		Zitrone

P.S.: In den Nudelteig kann man als Deko ein Kerbelblättchen einwalzen.
Auf dünn ausgerollten Nudelteig Kerbel auflegen, mit Teig schließen, gut andrücken und zweimal durch die Maschine drehen. Erst grob, dann noch mal fein.

Steinbuttfilet mit Gemüsehaube auf Safran-Estragon-Fumet

Zubereitung: **Die kalte Fischfarce mit den klein geschnittenen Kräutern schön grün mixen (in der Moulinette). Durch ein feines Sieb passieren und kalt stellen. Das Lachsfilet in vier gleichmäßige Scheiben schneiden und mit Salz und Zitrone würzen. Rundum dünn mit der Kräuterfarce bestreichen. Den Nudelteig dünn ausrollen und der Länge nach halbieren. Die Lachsscheiben auf den Teig legen, mit Eigelb umpinseln und mit dem restlichen Teig abdecken. Mit einem Teigrädchen ringsum formen.**

Lachsfilet in Nudelteig
auf Gurken-Basilikum-Sauce

Jakobsmuscheln
mit Lauchzwiebeln
und Banyuls-Trüffel-Sauce

Zum Servieren **in köchelndem Salzwasser 3 Minuten garen. Für die Sauce den Fischfond mit dem Weißwein auf 0,1 l einkochen. Die Sahne und den Sherry zugeben und noch mal etwas einkochen und passieren.**

Gurkenstifte etwa 1 Minute in heißer Butter schwenken, leicht salzen und auf heiße Tellerchen verteilen.

Fein geschnittene Basilikumblätter aufstreuen, mit Sauce überziehen und Fischfilet auflegen. Mit Basilikumblatt servieren.

Alternativ mit Sauerampfersauce: Sauerampferblätter mit leicht temperierter Butter fein mixen, danach kalt stellen (kann auch am Vortag zubereitet werden). Zum Servieren in die köchelnde Sauce kalte Sauerampferbutter unterschlagen, mit Salz abschmecken.

Die Sauce auf den Teller verteilen, fein geschnittene Sauerampferstreifen aufstreuen und den Lachs darauf anrichten.

Jakobsmuscheln mit Lauchzwiebel und Banyuls-Trüffel-Sauce

ZUTATEN:

für 4 Personen

4		große Jakobsmuscheln
4		Lauchzwiebeln (Schalottenzwiebel mit Grün, Frühjahr)
4		schöne Trüffelscheiben
		Salz und Pfeffer aus der Mühle

Sauce:

1/8	l	Banyuls (roter franz. Süßwein)
4	cl	Trüffelfond
6	cl	Rahm
1	EL	geschlagene Sahne
60	g	kalte Butterwürfelchen
		Salz und Pfeffer aus der Mühle

P.S.: Jakobsmuschelzeit ist von September bis April. Die beste Qualität kommt aus Frankreich (Atlantik). Die Muschelschalen sollten gut verschlossen sein und dürfen keinesfalls unangenehm riechen.
Das Öffnen geht sehr einfach. Man fährt mit einem Bestecklmesser in die Muschel, aber eng an der flachen Muschelseite, und trennt so den Schließmuskel ab.
Die Muschel öffnet sich und Sie können mit einem weiterem Schnitt das Fleisch abschneiden.

Zubereitung: **Die Jakobsmuscheln ausbrechen, Bart und Schließmuskel abtrennen und gut kalt abwaschen.**
Die Lauchzwiebeln auf etwa 8 cm Länge schneiden und in leichtem Salzwasser bissfest kochen und kalt abschrecken.
Für die Sauce den Rotwein auf 1 dl reduzieren, Trüffelfond und Rahm zugeben und nochmals etwas einköcheln lassen. Butter einschlagen und dadurch sämig binden, dann mit Salz und Pfeffer fein abrunden. Die Jakobsmuscheln würzen und in heißem Walnussöl am Schluss mit wenig Butter goldbraun braten.

Anrichten: In Butter erhitzte und mit Salz abgeschmeckte Lauchzwiebeln auf die Muschelschalen legen, Muscheln und Trüffelscheiben anlegen und mit heißer Sauce (mit untergerührter Sahne) nappieren.

Steinbuttfilet mit Gemüsehaube auf Safran-Estragon-Fumet

ZUTATEN:

für 4 Personen

4		Steinbuttfiletstücke à 30 g
2		grüne Staudenselleriestengel
1	EL	Fischfarce (Rezept Seite 341)
2	EL	grüne Lauchwürfel, bissfest blanchiert
2	dl	Fischfond (Rezept Seite 340)
6		Safranfäden
50	g	kalte Butterwürfelchen
2	EL	feine Tomatenwürfelchen
1	TL	geschnittener Estragon
		Salz und weißer Pfeffer aus der Mühle
1/2	TL	Speisestärke
1		Spritzer Weißwein

TIPP: Dieses Gericht lässt sich gut vorbereiten, muss danach aber unbedingt kalt gestellt werden. Alternativ kann man auch Glattbutt oder Zanderfilet verwenden.

Zubereitung: **Die Staudenselleriestangen auf der Aufschnittmaschine in schöne ca. 1,5 mm dünne Scheibchen schneiden und in kochendem Salzwasser etwa 30 Sekunden bissfest kochen und schnell in Eiswasser abschrecken.**
Die Steinbuttfilets mit Salz und Zitrone würzen, mit gut vermischter Fisch-Lauch-Farce einstreichen und darüber schön die Staudenselleriesschuppen fächern. Nebenbei den Fischfond auf 1 dl einköcheln lassen, leicht mit angerührter Stärke binden, Butterwürfelchen und Safranfäden einrühren.
Tomatenwürfelchen und Estragon kurz vor dem Anrichten zugeben und mit Salz und Pfeffer abrunden. Die Fischfilets auf eine gebutterte Pfanne legen, 1 Spritzer Weißwein und Fischfond zugeben und im Backofen bei 190° C etwa 4 Minuten garen. Die Sauce auf heiße Tellerchen verteilen und die Fischfilets auflegen.

Cappuccino von Curry und Zitronengras mit Hummer

ZUTATEN:
für ca. 8-12 Tassen

1		Hummer, 500 g
3	dl	Geflügelfond (Rezept Seite 338)
3	dl	Rahm
6	cl	Noilly Prat
5	cl	Portwein
6	cl	Weißwein
4		Schalotten
1/2		Stange Lauch
1	EL	gutes Curry
3		Stängel Zitronengras, klein geschnitten (Asienladen)
2		Limonenblätter (Asienladen)
4	EL	Kokosflocken
60	g	kalte Butterwürfel
		Salz
80	g	schmale Nudeln (Rezept Seite 348)

Früchtemischung:

1		Apfel (Granny Smith)
1/2		Miniananas (oder 2 Ananasringe)
1/2		Banane
1		Sträußchen Petersilie

Zubereitung: **Noilly Prat, Portwein, Weißwein, Zitronengras und Limonenblätter gut einreduzieren.**
Mit geschnittenen Schalotten, Lauch und Geflügelfond auffüllen. 5 Minuten köcheln lassen. Dann Rahm, Curry und Kokosflocken hineingeben und weitere 10 Minuten köcheln lassen. Nebenbei Apfel, Miniananas, Banane und Blatt-

Pfifferlingcreme mit Filet vom Wildhasenrücken

Wachtelessenz mit Trüffelklößchen und Gemüseperlen unter der Blätterteighaube

petersilie im Mixer fein pürieren und in die Cremesuppe geben. Alles nochmals etwa 5 Minuten sieden lassen, durch ein Tuch passieren und noch heiß die Butter einrühren, dann gut würzig abschmecken. Nebenbei den Hummer in kochendem Salzwasser 4 Minuten kochen, kalt abschrecken, ausbrechen und portionieren.

Anrichten: Nach Wunsch gekochte, feine Nudeln in heiße Tassen verteilen und Hummerstücke einlegen. Zum Schluss mit aufgeschäumter Cremesuppe auffüllen. Kann mit zugeschnittenem Zitronengras, Limonenblatt und aufgeschäumter Hummersauce serviert werden.

UCHE

Pfifferlingcreme mit Filet vom Wildhasenrücken

ZUTATEN:
für ca. 8 Personen oder 1 Liter

Creme:

500	g	Pfifferlinge
1/2	l	Geflügelfond (Rezept Seite 338)
1/2	l	Rahm
1	dl	Weißwein
60	g	Butterwürfelchen
1	EL	Schalottenwürfel
1	EL	gewürfelter Bauchspeck
2		Thymianzweige
10	g	geräucherter Bauchspeck
2	EL	Mehl
4	TL	geschlagene Sahne
		Salz und Pfeffer aus der Mühle
1		Wildhasenrücken, ca. 600 g
1/2		Sellerie
2	EL	Rote-Bete-Püree (Rezept Seite 354)
1/2		Zitrone
		Salz und Pfeffer aus der Mühle

P.S.: Je nach Jahreszeit kann diese Creme mit Steinpilzen oder Champignons zubereitet werden. Mit Steinpilzmehl (Feinkostgeschäft) können Sie den Geschmack der Creme verfeinern.

Zubereitung: **Die Filets aus dem Hasenrücken herausschneiden, Häutchen und Sehnen abtrennen. Die zwei Filets in acht Stücke schneiden. Sellerie schälen, in dünne Scheiben schneiden, diese in leichtem Salz-Zitronen-Wasser bissfest kochen und in Eiswasser abkühlen. Daraus 16 Scheibchen von ca. 4 cm Ø ausstechen. Die Filetstückchen würzen, dünn mit Rote-Bete-Püree bestreichen und oben und unten je ein Selleriescheibchen andrücken. In eine ausgebutterte Pfanne platzieren und kalt stellen.**
Die Pfifferlinge putzen, kalt abspülen und trocken schleudern. Ein Drittel weniger schöne und die Stiele mit Schalotten und Speck in heißer Butter schwenken. Mehl einrühren, nach 30 Sekunden mit Wein, Fond und Rahm glatt rühren. Mit den Thymianzweigen etwa 12 Minuten köcheln lassen, passieren und mit Salz und Pfeffer abschmecken.

Anrichten: Pfifferlinge in sehr heißem Pflanzenfett kurz schwenken, würzen und in heiße, tiefe Teller verteilen. Nebenbei die Filets im 180° C heißen Backofen mit 1 EL Fond abgedeckt 6 Minuten saftig garen. Schön zu den Pilzen platzieren, Sahnehäubchen anlegen, aufgeschäumte Creme dazugeben und servieren.

Wachtelessenz mit Trüffelklösschen und Gemüseperlen unter der Blätterteighaube

ZUTATEN:
für 4 Personen oder 8 kleine Tassen

2		Wachteln
1	kg	Enten- oder Geflügelknochen
4		Wachteleier
500	g	Wurzelgemüse
2		Entenkeulen
1		Eiweiß
1	EL	Tomatenmark
1/4	l	Weißwein
4	cl	weißer Portwein
je	6	Wacholder- und Pimentkörner
1		Thymianzweig

Einlage:

		Gemüseperlen von Sellerie, Kohlrabi, Karotten, mit Biss blanchiert
80	g	frische Gänseleber (4 Scheiben)
80	g	Geflügelfarce (Rezept Seite 342) mit
10	g	gewürfeltem Trüffel vermischen und zu Klößchen formen
		Trüffelstreifen
50	g	Blätterteig (Rezept Seite 346 oder TK)
1	EL	Eigelb-Milch-Gemisch
4-8		Wachteleier

Zubereitung: **Wachteln auslösen und die Brüste als Einlage kühl stellen. Die Knochen klein hacken und mit gewürfeltem Wurzelgemüse in Olivenöl anbraten. Das Tomatenmark zugeben und mit Weißwein ablöschen. Mit Eiswasser gerade bedecken. Gewürzkörner und Thymianzweig dazugeben und bei kleiner Hitze ca. 2 Stunden sieden lassen. Danach passieren und gut abkühlen lassen. Nebenbei die Entenkeulen auslösen, das Fleisch mit wenig Wurzelgemüse und einem Eiweiß grob durch den Fleischwolf drehen, gut unter die kalte Brühe mischen und nun bei mittlerer Hitze (aber wenig rührend) auf der Herdplatte klärend aufköcheln lassen. Wenn sich Schaum bildet, diesen unbedingt mit einer Kelle abschäumen.**

Die Brühe vorsichtig durch ein Tuch passieren, mit Salz, Pfeffer und Portwein abschmecken und abkühlen. Wachtelessenz in Tassen verteilen, Gemüseperlen, geschnittene und gewürzte Wachtelbrüste, Gänseleber und geformte Trüffelklößchen mit Trüffelstreifen hineingeben. Mit ausgerolltem und ausgestochenem Blätterteig abdecken und mit Ei-Milch-Gemisch vorsichtig verschließen.
Im Backofen bei 180° C ca. 12 Minuten goldgelb backen. Danach je ein Wachtelspiegelei aufsetzen und schnell servieren.

Geschmorte Rehschulter mit Spitzkohlbällchen und Rotkraut

Kalbfleischbällchen auf Kalbsfilet mit Rote-Bete-Senf-Sauce

ZUTATEN:

für 4 Personen

1		Rehschulter, klein
		Salz, Pfeffer, Butterschmalz
250 g		Rehknochen
250 g		Wurzelgemüse (Zwiebeln, Sellerie, Karotten)
1	EL	Tomatenmark
2	dl	Rotwein
1	dl	Portwein
1		Thymianzweig
2		Gewürznelken
1		Lorbeerblatt
5		Wacholderbeeren
10		Pfefferkörner
1/2		Knoblauchzehe
2	cl	Cognac
4		schöne Blätter Spitzkohl
1		Scheibe durchwachsener Speck
1		kleine Schalotte
		Salz und Pfeffer
2	EL	Rotkraut (Rezept Seite 242)

TIPP: Da von der Rehschulter Fleisch übrig bleibt, kann man gut mit der restlichen Sauce und Waldpilzen ein Ragout davon kochen und dieses z.B. als Füllung verwenden.

Zubereitung: Die Rehschulter parieren, mit Salz und Pfeffer würzen und in einem Bräter in Butterschmalz von beiden Seiten kräftig anbraten. Dann die Schulter heraus nehmen und die Rehknochen in das Bratfett geben, rundherum Farbe nehmen lassen, das Gemüse zufügen und mitbraten. Das Tomatenmark dazufügen mit etwas Rotwein ablöschen und alles glacieren.
Diesen Vorgang zweimal wiederholen. Zum Schluss Portwein angießen, die Rehschulter und die Gewürze zufügen und etwas Wasser angießen, so dass die Schulter knapp bedeckt ist. Den Bräter mit einem Deckel verschließen und die Schulter im Ofen bei 200° C etwa 60-70 Minuten gar schmoren.

Geschmorte Rehschulter mit Spitzkohlbällchen und Rotkraut

Lammkotelett im Gemüsemantel mit Rosmarinjus

Das Fleisch **von der Schulter vorsichtig ablösen und in Streifen schneiden, für jede Person ein kleines Bündel zurechtlegen und mit einem Schnittlauchfaden binden.**

Die Sauce durch ein Tuch passieren, sämig einkochen und mit etwas Cognac abschmecken.

Vier schöne Spitzkohlblätter in Salzwasser blanchieren und 10 cm Ø-Kreise ausstechen.

Den restlichen Kohl fein schneiden, mit Speck und Schalottenwürfeln in etwas Butter anschwitzen und gut abschmecken. Diese Masse in die Blätter füllen und in einem Tuch zu kleinen Bällchen pressen, in etwas Fleischbrühe erwärmen.

Anrichten: **Erhitztes Rotkraut in Porzellanpfännchen anrichten. Darauf je ein Spitzkohlbällchen und daneben je ein Bündel Rehschulter legen.**

Die Sauce mit etwas Butter montieren und über das Fleisch geben. Als Farbtupfer eignet sich etwas Apfel-Koriander-Kompott (Rezept Seite 172).

Lammkotelett im Gemüsemantel mit Rosmarinjus

ZUTATEN:

für 4 Personen

4		Lammkoteletts à 60 g
4		Spinatblätter
4		Zucchinischeiben, 2 mm dick
2	EL	Geflügelfarce (Rezept Seite 342) mit Kräutern (Rosmarin, Thymian, Petersilie)
		Salz und Pfeffer aus der Mühle
1		Schweinenetz, gut gewässert
		Olivenöl
2	EL	grüne Bohnenkerne, blanchiert und ausgepellt
2	EL	Würfel von blauen Kartoffeln, blanchiert
1		Knoblauchzehe
		Butter zum Anschwenken
1		Thymianzweig
10	cl	Lammfond (Rezept Seite 339)
1		Rosmarinzweig
		Butterwürfel
4		Salbeiblätter
4		Rosmarinspitzen

Zubereitung: **Die Lammkoteletts putzen und die Knochen sauber kratzen. Die Spinatblätter und die Zucchinischeiben kurz blanchieren, kalt abschrecken und trockentupfen. Die Koteletts mit Salz und Pfeffer würzen, mit der Farce bestreichen und je eine Hälfte mit Spinat und Zucchini einwickeln. Mit dem Schweinenetz fixieren und in der Pfanne mit etwas Olivenöl anbraten und im Ofen etwa 3 Minuten zu Ende braten. Anschließend 2 Minuten in Alufolie gewickelt ruhen lassen.**
Eine Sauteuse mit Knoblauch ausreiben und darin die grünen Bohnenkerne und die Kartoffelwürfel anschwenken und mit Salz, Pfeffer und Thymian abschmecken. Den Lammfond mit dem Rosmarinzweig um die Hälfte einkochen lassen und mit Butter montieren.

Anrichten: Das Lammkotelett aus dem Schweinenetz wickeln und aufgeschnitten auf das Kartoffel-Bohnen-Gemüse setzen, etwas Rosmarinjus angießen und mit frittiertem Salbei und Rosmarin dekorieren.

Kalbfleischbällchen auf Kalbsfilet mit Rote-Bete-Senf-Sauce

ZUTATEN:
für 4-8 Personen

200	g	pariertes Kalbsfilet
160	g	Kalbfleisch (von der Keule)
1		Schalotte
1/3		frisches Brötchen
2	EL	Milch
1/2		Handvoll frische Kräuter (Petersilie, Kerbel, Schnittlauch)
1		Blatt Liebstöckel
1/4		Apfel (Delicious)
10	g	geräucherter Bauchspeck
1	TL	Kapern
1		Eigelb
10	g	Butter
		Salz und Pfeffer aus der Mühle

Sauce:

1/4	l	Kalbs- oder Geflügelfond (Rezept Seite 338)
1	dl	Rahm
6	cl	Weißwein
20	g	Butter
1	EL	Mehl
1/2		Schalotte, gespickt mit 1/2 Lorberblatt und 1 Nelke
je	1	Zweig Thymian und Estragon
1		frische Rote Bete
1	TL	grober Senf (Dijonsenf)
1	EL	geschlagene Sahne
		Salz und Pfeffer aus der Mühle

Zubereitung: **Schalotte schälen, in Scheiben schneiden und mit dem gewürfelten Speck in Butter schwenken. Gewürfelten Apfel, Kräuter und Kapern zugeben, gut mischen, vom Herd nehmen und abkühlen. Das Brötchen würfeln und mit warmer Milch vermischen, dann mit dem Kalbfleisch, der sautierten Mischung und dem Eigelb durch den Fleischwolf drehen (2-3 mm-Scheibe). Alles sehr gut vermischen und herzhaft abschmecken. Vier Klöße abdrehen und diese in siedendem Gewürzwasser (mit Salz und 1 Spritzer Essig) ca. 10 Minuten garen. Für die Sauce Butter in einer Sauteuse erhitzen, Mehl einrühren, mit Fleischfond, Wein und Rahm glatt rühren. Nun mit der Schalotte und den Kräutern sämig einköcheln.**
Nach Wunsch frisch geriebene Rote Bete hineingeben, nochmals 3 Minuten köcheln, passieren und mit Senf, Salz und Pfeffer fein abschmecken.

Anrichten: Das Kalbsfilet in zwei Medaillons schneiden, mit Salz und Pfeffer würzen und in Olivenöl/Pflanzenfett rosé braten. Die Filets durchschneiden, auf Teller geben, je einen Kloß auflegen, heiße Sauce mit Schlagsahne vermischen und um das Fleisch nappieren.
Als Beilage kann man Kartoffelpüree, Reis oder Reisnudeln und einen schönen gemischten Salat servieren.

Holunder-Chartreuse

ZUTATEN:

für 8 Personen

		Gestreifter Biskuit (Rezept Seite 308)
100	ml	Holundersaft (Rezept Seite 260)
60	ml	Moscato
6		Blatt Gelatine
100	g	Sahne
1		Eiweiß
30	g	Zucker
50	ml	Holundersaft für das Gelee
1/2		Blatt Gelatine

Zubereitung: **Ringe mit 3,5 cm Ø und 5 cm Höhe mit Randfolie auskleiden und 2 cm breite Steifen gemusterten Biskuit einlegen.**

Die Gelatine einweichen und mit dem Moscato auflösen. Den Holundersaft einrühren und diese Masse nun auf Eis etwas anziehen lassen. Die Sahne steif schlagen und unterheben. Das Eiweiß mit dem Zucker zu festem Schnee schlagen und ebenfalls unterziehen.

Die Ringe mit der Mousse nun zu drei Viertel anfüllen und fest werden lassen. Das halbe Blatt Gelatine einweichen und mit den 50 g Holundersaft auflösen, erkalten lassen und die Mousse-Törtchen damit abglänzen. Den Ring abziehen und die Randfolie entfernen.

In einem kleinen Schälchen anrichten und mit getrockneten Holunderblüten garnieren.

Mille-feuille von dreierlei Schokolade

Zubereitung Grundcreme:
Milch und Sahne mit 40 g Zucker aufkochen, Eigelb und restlichen Zucker kurz aufschlagen.
Nun ein Drittel der kochenden Milchmischung rasch in die Eigelbmasse einrühren und diese Mischung wiederum rasch in die verbleibende Milchmischung rühren. Die Creme nun am Herd unter ständigem Rühren so lange stehen lassen, bis sie andickt, aber nicht mehr aufkochen.
Durch ein Haarsieb passieren und beiseite stellen.

Zubereitung dunkle Schokoladenmousse: **Kuvertüre bei 45° C schmelzen und die Grundcreme einrühren, so lange, bis eine homogene Masse entsteht. Den Whisky einrühren, die Sahne steif schlagen und unterheben.**

Zubereitung weiße Schokoladenmousse:
Kuvertüre bei 45° C schmelzen und die Grundcreme einrühren, so lange bis eine homogene Masse entsteht.
Die eingeweichte Gelatine mit dem Cointreau auflösen und in die Schokoladenmasse einrühren.
Die Sahne steif schlagen und unterheben.

Mille-feuille von dreierlei Schokolade

ZUTATEN:

für 4-8 Personen

Grundcreme:

250	ml	Milch
250	g	Sahne
150	g	Zucker
9		Eigelb

Dunkle Schokoladenmousse:

180	g	dunkle Kuvertüre
160	g	Grundcreme
2	cl	Whisky
200	g	Sahne

Weiße Schokoladenmousse:

240	g	weiße Kuvertüre
160	g	Grundcreme
2	cl	Cointreau
1		Blatt Gelatine
200	g	Sahne

Milchschokoladenmousse:

250	g	Milchkuvertüre
160	g	Grundcreme
2	cl	Amaretto
200	g	Sahne

Fertigstellung:

100	g	dunkle Kuvertüre
6		Biskuitscheiben (3,5 cm Ø)

Zubereitung Milchschokoladenmousse:
siehe Zubereitung dunkle Schokoladenmousse

Fertigstellung: Kuvertüre schmelzen und auf etwa 31° C temperieren.
Auf ein Backpapier dünn aufstreichen und 18 kleine Scheiben mit 3,5 cm Ø ausstechen (am besten geht das mit einem angewärmten Metallausstecher).
Nun kleine Ringe mit 3,5 cm Ø mit jeweils einer Scheibe Biskuit versehen und zu einem Drittel mit der dunklen Schokoladenmousse füllen. Jeweils eine Schokoladenscheibe darauf legen und nun die weiße Schokoladenmousse wiederum ein Drittel der Ringhöhe einfüllen und mit einem Schokoladenscheibchen abdecken.

Diesen Vorgang **mit der Milchschokoladenmousse wiederholen und die Ringe kalt stellen. Nach dem Entfernen der Ringe auf jede Mille-feuille jeweils eine kleine Schokoladenmousse-Rosette aufsetzen und mit Minze und einem Schokoladegitter verzieren.**

SE BOUCHE

Himbeersüppchen mit Sauerrahmeis

ZUTATEN:

für 4 Personen

10	cl	Himbeercoulis (Sauce) (Rezept Seite 310)
7	cl	Moscato oder Sekt
2	cl	Himbeergeist
250	g	Sauerrahm
50	g	Zucker
		Saft von 1 Zitrone
18		schöne Himbeeren

Zubereitung: Für das Süppchen die Himbeersauce mit Sekt und Himbeergeist verrühren und kalt stellen. Für das Eis Sauerrahm, Zucker und Zitronensaft verrühren. Etwa 1/2 Stunde stehen lassen, bis sich der Zucker auflöst.

Dann in der Maschine gefrieren. In kleine Schälchen jeweils zwei Himbeeren stellen und das Süppchen darüber gießen.

Für das **Muster etwas Sauerrahm mit Zucker und Zitronensaft abschmecken und mittels einer kleinen Papiertüte einen Kreis aufdressieren.**

Danach mit einem Zahnstocher immer abwechselnd nach innen und nach außen ziehen, so dass ein hübsches Muster entsteht. Eine kleine Nocke Eis aufsetzen und mit einer Himbeere garnieren.

Mandel-Grand Marnier-Ravioli

ZUTATEN:

für 8 Personen

Kartoffelteig:

250	g	gekochte, geschälte, ausgedampfte, passierte Kartoffeln
50	g	Mehl
25	g	Mondamin
2		Eigelb
20	g	flüssige Butter

Mandel-Grand Marnier-Füllung:

100	g	Marzipan
1		Eigelb
4	cl	Grand Marnier

Mandelschaum:

siehe Rezept Aprikosen-charlotte Seite 285

Aprikosenconfit:

3		Aprikosen
10	g	Butter
20	g	Zucker
2	cl	Apricot Brandy

Zubereitung Kartoffelteig: Alle Zutaten rasch zu einem Teig verarbeiten und auf genügend bemehlter Arbeitsfläche etwa 3 mm dünn ausrollen und mit einem Ausstecher von 4 cm Ø 6 Scheiben ausstechen.

Zubereitung Mandel-Grand Marnier-Füllung: **Alle Zutaten miteinander verrühren und die Teigscheiben damit füllen. Die Ränder mit etwas Eigelb bestreichen, die Ravioli zusammenschlagen und am Rand leicht andrücken.**
In köchelndem, leicht gesalzenem Wasser etwa 6 Minuten garen und anschließend in Biskuitbrösel wenden.
In einem kleinen Schälchen auf Aprikosenconfit und Mandelschaum anrichten.

Zubereitung Aprikosenconfit: Aprikosen waschen, entkernen und klein würfeln. Butter in einer Sauteuse schmelzen und Aprikosenwürfel darin kurz anbraten.
Dann den Zucker beigeben, 2 Minuten weiterbraten, den Apricot Brandy beigeben und Aprikosen in eine kalte Schüssel umfüllen.

Schokoladenspitz mit hellem Mandel-Nougat-Parfait

ZUTATEN:

für 6 Personen

150	g	weiße Schokolade
1	kg	dunkle Schokolade
160	g	Kakaobutter
5		Eigelb
3		Eier
150	g	Zucker
20	g	Glukose
50	g	gehackte Mandeln
350	g	helles Mandelnougat
500	g	Sahne

Schokoladenspitz mit hellem Mandel-Nougat-Parfait

Zubereitung: **Aus Backpapier 6 gleichschenklige Dreiecke mit 30 cm Kantenlänge schneiden und aus diesen Dreiecken Tüten drehen. Die Spitze so abschneiden, dass ein Loch von etwa 2 mm Ø entsteht.**

Eine weitere Tüte formen, die etwas kleiner ist, und die geschmolzene weiße Schokolade einfüllen. Nun eine leere Papiertüte in die Hand nehmen, mit der weißen Schokolade ein Muster in die leere Tüte machen und diese dann in ein leeres Glas stellen.

Nun die dunkle Schokolade schmelzen und die Kakaobutter einrühren. Die Papiertüten mit dem Schokomuster randvoll anfüllen, wieder ausgießen und gut abtropfen lassen. Danach wieder in ein Glas stellen. Wenn alle sechs Tüten ausgegossen sind, diese in den Kühlschrank geben und fest werden lassen.

Für die Füllung 50 g Zucker mit der Glukose, 10 g Wasser und den gehackten Mandeln so lange kochen, bis der Zucker karamelisiert ist und eine schöne Farbe

hat. Sofort auf ein geöltes Backblech ausgießen und erkalten lassen. Danach das Mandelkrokant grob hacken oder zerstoßen und beiseite stellen. Nun die Eier, Eigelbe und den restlichen Zucker über Dampf schaumig schlagen und danach so lange weiter schlagen, bis der Schaum wieder kalt ist.

Die Sahne nicht zu fest aufschlagen und das geschmolzene Nougat mit etwa einem Viertel der geschlagenen Sahne unter die Eimasse rühren. Nun das Krokant und die restliche Sahne beigeben und mit einem Spatel vorsichtig unterziehen, bis eine homogene luftige Masse entstanden ist. Diese Parfaitmasse nun in die vorbereiteten Tüten füllen und im Tiefkühlfach gefrieren.

Beim Anrichten mit einem Brotmesser die Öffnung der Tüten so abschneiden, dass eine ebene Fläche entsteht und die Spitzen auch stehen können.

ZUTATEN:

für 4-6 Personen

Kürbiskerneis:

160	g	Zucker
20	g	Glukose
20	g	Wasser
50	g	Kürbiskerne
9		Eigelb
4	cl	Kürbiskernöl
1/4	l	Milch
250	g	Sahne
1	cl	Amaretto
2	cl	Wodka

Zubereitung: **50 g Zucker, Glukose, Wasser und die Kürbiskerne in einem Topf zu einem Krokant verkochen (siehe Schokospitz Seite 62). Die Eigelbe mit 50 g Zucker über Dampf schaumig schlagen und das Kürbiskernöl einrühren.**
Die Milch mit Sahne und den restlichen 60 g Zucker aufkochen und in die Eigelbmasse einrühren. Nun zur Rose abziehen und durch ein feines Haarsieb passieren. Danach Amaretto und Wodka einrühren und in der Eismaschine gefrieren lassen. Kurz vor Fertigstellung das Kürbiskernkrokant beigeben.

Portwein-Banyuls-Eis:

400	ml	roter Portwein
3/4	l	Banyuls
1/2		Vanilleschote
250	g	Zucker
5		Eigelb
300	g	Butter, gewürfelt

Zubereitung: Portwein auf 300 ml einkochen und den Banyuls beigeben.
Die Vanilleschote einlegen und einmal aufkochen lassen. Butterwürfel und Eigelbe in eine Schüssel geben und den Mixstab hineinstellen, diesen auf höchster Stufe einschalten und die Portweinmischung rasch einmixen und etwa 5 Minuten weiter mixen. Nun die Eismasse in der Maschine gefrieren lassen.

Tonkabohneneis:

Zutaten und Zubereitung:
siehe Rezept Seite 295.

APRIKOSEN-MOUSSE

ZUTATEN:

für 4 Personen

3		Blatt Gelatine
1	cl	Apricot Brandy
225	g	Aprikosencoulis
110	g	Sahne
2		Eiweiß
40	g	Zucker

Zubereitung: Eingeweichte Gelatine in einem Schneekessel über Wasserdampf schmelzen, Brandy einrühren, mit Aprikosencoulis vermengen und auf Eis kalt rühren. In der Zwischenzeit die Sahne steif schlagen und unter die Aprikosenmasse heben. Eiweiß anschlagen und mit Zucker zu festem Schnee schlagen.
Ebenfalls unter die Aprikosenmasse heben.

Mit der **Aprikosenmousse Halbkugelformen mit 7,5 cm Ø zur Hälfte füllen, die gefüllten Aprikosenhälften mit der gefüllten Seite nach oben einsetzen und die Formen mit der verbleibenden Aprikosenmousse auffüllen und tiefkühlen.**

ZUTATEN:

für 4-6 Personen

150	g	marinierte Gänsestopfleber, (Rezept Seite 352)
50	g	grüner Speck (ungeräucherter, frischer, fetter Schweinebauch)
150	ml	Sauternesgelee
1		kleine Guglhupfform

Sauternesgelee:

8	cl	heller Geflügelfond (Rezept Seite 338)
7	cl	Sauternes
1-2		Blatt Gelatine pro Liter

Guglhupf von der Gänseleber

Zubereitung Sauternesgelee: Geflügelfond gut aufwärmen. Die kalt eingeweichten Gelatineblätter ausgedrückt darin auflösen, leicht abkühlen und Sauternes einrühren. Nun weiter verarbeiten oder kalt stellen.

Zubereitung Guglhupf: **Guglhupfform mit grünem Speck auslegen. Die roh marinierte Gänseleber in die Form pressen, mit Speck abdecken und luftdicht verschließen.**

Bei 110° C ca. 30 Minuten im Wasserbad im Backofen pochieren.

Mindestens 1 Tag durchkühlen lassen, dann aus der Form stürzen und den Speck gut abschaben.

Die Guglhupfform kalt stellen und den Boden 1/2 cm mit dickflüssigem Gelee ausgießen und im Kühlschrank fest werden lassen.

Dann die Gänseleber einlegen und mit Gelee rundum auffüllen und 1 Tag durchkühlen lassen.

In der Form Scheiben aufschneiden und nach Wunsch mit Apfel-Sellerie-Salat und Brioche servieren (siehe Grundrezepte).

LA GRANDE DAME,

EIN WAHRHAFT

GROSSER CHAMPAGNER,

ALS APERITIF DIE

IDEALE EINSTIMMUNG

FÜR EIN GUTES MENÜ.

Vorspeisen

Kleine Gerichte

mit Fisch,

Krustentieren

oder Fleisch,

die Appetit

auf mehr machen.

Variation von Langustinen mit Zitronengras-Ingwer-Marinade

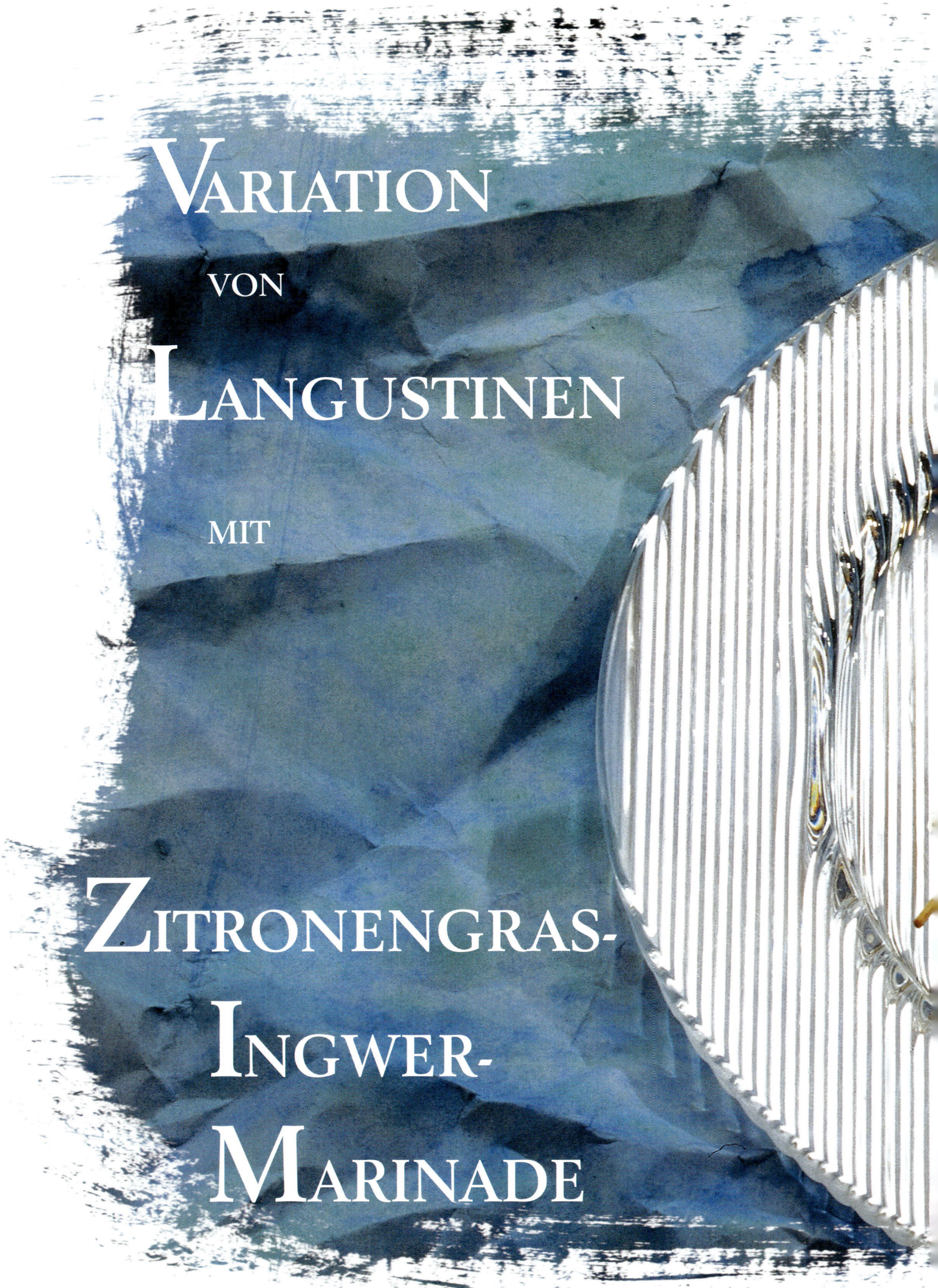

ZUTATEN:

für 6-8 Personen

2,5	kg	Langustinen
		Filloblätter (türkisches Fachgeschäft)
100	ml	Portweingelee (Rezept Seite 352)
1/2		Zitrone
		Salz
1	EL	Olivenöl
2	cl	Cognac
2	cl	weißer Portwein
4		Blatt weiße Gelatine
		Cayennepfeffer
200	g	geschlagene Sahne

Zubereitung Langustinenmousse: 8 schöne Langustinenschwänze aussortieren und beiseite stellen. Die restlichen aus den Schalen brechen und durch einen kleinen Schnitt auf der Rückseite die Därme entfernen. Von den Langustinenkarkasssen einen Fond kochen (Rezept Seite 340), 1 l von diesem dann auf 1/4 l einkochen. Eine Terrinenform (0,8 l Inhalt) mit Portweingelee ausgießen und im Kühlschrank erstarren lassen. Das Langustinenfleisch mit Zitronensaft und etwas Salz würzen und 10 Sekunden in dem erhitzten Olivenöl schwenken.

Zusammen **mit der Langustinenreduktion, dem Cognac und Portwein im Mixer fein pürieren. Anschließend durch ein Sieb passieren.**
Die Gelatine in kaltem Wasser einweichen, gut ausdrücken und in der noch warmen Langustinenmasse auflösen.
Mit einer Prise Cayennepfeffer und Salz abschmecken. Kühl stellen. Beginnt die Masse zu gelieren, die steif geschlagene Sahne unterheben und nochmals abschmecken.

Erbsenmousse:

1	dl	Noilly Prat
300	g	Sahne
150	g	frische Zuckererbsen (oder TK)
2	EL	gezupfte Petersilienblättchen
2		Blatt weiße Gelatine
		Salz
		Zucker

Garnitur: Schere und Kopf auf Avocadopüree (Rezept Seite 350)

Erbsenmousse: Den Noilly Prat auf ein Drittel reduzieren, 250 g Sahne zufügen, gut miteinander verrühren und auf 0,15 l einkochen.

Die Erbsen waschen und in kochendem Salzwasser 10 Sekunden blanchieren.

Gut abtropfen lassen und in einem Tuch ausdrücken, so dass sie nicht mehr feucht sind. Zu der heißen Sahne geben und im Mixer mit Petersilienblättern fein pürieren. Durch ein Spitzsieb passieren.

Die Gelatine **kalt einweichen, gut ausdrücken und in der warmen Erbsenmousse auflösen. Mit Salz und einer Prise Zucker abschmecken; kalt stellen. Die restliche Sahne steif schlagen. Beginnt die Masse zu stocken, einmal kräftig durchrühren und die Sahne unterschlagen. Drei Viertel von der Langustinenmousse in die mit dem Portweingelee ausgegossene Terrine füllen.**

In der Mitte mit einem Löffelrücken eine Mulde ziehen. Die Erbsenmousse in einen Spritzbeutel geben und in die Mulde spritzen. Die restliche Langustinenmousse darüber verteilen und glatt streichen. Im Kühlfach 4 Stunden durchkühlen. Zwischendurch mit aufgelöstem Portweingelee ca. 2 mm dick überziehen.

LANGUSTINEN SIND EINE IM MITTELMEER LEBENDE HUMMERART. SIE SIND FAST IDENTISCH MIT DEM AUCH VOR SKANDINAVIEN VORKOMMENDEN "KAISERGRANAT".

WIE DIESER ERREICHEN SIE EINE MAXIMALE GRÖSSE VON 25 CM. AUFFALLEND SIND DIE LANGEN SCHMALEN SCHEREN. EINE ECHTE SPANISCHE PAELLA IST OHNE LANGUSTINEN NICHT DENKBAR.

Langustino

Langustinenspieß mit Sauce:

2	dl	Langustinenfond
1		Blatt Gelatine
1	cl	Cognac
1	EL	Crème fraîche
		Salz und Cayennepfeffer
4		Holzspieße
8		dünne Ingwerscheiben
8		Korianderblättchen
		Salz und Curry

Zubereitung Langustinenspieß: **Langustinenfond auf die Hälfte einkochen, eingeweichte Gelatine darin auflösen, passieren und auf Eis stocken lassen. Mit Cognac, Salz und Cayennepfeffer gut würzen. Vier Langustinen mit Salz und Curry würzen, in Würfel schneiden und je zwei Stücke abwechselnd mit Ingwer und Korianderblätter auf Holzspieße stecken.**

NOILLY PRAT IST EIN TROCKENER FRANZÖSISCHER WERMUTH - ALSO EIGENTLICH EIN WEIN-APERITIF. SEIT 1813 WIRD ER NACH EINEM EINMALIGEN VERFAHREN HERGESTELLT.

NACHDEM ER MEHRERE JAHRE IN EICHENFÄSSERN GELAGERT HAT, WIRD IHM EINE GEHEIME MISCHUNG AUS 20 KRÄUTERN ZUGESETZT. FEINSCHMECKER BEZEICHNEN IHN ALS DAS "GOLD DER GOURMETS".

Langustinenscheiben:

6		Langustinen
4		dünne Karottenscheiben, ca. 10 cm lang
10		frische Korianderblätter
4		Spinatblätter
1	Msp	geriebener Ingwer
		Salz
		Pfeffer aus der Mühle

Zubereitung Langustinenscheiben: Langustinen aufbrechen, durch Längsschnitt den Darm entfernen und mit Ingwer, geschnittenem Koriander, Salz und Pfeffer würzen.
Spinat durch heißes Wasser ziehen und auf einem Tuch auslegen. Karottenscheiben in kochendem Wasser mit Biss blanchieren, kalt abschrecken und trockentupfen.
Mit den Langustinen auf den Spinat legen, und in Klar- und Alufolie als Roulade einrollen und straff abdrehen und tiefgefrieren.
Schon 1-2 Tage zuvor zubereiten.

Marinade:

4	cl	Noilly Prat
1	TL	fein geschnittenes Zitronengras
1/2	TL	Limonensaft
1	EL	Traubenkernöl
1/2	EL	Walnussöl
1/2	TL	geriebener Ingwer
		Salz

Zubereitung Marinade: **Noilly Prat mit Zitronengras auf 1 cl einköcheln, abkühlen lassen, mit den restlichen Zutaten vermischen und mit Salz würzen.**

Zubereitung gebackene Langustinen: **Vier Langustinen bis kurz vor dem Schwanzende ausbrechen. Längs die Därme rausschneiden, mit Salz und Curry würzen, ein Korianderblatt auflegen und nun in Filloteig einrollen. An den Enden mit Eiweiß verkleben und auf Backpapier kühl stellen.**
Zum Servieren in 170° C heißem Backfett 2 Minuten backen.

Anrichten: **Die Mousse auf ein Brett legen, die Terrinenform mit einem heißen Handtuch etwa 10 Sekunden fest andrücken und vorsichtig die Form abheben. Nochmals 10 Minuten kalt stellen. Auf kalte Teller je eine aufgeschnittene Langustinenscheibe, ca. 3 mm dick, platzieren. Glatt gerührte Sauce anlegen, durch eine Spitztülle Crème fraîche auftragen und mit einem Holzspieß von der Mitte nach außen ein Muster ziehen.**
Terrine aufsetzen, saftig gebackene Langustinenschwänze und kurz gebratene Spieße wie auf dem Foto anlegen und mit Marinade und Korianderblättern abrunden.

Carpaccio von Lachs und weissem Heilbutt mit Limetten-Sauce und Meeres-Früchte-Frühlings-Rollen mit Dipp-Sauce

ZUTATEN:

für 4 Personen

Frühlingsrolle:

8		Blatt Brickteig
3	EL	Erdnussöl
200	g	Gemüsestreifen von Karotten, Lauch, Shitakepilzen, Erbsenschoten
200	g	grob Gewolftes von Fischfilets und Krustentieren (Lachs, Steinbutt, Dorade, Scampi, Langustinen)
50	g	Sojasprossen
4	g	Ingwer, frisch gerieben
1	EL	Korianderblätter, fein geschnitten
		Curry, Salz und Sojasauce

Carpaccio:

100	g	Lachsfilet
100	g	Heilbuttfilet (oder Zander)
		Salz und weißer Pfeffer aus der Mühle

Dipp-Sauce:

4	EL	süß-scharfe Chinasauce
1	EL	Sojasauce
10		geschnittene Korianderblätter
1	dl	Hummerfond (Rezept Seite 340), auf 4 cl reduziert

Zubereitung: Lachs und Heilbutt mit Salz, Pfeffer und Zitrone würzen. Danach erst in Klarsicht-, dann sehr straff in Alufolie einrollen und gleich tiefgefrieren (möglichst am Vortag).
Zum Servieren die Rolle dünn aufschneiden, auf vier kalte Teller verteilen und gut mit Sauce nappieren.

Das Gemüse **in heißem Erdnussöl kurz mit Biss schwenken, abgekühlt mit den restlichen Zutaten sehr würzig abschmecken und gut vermischen. Die Masse fingerdick in Brickteig einrollen, mit Eiweiß an den Enden verkleben. Zum Servieren im Backofen bei 200° C ca. 5 Minuten knusprig backen oder in 170° C heißem Öl (Fritteuse) 2 Minuten backen.**

FATTORIA CORONCINO

di Lucio Canestrari

Mit Fug und Recht kann behauptet werden, dass die Ausstrahlung und die Qualität dieses Verdicchio seinesgleichen suchen. Der Gaiospino begeistert mit seiner enormen Dichte und Ausdrucksstärke. Lucio Canestrari ist ein methodisch arbeitender, zäher Winzer mit viel persönlichem Enthusiasmus.
Dem Gaiospino ist das anzumerken - er ist ein kulinarisches Erlebnis. Von diesem Spitzenwein werden nur zwischen 9.000 bis 11.000 Flaschen jährlich abgefüllt - alle Flaschen sind immer im voraus verkauft.
Nicht ohne Grund: Winzern wie Lucio Canestrari, die den Weg der kleinen aber kompromisslosen Schritte gingen, ist es zu verdanken, dass Weine aus den Marken heute international nachgefragt werden (siehe Seite 360).

Meine Weinempfehlung:

"Gaiospino" Verdicchio dei Castelli di Jesi Classic DOC Verdicchio Staffolo (Ancona)

ZUTATEN:

Limonensauce:

1		Zitronengras-stängel
2		Limonenblätter
1	dl	Noilly Prat
1/2	EL	Limonensaft
2	EL	Traubenkernöl
		Salz und weißer Pfeffer aus der Mühle

Grüne Sauce:

1		Handvoll frisches Basilikum
1/2		Handvoll frische Petersilienblätter
5	cl	Orangensaft
4	cl	Sonnenblumenöl
1		Prise Salz

Alle Zutaten im Mixer dickflüssig pürieren

Limonensauce: Zitronengras und Limonenblätter fein schneiden, mit dem Noilly Prat aufkochen und gut reduzieren. Passieren, abkühlen lassen und mit den restlichen Zutaten fein abschmecken.

Anrichten: **Grüne Sauce als Streifen auf Fischscheiben spritzen. Ausgehöhlte Limone mit Dipp-Sauce füllen, die Frühlingsrollen anlegen und servieren.**

Terrine von Lachs, Matjes und Kartoffeln

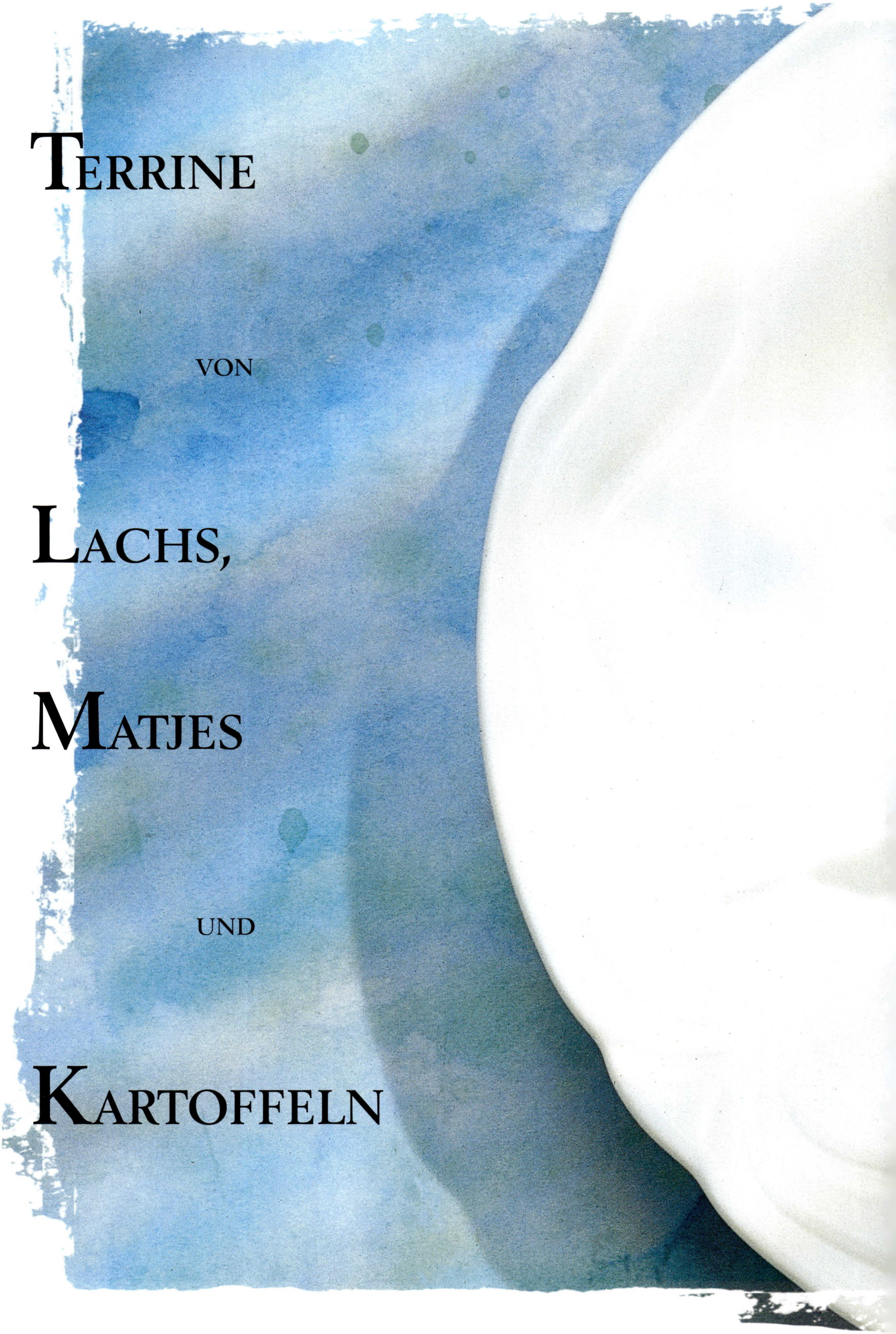

ZUTATEN:

für 4-6 Personen

Lachstatar:

100	g	frisches Lachsfilet
1		Spritzer Zitronensaft
		Olivenöl
1	TL	fein geschnittener Dill
		Salz und Pfeffer

Matjessalat:

80	g	Matjesfiletwürfel
1/2	EL	Crème fraîche
1/2	EL	Gewürzgurkenwürfelchen
1/2	EL	Apfelwürfelchen
1	TL	Schalottenwürfel
		Zitronensaft
		Salz
		weißer Pfeffer aus der Mühle
1	Msp	Honig

Terrine:

200	g	Gewürzlachs (Rezept Seite 352)
200	g	Matjesfilets
100	g	blaue Kartoffeln
200	g	Safran-Kartoffeln
50	ml	Fischgelee (Rezept Seite 340)
20	g	Lachsforellenkaviar
20	g	Forellenkaviar
40	g	Sevruga-Kaviar
1		geräuchertes Forellenfilet
10	g	Butter
1		Schalotte
1		Zweig Thymian
50	ml	Noilly Prat
300	ml	Fisch-Weißwein-Sauce (Rezept Seite 343)
50	ml	geschlagene Sahne
3		Blatt Gelatine
		Dill
		Salz
		Pfeffer aus der Mühle
		Tabasco
		Zitrone

Garnitur:

Salat (nach Wunsch)

feine Bohnen

Kartoffelchips

Kräuter

Zubereitung Lachstatar: Lachsfilet in feine Würfelchen schneiden und mit den restlichen Zutaten herzhaft abschmecken. Zum Servieren Nocken abstechen und nach Belieben mit gebackenen blauen Kartoffelchips und Dill garnieren.

Matjessalat: **Crème fraîche mit Zitrone, Salz, Pfeffer und Honig abschmecken und mit den gewürfelten Zutaten vermischen.**

Zum Servieren auf bissfest gekochte blaue Kartoffeln platzieren und mit Kräutern garnieren.

Zubereitung Terrine: Die Matjesfilets in gleich lange Stücke schneiden, Gewürzlachs auf die Terrinenform anpassen. Dann blaue Kartoffeln schälen, in 3 mm dicke Scheiben schneiden und in einem Fond aus Knoblauch, Rosmarin, Thymian, Olivenöl und Wasser (Salz, Pfeffer) bissfest kochen.
Anschließend für die gelben Kartoffeln die Kartoffeln schälen, in 5 mm dicke Scheiben schneiden und in einem Fond aus Knoblauch, Safran, Thymian und Wasser (Salz, Pfeffer) kochen. Beide Kartoffeln möglichst 1-2 Tage im eigenen Fond kühl ziehen lassen.

Mousse von der Räucherforelle: **Schalotte, Forellenhaut, Knoblauch und Thymian in wenig Butter anschwitzen und mit Noilly Prat ablöschen und reduzieren. Fisch-Weißwein-Sauce aufgießen, kurz aufkochen und passieren. Die kalt eingeweichte und gut ausgedrück-**

te Gelatine darin auflösen. Anschließend die Räucherforelle mit der Sauce gut fein mixen, passieren und auf Eis dickflüssig rühren. Den gehackten Dill und die geschlagene Sahne unterheben und mit Salz, Pfeffer, Tabasco und Zitrone würzig abschmecken.

Einsetzen der Terrine:

1. Spiegel von Fischgelee in Form eingießen und auf Eiswasser stocken lassen.
2. Schicht Mousse
3. Matjesfilet
4. Schicht Mousse
5. blaue Kartoffeln
6. Schicht Mousse
7. Gewürzlachs
8. Schicht Mousse
9. abschließen mit Safrankartoffeln

Die Terrine **mindestens 1 Tag im Kühlschrank gut durchkühlen. Vor dem Servieren die Form in warmes Wasser halten und schnell auf ein Brett stürzen. Nun nochmals kühlen und portionieren. Anschließend auf kalten Tellern wie auf dem Foto anrichten. Über den Salat kann man etwas gewürzte Crême fraîche oder Sauerrahm geben.**

Kaviar

KAVIAR WIRD AUS DEN NOCH NICHT ABGELAICHTEN EIERN VERSCHIEDENER FISCHARTEN HERGESTELLT (ROGEN). ECHTER KAVIAR WIE BELUGA, OSIETRA ODER SEVRUGA KOMMT NATÜRLICH VON STÖRARTEN. EIN TROCKEN PERLENDES KORN UND “MALOSSOL” (WENIG SALZ) SIND QUALITÄTSMERKMALE. KAVIAR VON SALMONIDEN WIE LACHS ODER FORELLE IST WESENTLICH PREISWERTER UND WIRD AUCH IN RECHT GUTEN QUALITÄTEN ANGEBOTEN.

P.S.: **Die Zubereitung dieser Terrine ist sehr zeitaufwendig und erfordert gute Kochkenntnisse.**

Seezungen-Hummer-Roulade

mit

Sauce und Spitzen

von

weissem und grünem Spargel

ZUTATEN:

für 4 Personen

2		bretonische Hummer à 500 g
1		Seezunge, 400 g
150	g	Hummerfarce (siehe Fischfarce Rezept Seite 341/342)
6		große Spinatblätter
		Salz und Pfeffer aus der Mühle

Sauce:

16		weiße Spargel
16		grüne Spargel
40	g	Butter
2	EL	grob geschnittene Petersilie
		Salz und weißer Pfeffer aus der Mühle
1		Würfelzucker
6	EL	Crème fraîche

Zubereitung Roulade: Seezunge häuten und filetieren. Die Filets zwischen Folie mit einem Schlagmesser 3-4 mm dünn klopfen. Nebenbei einen Hummer längs auf ein zurechtgeschnittenes Brettchen binden.

Beide Hummer in reichlich kochendem Wasser (abgeschmeckt mit Salz, 1 Spritzer Sherry-Essig und frischem Estragonzweig) knapp 4 Minuten garen. Danach im kalten Wasser kühlen.

Die Hummer ausbrechen, den Darm entfernen und trockentupfen.

Die zurechtgeschnittenen Fischfilets mit der Haut nach oben auf Klarsichtfolie platzieren. Mit Salz, Pfeffer und Zitrone würzen, dünn Hummerfarce aufstreichen, kurz blanchierte und trockengetupfte Spinatblätter auflegen.

Jetzt nochmals **etwa 4 mm dicke Farce aufstreichen, Hummerschwanz und Scheren auflegen. Diese mit Farce dünn bestreichen und nun mit Hilfe der Folie eng einrollen.**
Zuerst in Klarsicht- und anschließend in Alufolie einrollen. Am besten die beiden überstehenden Folienenden in Gegenrichtung mit den Händen zur Fischroulade drehen, so dass eine dicke straffe Wurst entsteht. Diese nun gleich in 85° C heißem Wasser abgedeckt 12 Minuten garen. Danach im Kühlschrank mindestens 2 1/2 Stunden durchkühlen. Am besten schon am Vortag zubereiten.

Bretonischer Hummer

DIE HUMMER ALS GRÖSSTE KRUSTENTIERE SIND WEGEN IHRES GESCHMACKS UND IHRER ERGIEBIGKEIT GESCHÄTZT. SIE SIND IN MEHREREN UNTERARTEN IN DEN KÜSTENGEWÄSSERN DES ATLANTIKS HEIMISCH. ALS FEINSTE HUMMER GELTEN DIE BRETONISCHEN.

Zubereitung Spargel und Sauce: Den weißen Spargel schälen. Vom grünen Spargel nur das untere Drittel dünn schälen, holzige Enden abschneiden. Etwas Wasser mit Butter, Salz und Zucker zum Kochen bringen. Zuerst den weißen Spargel darin bissfest garen, danach den grünen Spargel. Nach dem Kochen jeweils in kaltem Wasser abschrecken. Vom Spargel alle Spitzen abschneiden und beiseite stellen.

Den restlichen weißen Spargel pürieren, durch ein Sieb passieren und mit 3 EL Crème fraîche verrühren.

Mit Salz und Pfeffer abschmecken.

Den restlichen grünen Spargel mit Petersilie pürieren (die Sauce wird dadurch appetitlich grün), durch ein Sieb passieren und mit der Crème fraîche vermischen, ebenfalls abschmecken.

Beide Saucen kühl stellen.

Anrichten: **Jeweils 2 TL weiße und grüne Sauce auf Teller geben, eventuell die Teller anheben und von unten leicht anklopfen.**

Danach mit einem Holzspieß oder einer Gabel von der Mitte kreisförmig nach außen fahren, so bekommen wir das schöne Saucenmuster.

Gewürzte Spargelspitzen, aufgeschnittene Roulade, zurechtgeschnittenen Hummerkörper mit portioniertem Hummerfleisch anlegen und servieren.

TIPP: **Die Roulade sieht noch appetitlicher aus,**

wenn man sie vor dem Serviere

Meine Weinempfehlung:

ROERO ARNEIS "PERDAUDIN"

DOC Roero Arneis

ANGELO NEGRO E FIGLI
Monteu Roero (Cuneo),
Piemont

Der piemonteser Arneis genießt weltweit einen hohen Bekanntheitsgrad und eine große Akzeptanz.
Dies ist sicherlich ein Verdienst so engagierter Produzenten wie Giovanni Negro, der heute als der "Erfinder" des Arneis neueren Stils gilt. Bereits 1971 hat er den ersten durchgegorenen Arneis vorgestellt. Vorher waren diese Weine eher süß.
Die Reben des Weingutes Negro gedeihen prächtig im sehr gemäßigten Klima der Voralpen und auf den beinahe idealen Kalk-Sandböden des Roero.
Die Rebstöcke der Einzellage Perdaudin sind inzwischen annähernd 70 Jahre alt. Sie liefern einen sehr konzentrierten, feinnervigen Wein mit angenehmem Duft nach Früchten, Kräutern, Wiesenblumen und frischen Haselnüssen (siehe Seite 360).

elöstem Fischgelee überglänzt.

Danach aber nochmals kühl stellen. Sehr gut passt zu dem Hummer die dekorierte Kerbelblüte.

HUMMERSAVARIN

AUF

PULPO-CARPACCIO

MIT

ARTISCHOCKEN-WÜRFELN

UND

KRÄUTER-VINAIGRETTE

ZUTATEN:

für 4 Personen

1		Pulpo, ca. 600 g (auf Bestellung im Fischgeschäft)
200 g		grob geschnittenes Wurzelgemüse (Zwiebel, Sellerie, Lauch)
200 g		Hummerfarce (siehe Fischfarce Rezept Seite 341/342)
1		lebender Hummer, ca. 500 g
2	dl	Hummerfond (Rezept Seite 340)
1	dl	Rahm
1	cl	Cognac
2		Artischocken
1		Zitrone
1		Spritzer Sherry-Essig
		Vinaigrette (Rezept Seite 346)
1	EL	fein geschnittene Kräuter (Petersilie, Estragon, Zitronenmelisse, Schnittlauch, Kerbel)
4		Savarinförmchen à 10-12 cm

Salatgarnitur nach Wunsch:

Frisée, Rucola, Eichblatt

Salz und Pfeffer aus der Mühle

Zubereitung: Den Pulpo in reichlich Wasser mit 1 Spritzer Essig, Wurzelgemüse und Salz etwa 1 Stunde weich kochen. Danach kurz kalt abspülen, die Arme in ca. 10 cm lange Stücke schneiden, auf eine Klarsicht- und Alufolie legen und zu einer ca. 6-8 cm Ø dicken Rolle straff eindrehen und tiefkühlen. Dies sollte man schon am Vortag zubereiten.

Von den Artischocken **die Blätter abschneiden, das Bodeninnere mit einem Gemüseausstecher ausschaben, gut mit Zitrone einreiben, in Würfel schneiden und in wenig Wasser mit Zitronensaft, 1 Prise Salz und 2 EL Olivenöl bissfest garen. Kalt abschrecken, mit 4 EL Vinaigrette marinieren und kühl stellen.**

Hummer in kochendem Salzwasser mit 1 Spritzer Essig 4 Minuten kochen, kalt abschrecken, ausbrechen und portionieren. Die Hummerfarce in gebutterte Savarinförmchen füllen.

Zum Servieren in eine Pfanne mit 1 cm Wasser geben und im Backofen bei 180° C ca. 6 Minuten garen.

Hummerfond mit Rahm gut sämig einköcheln, mit Salz, Pfeffer und Cognac abschmecken.

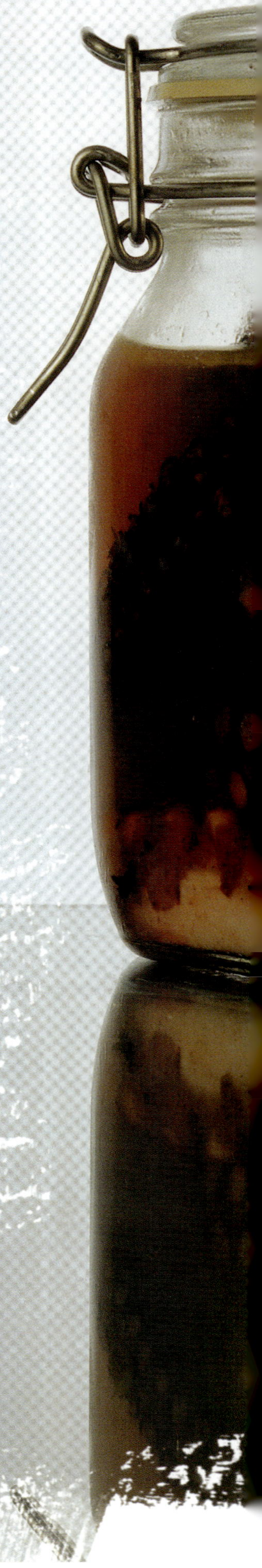

TINTENFISCH

Pulpo

DIESE UNTERART DER CEPHALOPODEN, DAS HEISST KOPF-FÜSSLER - NACH DEN DIREKT AUS DEM KOPF SPRIESSENDEN GLIEDMASSEN BENANNT -, GEHÖREN ZUR REGIONALKÜCHE VIELER LÄNDER.
SIE WERDEN FRISCH, ALS KONSERVEN ODER GETROCKNET VERKAUFT. EINE IDEALE METHODE, FRISCHEN TINTEN-FISCH ODER NICHT VERWENDETE TEILE AUFZUBEWAHREN IST, SIE ZU MARINIEREN.

Anrichten: Kalte Teller mit dünn aufgeschnittenen Pulposcheiben auslegen. Mit Salz und Pfeffer würzen, leicht erwärmte Artischocken darüber geben und mit Salatspitzen garnieren.
Zum Schluss das gestürzte warme Hummersavarin in die Mitte geben, mit warmen Hummerstücken füllen und mit aufge-schäumter Hummersauce nappieren.

Kräuter-Vinaigrette **über Artischocken und Salat nappieren und mit ofen-warmem Weißbrot ser-vieren.**

TIPP: Das Gericht kann mit Ofen-Gewürztomaten (Rezept Seite 355) gar-niert werden.

GEBRATENE ROCHENFLÜGEL MIT ARTISCHOCKENSALAT, GEBACKENER ZUCCHINIBLÜTE UND PINIENKERN-VINAIGRETTE

ZUTATEN:
für 4 Personen

1 kg Rochenflügel

1 Zitrone

frischer Thymian und Rosmarin

Salz und Pfeffer aus der Mühle

Mehl zum Bestäuben

Pinienkern-Vinaigrette:

30 g Pinienkerne

4 EL Pesto (Rezept Seite 342)

Vinaigrette (Rezept Seite 346)

1 TL Balsamicoessig

Salz und Pfeffer aus der Mühle

Salat:

2 Artischocken

2 Zucchiniblüten (Garten)

2 EL Tempurateig (Rezept Seite 202)

1 Msp Vitamin C

2 EL Vinaigrette (Rezept Seite 346)

Anmerkung: **Rochen ist vor allem in Frankreich und in Italien ein begehrter Speisefisch. Die muskulösen Flügel haben ein sehr wohlschmeckendes, weißes Fleisch mit Stäbchen-Struktur und keine Gräten.**

Anrichten: Die Rochenflügel in dem erhitzten Butterfett mit den Kräutern von jeder Seite 1-2 Minuten goldgelb braten. Auf vier große Teller den Salat anordnen und mit der Vinaigrette beträufeln. Davor die Rochenflügel legen, mit der Pinienkern-Vinaigrette nappieren und mit den aufgelegten Zucchiniblüten servieren.

Falls Sie die Möglichkeit haben,

sollten Sie Zu

Sommer schmackhafte B

Ernten Sie j

Zucchini-blüte

…nzen. Gut gedüngt liefern die kräftigen Ranken den ganzen

…emüse. Der Stolz eines Gärtners ist zumeist eine sehr große Frucht.

…die Frucht in kleinerem Zustand - sie schmeckt einfach besser!

Zubereitung: Die Rochenflügel mit der hellen Seite nach unten legen. Nun mit einem flexiblen, scharfen Messer die ledrige Haut und das Fleisch einschneiden.
Mit einer Hand das abgelöste Fleischstück fassen und mit dem Messer das Filet flach von dem knorpligen Skelett bis zum Rand abtrennen. Den Flügel umdrehen und das untere, etwas dünnere Filet auf die gleiche Weise auslösen.
Zum Enthäuten die Filets flach hinlegen, an einer Stelle die Haut einschneiden, so dass man sie fassen kann; ist sie zu rutschig, nimmt man Küchenkrepp oder ein Tuch zur Hilfe. Nun das Filet von der Haut abtrennen.
Die Fischfilets in acht gleich große Stücke schneiden. Mit Zitronensaft, Salz und etwas Pfeffer würzen, mit Mehl bestäuben.
Die Pinienkerne in einer Pfanne ohne Fettzugabe hellbraun rösten. Drei Viertel davon zusammen mit der Vinaigrette und dem Balsamicoessig mit einem Mixstab verschlagen. Mit Salz und Pfeffer abschmecken.

Salat: **Von den Artischocken den Stiel abbrechen, Blätter rundum abschneiden, das Bodeninnere ausschaben und gut mit Zitrone abreiben. Die Böden in sehr dünne Scheiben aufschneiden und in wenig kaltes Wasser mit Vitamin C geben, damit sie sich nicht verfärben.**
Zum Servieren gut abtropfen, mit lauwarmer Vinaigrette vermischen und mit Salz und Pfeffer würzen.
Die Zucchini längs halbieren, die Stiele längs dünn einschneiden, in Butter dünsten und würzen.
Die Blüten in ein wenig Tempurateig wenden und in heißem Fett kurz knusprig backen.

Rotbarbenfilet

auf

Pesto-Kartoffel-Salat

mit

Orangenblüten-Noilly-Prat-Sauce

ZUTATEN:

für 4 Personen

2		Rotbarben à 350 g
1	dl	Orangensaft
1	EL	getrocknete Orangenblüten (Feinkostgeschäft)
150	g	Gemüsewürfel von Zwiebeln, Lauch, Sellerie und Fenchel
je	1	Thymian- und Estragonzweig
1	dl	Weißwein
1	dl	Noilly Prat (franz. Vermouth)
3	cl	Olivenöl
8		Safranfäden
50	g	kalte Butterwürfelchen
		Salz und Pfeffer aus der Mühle

Kartoffelsalat:

400	g	festkochende Kartoffeln
5	cl	Fleischfond
1	EL	Zwiebelwürfelchen
1	TL	mittelscharfer Senf
1		Spritzer Kräuteressig
1	EL	Olivenöl
2	EL	Pesto (Rezept Seite 342)
		Salz und weißer Pfeffer aus der Mühle

Garnitur:

Kumquatscheiben,

schwarze Oliven

Basilikumblätter

Zubereitung: Die Kartoffeln waschen, in leichtem Salzwasser bedeckt ca. 20 Minuten gar kochen. Abgießen, ausdampfen lassen und pellen. Anschließend in gleichmäßige Würfelchen schneiden.

Für die Sauce alle Zutaten und Pesto gut verrühren und herzhaft abschmecken. Die Kartoffeln dazugeben und vorsichtig gut vermischen; wenn nötig etwas nachwürzen. Den Kartoffelsalat 30-40 Minuten bei Zimmertemperatur durchziehen lassen.

Die Rotbarben **schuppen, filetieren und die Mittelgräten mit einer Pinzette ziehen. Die Gräten gut kalt abspülen, danach mit den Gemüsewürfeln in Olivenöl schwenken. Mit Weißwein, Orangensaft und kaltem Wasser gerade bedecken, den Thymian- und Estragonzweig dazugeben und ca. 20 Minuten köcheln lassen. Schaum abschöpfen und durch ein Tuch (Windel) passieren.**

Noilly Prat in einer Sauteuse stark reduzieren. Fischfond und Orangenblüten zugeben, auf ca. 1 dl einköcheln lassen und passieren. Die kalten Butterwürfelchen und die Safranfäden einrühren, mit Salz, Pfeffer und 1 Spritzer Zitronensaft gut abschmecken.

Die Rotbarbenfilets mit Salz und Pfeffer würzen, in Mehl leicht wenden und in heißem Olivenöl hauptsächlich auf der Hautseite saftig braten.

Anrichten: **Lauwarmen Kartoffelsalat auf 4 Teller verteilen, mit Kumquatscheiben und Olivenspalten den Rand garnieren. Rotbarbenfilets auf den Salat legen, mit Sauce und frittierten Basilikumblättern servieren.**

TIPP: Statt Pesto 1 EL gehackte, frische Kräuter nach Wunsch.

Kumquats

KUMQUATS SIND DIE KLEINSTEN ZITRUSFRÜCHTE. SIE WERDEN MAXIMAL PFLAUMENGROSS. IHR ANBAUGEBIET LIEGT IM SÜDOSTEN CHINAS UND IN JAPAN.
DA DIE FRÜCHTE NICHT CHEMISCH BEHANDELT WERDEN, KANN MAN DIE DÜNNE, WÜRZIG-SÜSSE SCHALE UNBESORGT MITESSEN.

Marinierte Kalbskopfscheiben mit Krokette, Bries, Rucolasalat und Borretschblüten

ZUTATEN:

für 4 Personen

1		kleine Kalbskopfmaske, gepökelt
1		Bouquet garni (Wurzelgemüse)
		Rosmarin, Thymian, Pfefferkörner
2	EL	Kräuter, gehackt (Petersilie, Kerbel, Thymian, Rosmarin, Schnittlauch)
2	EL	Kalbsfarce (Rezept Seite 342)
24		Trüffelscheiben
1		Vollei
2	EL	Semmelbrösel
160	g	Kalbsbries, pariert, daumendick in Folie gedreht und 5 Minuten gekocht
2	EL	Kartoffelwürfel
1		Bund Rucolasalat
		Frisée und Löwenzahn, Borretschblüten, Kerbel
2	EL	Parmesanspäne

Trüffel-Vinaigrette:

2	EL	Geflügelfond (Rezept Seite 338)
1	EL	feine Trüffelwürfelchen
1	EL	Trüffelöl
1	EL	Trüffelsaft
2	EL	Traubenkernöl
1	EL	Champagneressig
2	EL	Kräuter, gehackt (Petersilie, Kerbel, Borretsch, Thymian, Schnittlauch, Estragon)
4	EL	Balsamicojus (Kalbsfond, gut reduziert mit altem Balsamico)

Vom Borretsch können Sie die Blätter,

die Stiele, die Samen und die Blüten verwenden.

Falls Sie dieses Gericht zu einer Zeit

zubereiten wollen, in der die Pflanze nicht

blüht, verwenden Sie zur Not junge Blätt

Beschreibung: Eine rauhaarige, bis 60 cm hohe Pflanze mit Stängelmark, großen, grundständigen Blättern und attraktiven blauen Blüten, die im Sommer erscheinen.

Verbreitung und Anbau: **Häufige Mittelmeerpflanze, die vermutlich aus Südspanien und Marokko stammt. Wird oft als Küchenkraut angepflanzt und wegen ihres Samenöls in größerem Umfang kultiviert.**

Borago officinalis

Borretsch

Zubereitung: Die Kalbskopfmaske putzen, Fett, Haut und Haare entfernen. In kaltem Wasser mit dem Bouquet garni und den Aromaten ansetzen und langsam gar köcheln. Anschließend nachputzen, in zwei Stücke zerteilen, mit Kräutern bestreuen und mit Pfeffer würzen.
Eine Dachrinnenform mit Folie auskleiden und die Kalbskopfstücke einsetzen. Die Folie verschließen, die Form beschweren und über Nacht auskühlen lassen.

Für die Kalbskopfkroketten **vom Kalbskopf 28 Scheiben von 1 mm Stärke schneiden, rund ausstechen (Ø 3 cm) und mit Kalbsfarce und Trüffelscheiben schichten. Diese angefrieren, mit Ei und Semmelbröseln zweimal panieren und kurz vor dem Anrichten bei 170° C in Fett ausbacken.**

Für die Vinaigrette Geflügelfond mit Trüffelfond, Trüffelöl, Traubenkernöl, Champagneressig und Trüffelwürfeln verrühren und mit Salz, Pfeffer und den Kräutern herzhaft abschmecken.
Das Kalbsbries in acht Stücke zerteilen, würzen, mehlieren und in einer Pfanne mit Butaris knusprig braten.

Anrichten: Die Teller mit Kalbskopfscheiben von 1 mm Stärke auslegen, kurz warm stellen und mit der Vinaigrette marinieren. In der Mitte den marinierten Rucolasalat anrichten und mit Löwenzahn, Frisée, Parmesanspänen und Borretschblüten dekorieren. Das gebratene Kalbsbries gegenüberliegend anrichten, ebenso die halbierten Kalbskopfkroketten. Das Kalbsbries mit etwas Balsamicojus nappieren und mit in Olivenöl gebratenen Kartoffelwürfeln servieren.

Marinierte Rinderfiletscheiben mit Trüffelrahm, Tête de Moine-Locken und Rucolasalat

ZUTATEN:

für 4 Personen

300	g	pariertes, frisches Rinderfilet
		frische Kräuter (Basilikum, Estragon, Thymian, Schnittlauch, Blattpetersilie, Rosmarin)
2	EL	Olivenöl
		Salz und Zitronenpfeffer
100	g	Rucolasalat
4	EL	Vinaigrette (Rezept Seite 346)
100	g	Tête de Moine

Trüffelsahne:

2	EL	Crème fraîche
1	EL	Trüffelfond
1/2	EL	Trüffelwürfelchen
1	EL	Vinaigrette (Rezept Seite 346)
1/3	TL	Trüffelöl
		Trüffelscheiben als Garnitur

Zubereitung: Das Filet mit Salz und Pfeffer würzen und mit Olivenöl einreiben. Die Kräuter fein schneiden, diese um das Filet geben und nun zuerst in Klarsichtfolie, danach in Alufolie stramm einrollen und im Tiefkühlfach anfrieren.
Für die Trüffelsahne alle Zutaten gut verrühren und mit Salz und Pfeffer würzen.

Anrichten: **Rinderfilet dünn aufschneiden und auf kalte Teller verteilen. Käselocken und Salatblätter schön platzieren und mit Vinaigrette und Trüffelsahne nappieren.**
Nach Wunsch mit Trüffeln sowie Blüten und Spitzen von Schnittlauch garnieren und mit warmem Stangenweißbrot servieren.

TIPP: Auf dem Salat serviere ich eine gebackene Kartoffelspirale. Auf eine Aluspritztülle einen dünn geschnittenen Kartoffelstreifen aufrollen und in heißem Öl kurz backen, dann vorsichtig abstreifen.

TÊTE DE MOINE KOMMT AUS DER SCHWEIZER REGION DES BERNER JURA.

DIESER HALBFESTE, FETTREICHE KUHMILCHKÄSE EIGNET S

DURCH SEINE KONSISTENZ BESON

DENN SEIN INNERES IST BUTTERARTIG FEIN UND WEICH.

DIE REIFEZEIT VON 4-6 MONATEN VERLEIHT IHM SEINE M

Trüffel

TUBERMELANOSPORUM / MAGNATUM

DIESE KNOLLENPILZE WACHSEN IN SYMBIOSE MIT EICHENWURZELN. ZÜCHTEN KANN MAN SIE NICHT. ABER ES WERDEN EICHEN GEPFLANZT, UM IHR WACHSTUM ZU FÖRDERN. DIE BEIDEN HAUPTSORTEN, DIE AUCH IN DER KÜCHE AM MEISTEN GESCHÄTZT WERDEN, SIND DIE SCHWARZEN PÉRIGORD-TRÜFFEL AUS FRANKREICH UND DIE WEISSEN PIEMONTESER TRÜFFEL AUS ITALIEN.

Tête de Moine

ZUM ABDREHEN VON "LOCKEN" (SPEZIALHOBEL),

ZIGKEIT.

GEFÜLLTER SCHWEINEFUSS MIT GEBRATENER GÄNSELEBER AUF BUNTEN LINSEN MIT BALSAMICOSAUCE

ZUTATEN:

für 4 Personen

1		Schweinefuß (abgezogen, gepökelt und geräuchert), Vorbestellung Metzger
250	g	Kalbsfarce (Rezept Seite 342)
100	g	grob (ca. 3 mm) gewolftes Rindfleisch
2		dicke Scheiben gepökelte, gekochte Rinderzunge
1		gepökelte, geräucherte und gekochte Schweinebacke
50	g	gekochte Kalbskopf-Würfel (Rezept Seite 102)
1	EL	grob gehackte Pistazienkerne
20	g	Trüffelwürfel
2	cl	heller Portwein
2	cl	Trüffelfond
		Salz und Pfeffer aus der Mühle
4		Scheiben Gänsestopfleber à 50 g
150	ml	Kalbsfond (Rezept Seite 338)
2	cl	alter Balsamico
4		Scheiben Trüffel
je 4	EL	rote, gelbe und grüne Linsen
1		Spritzer weißer Balsamico
6	cl	heller Kalbs- oder Geflügelfond
30	g	Butterwürfelchen
		Salatgarnitur nach Wunsch: Lollo Rosso, Eichblatt, Frisee, Schnittlauch
4	EL	Vinaigrette (Rezept Seite 346)
		Salz und Pfeffer aus der Mühle

Hülsenfrüchte

EINE ZEIT LANG WAREN HÜLSENFRÜCHTE EIN “BISSCHEN AUS DER MODE” GEKOMMEN. SIE GALTEN ALS SCHWER VERDAULICH UND ZEITRAUBEND IN DER ZUBERETIUNG. HEUTE WEISS MAN NICHT NUR IHREN KRÄFTIGEN GESCHMACK ZU SCHÄTZEN, SONDERN VOR ALLEM IHREN GESUNDHEITLICHEN WERT. HÜLSENFRÜCHTE SIND REICH AN EIWEISS, AN KOHLENHYDRATEN, BALLASTSTOFFEN, MINERALSTOFFEN UND SIE ENTHALTEN VOR ALLEM AUCH VITAMIN B.

Bunte Linsen

LINSEN MÖGEN "SÜSSE" SÄURE. EINTOPFGERICHTE SOLLTE MAN DAHER ZUM SCHLUSS MIT EINEM SCHUSS OBSTESSIG ODER ZITRONENSAFT ABRUNDEN - ODER DIE LINSEN MIT BACKPFLAUMEN ODER GEDÖRRTEN APRIKOSEN ZUBEREITEN.

Zubereitung: Die Linsen schon 2 Tage vorher in reichlich kaltem Wasser einweichen, kühl stellen und einmal das Wasser wechseln. Dadurch haben sie eine kurze Garzeit und die Farbe bleibt erhalten.
Den Schweinefuß in reichlich Wasser weich kochen (das kann 1-2 Stunden dauern), danach abkühlen. Kalbsfarce mit allen gewürfelten Zutaten vermischen, Portwein und Trüffelfond einarbeiten. Zum Schluss gewolftes Rindfleisch mit Salz und Pfeffer unterheben, die Farce in einen Spritzsack geben und in den leicht temperierten Schweinefuß einspritzen. Den Schweinefuß zuerst in Klarsicht-, dann straff in Alufolie einrollen und an den Enden zudrehen, so dass eine dicke Wurst entsteht. Nun in siedendem Wasser 20 Minuten garen und abkühlen. Am besten schon 1 Tag vorher zubereiten.

Salate **zupfen, waschen, schleudern und auf Teller platzieren. Die Linsen abtropfen, mit Brühe abgedeckt erhitzen und etwa 2 Minuten köcheln lassen.**
Zwei Drittel der Brühe abgießen, mit den Butterwürfeln die Linsen sämig binden und mit 1 Spritzer weißem Balsamico, Salz und Pfeffer und 1 TL geschnittenem Schnittlauch herzhaft würzen.

Anrichten: **Heiße Linsen zum Salat auf die Teller verteilen. In heißer Pfanne mit Salz und Pfeffer gewürzte Gänseleberscheiben je Seite 1 1/2 Minuten goldbraun braten und mit erwärmten Schweinefußscheiben auf die Linsen platzieren. Gut reduzierten Kalbsfond mit Balsamico über die Leberscheiben nappieren und servieren.** P.S.: **Der Salat kann je nach Wunsch und Jahreszeit mit frischen Kräutern und mit Thymian-, Kerbel- und Borretschblüten garniert werden.**

BAUMKUCHENTERRINE MIT GÄNSESTOPFLEBER, WACHTELBRUST, PILZEN UND GEBACKENER WACHTEL-KEULE AUF APFEL-SELLERIE-SALAT

ZUTATEN:

für 4 Personen

500	g	marinierte Gänsestopfleber (Rezept Seite 352)
3		Wachteln
100	g	Pilze (Steinpilz, Pfifferling, Champignon)
15	g	Trüffelwürfel (Glas)
10	g	Butaris
		Salz und weißer Pfeffer aus der Mühle
150	g	Baumkuchen (Rezept Seite 346)
50	g	Panierbrot
1		Ei
4	EL	Apfel-Sellerie-Salat (Rezept Seite 350)
		Rucolablätter

Garnitur:

nach Wunsch und Jahreszeit eingelegte Kirschen oder blaue Trauben

Anrichten: **Rucolablätter**

und Apfel-Sellerie-Salat mit Früchten

schön auf kalte Teller platzieren.

Gebackene Wachtel▸

Trüffel-würfel

Trüffel und Trüffelwürfel im Glas werden in Feinkostgeschäften in verwendbaren Qualitäten angeboten. Die hier abgebildeten Pilze wurden direkt in der Region mit ein wenig Öl konserviert.

Anders als bei "Wasserkonserven" erhalten sie so ihre Konsistenz und sind nicht vorgegart wie die üblichen im Handel erhältlichen Dosen- oder Glaskonservenpilze.

Bei dieser Ware wird zudem der Geschmack oft durch die Vorkonservierung mit Essig beeinträchtigt.

aumkuchenterrine

auflegen und schnell servieren.

Zubereitung: Von den Wachteln Brüste und Keulen auslösen und die Haut abziehen. Die Brüste mit Salz und Pfeffer würzen, kurz rosa in heißer Butaris braten und sofort durchkühlen. Die Pilze putzen, abreiben, in Stücke schneiden und ebenfalls nur kurz in heißer Butaris schwenken, würzen und durchkühlen.

400 g Gänsestopfleber grob würfeln und mit den Pilzen und Trüffeln vermischen.

Auf eine Klarsichtfolie legen, die Wachtelbrüstchen einbauen und zu einer dicken Wurst aufrollen. Nochmals in Alufolie einrollen und an den Enden straff drehen.

1/2 Tag gut durchkühlen. Danach aus der Folie nehmen. Vorbereiteten und zugeschnittenen Baumkuchen mit weißem Portwein beträufeln. Terrine auflegen, pressend einrollen, an den Enden kurz eindrehen und wieder 1/2 Tag durchkühlen.

Danach portionieren, **nach Wunsch mit aufgelöstem Portweingelee überpinseln und nochmals kühl stellen. Die Wachtelkeulchen auch schon am Vortag zwischen Folie plattieren und mit Salz und Pfeffer würzen. Je ein Würfel Gänseleber (ca. 15 g) aufsetzen. Das überstehende Fleisch andrücken und jetzt in zurechtgeschnittene Alufolie straff einrollen und danach in ca. 80° C heißem Wasser 5 Minuten pochieren und gleich durchkühlen.**

Zum Servieren vorsichtig auspacken und nacheinander in aufgeschlagenem Ei und Paniermehl wenden, dann in 170° C heißem Backfett ca. 4 Minuten goldbraun backen.

Auflauf von Belon-Austern und Kresse mit Blätterteighaube und Schnittlauchbutter

ZUTATEN:

für 4 Personen

10		große Belon-Austern (oder Felsenaustern)
60	g	Zanderfilet
1		Ei
100	g	Sahne
1		Bund Brunnenkresse
2	cl	trockener Sherry
		Salz und Pfeffer aus der Mühle
4		Auflaufförmchen, ca. 12 cm Ø und 6 cm hoch
		Butter für die Förmchen
200	g	Blätterteig (Rezept Seite 346 oder TK)
1		Eigelb

Schnittlauchbutter:

1/4	l	Fischfond (Rezept Seite 340)
100	ml	trockener Weißwein
1		kleine feingeschnittene Schalotte
60	g	kalte Butterwürfelchen
2	EL	gehäutete und geschnittene Tomatenwürfelchen
1	EL	Schnittlauchröllchen
		Salz
1/4		Zitrone

Zubereitung: Die Austern öffnen und vier besonders schöne beiseite stellen. Das Zanderfilet klein schneiden, mit den restlichen Austern und einem Eigelb vermischen. Mit der Sahne separat in das Kühlfach stellen. Wenn beides leicht angefroren ist, zusammen mit den blanchierten, abgeschreckten und sehr gut ausgedrückten Kresseblättern im Küchenmixer zu einer geschmeidigen Farce pürieren. Durch ein Sieb streichen und ein steif geschlagenes Eiweiß unterziehen.

Mit Sherry, etwas Zitronensaft, Salz und Pfeffer abschmecken. Die Formen ausbuttern, die Farce einfüllen und jeweils eine Auster hinein drücken. Den Blätterteig dünn ausrollen, entsprechend des Förmchens ausstechen und leicht über den Rand legen. Die Ränder mit Eigelb bestreichen und fest andrücken. Die Formen vor dem Backen 15 Minuten im Kühlschrank ruhen lassen.

Mit etwas Abstand auf ein Backblech setzen, mit Eigelb-Milch-Gemisch den Blätterteig einpinseln und im Ofenrohr bei 200° C 10-12 Minuten goldbraun backen. Den Fischfond mit dem Wein und der Schalotte auf 0,1 l einkochen. Die kalte Butter einrühren, Tomatenwürfel und Schnittlauch zufügen. Mit Salz und Zitronensaft abrunden.

Anrichten: **Die Auflaufformen vom Backblech auf Unterteller geben. Mit der Sauce separat servieren. Am Tisch schneidet man eine Öffnung in den Blätterteig und füllt mit Sauce nach Wunsch auf. Dieses Gericht lässt sich gut vorbereiten, und man serviert es am Besten als Vorspeise.**

Getrüffeltes Geflügelleberparfait mit Rotkohlsalat und Feigen-Rosmarin-Brioche

ZUTATEN:

für 6-8 Personen

250	g	frische Geflügelleber
2		Eier
250	g	geklärte Butter
1	Msp	Pökelsalz
		weißer Pfeffer aus der Mühle
		Salz
2	cl	roter Portwein
2	cl	Cognac
20	g	schwarzer Trüffel
100	g	grüner frischer Speck
1		Lorbeerblatt
1		Salbeiblatt
1		Thymianblättchen
		Feigen-Rosmarin-Brioche (Rezept Seite 348)

Rotkohlsalat:

200	g	frischer fein geschnittener Rotkohl
1	dl	Rotwein
1	dl	Orangensaft
1		Spritzer Balsamicoessig
1		Nelke
1		Sternanis
1		Stückchen Zimtstange
2	cl	Walnussöl
1/2		Apfel (Delicious), in Streifen geschnitten
		Salz und Pfeffer aus der Mühle

Zubereitung: Die Leber fein säubern, das heißt von Galle, Sehnen und Häutchen befreien. Dann zusammen mit den Eiern im Mixer fein pürieren. Nun langsam beim Mixen die geklärte, etwa 50° C warme Butter zufügen. Mit Salz, Pökelsalz, Pfeffer, Portwein und Cognac abschmecken.
Diese Lebermasse fein passieren, die rohen Trüffel gut bürsten (verwendet man welche aus dem Glas, diese gut abtropfen lassen) und in feine Würfelchen hacken. Eine Terrinenform von etwa 0,8 l Inhalt mit dem in dünne Scheiben geschnittenen Speck so auslegen, dass jeweils ein Viertel der Scheiben übersteht. Die Lebermasse mit Trüffelwürfel einfüllen und mit den überstehenden Speckscheiben abdecken. Lorbeer-, Salbeiblatt und etwas Thymian darüber streuen, in Alufolie einschlagen und in ein tiefes Blech (Wasserbad) stellen. Zur Hälfte mit 70° C heißem Wasser angießen und im Backofen bei 150° C etwa 50 Minuten pochieren. Das Parfait heraus nehmen und mindestens 1/2 Tag kühl stellen.

Zubereitung Rotkohlsalat: **Rotwein, Orangensaft, Sternanis, Nelke und Zimtstange auf die Hälfte reduzieren. Heiß auf den Rotkohl passieren, mit Balsamico, Salz und Pfeffer abschmecken.**
Mit Öl und Apfelstreifen gut vermischen und abgedeckt bei Zimmertemperatur ca. 2 Stunden ziehen lassen.

Anrichten: **Jeweils eine Scheibe von dem Parfait auf gut gekühlte Teller legen und mit Rotkohlsalat und Brioche servieren.**

P.S.: Frische schwarze Trüffel aus dem Périgord sind Ende Februar/Anfang März am besten. Doch es gibt das ganze Jahr über beste Qualität in Gläsern zu kaufen.

ZUTATEN:

für 8-10 Personen

Pastetenteig:

100 g	Schweineschmalz
100 ml	handwarmes Wasser
7 g	Salz
250 g	Mehl (Type 405)

Einlage:

2	Entenbrüste à 300 g
200 g	marinierte Entenstopfleber, 80 g Würfel- (vgl. Rezept Gänseleber Seite 114)
40 g	blanchierte Spinatblätter
80 g	frischer grüner Speck
	Butter und Mehl für die Form
1	Eigelb
1/4 l	Portweingelee (Rezept Seite 352)

Farce:

400 g	Entenkeulen
	Salz und Pfeffer aus der Mühle
200 g	Rahm
2 cl	Trüffelfond
2 cl	Cognac
2 cl	weißer Portwein
2 cl	Grand Marnier
40 g	Pistazienkerne

Salat:

100 g	bissfest gekochte Zuckerschoten
1	Apfel (Delicious)
1	Spritzer weißer Balsamicoessig
1 EL	Walnussöl
je 1	Prise Salz und Zucker

Entenpastete mit Portweingelee und Zuckerschoten-Apfel-Salat

Zubereitung: Das Schmalz mit dem Wasser und Salz glattrühren. Nach und nach das Mehl dazu sieben und zu einem geschmeidigen Teig verkneten. Im Kühlschrank ruhen lassen.

Das Fleisch von den Keulen trennen und von Sehnen und Häuten befreien.

Einen Tag mit den Spirituosen und einem Thymian- und Rosmarinzweig abgedeckt im Kühlschrank ziehen lassen.

Für die Farce die Kräuter entfernen, das Fleisch mit der Marinade grob wolfen und mit dem Rahm im Gefrierfach leicht anfrieren lassen. Das Hackfleisch mit Salz und Pfeffer würzen und mit dem Rahm im Küchenmixer zu einer geschmeidigen Farce mixen. Danach durchkühlen lassen und durch ein Sieb streichen. Mit Trüffelfond, Salz und Pfeffer abschmecken.

Die Pistazien und Trüffel-Leber-Würfel untermischen.

Die Entenbrüste taschenförmig aufschneiden und mit einem breiten Messerrücken leicht flach drücken. Als "Kern" in die Mitte gewürzte, fingerdicke Entenstopfleberstücke geben, dünn mit Farce einstreichen und aufrollen.

Die blanchierten Spinatblätter nebeneinander auslegen, die Entenrollen hintereinander darauf geben und alles zusammen einrollen.

Eine Pastetenform mit 1 l Inhalt ausbuttern und leicht mehlieren. Den Pastetenteig gleichmäßig dünn ausrollen und die Form damit auslegen. Etwas Teig für den Deckel übrig lassen.

Den Speck in dünne Scheiben schneiden und die Teigform damit so auslegen, dass jeweils noch etwas von dem Speck übersteht. Die Hälfte der Farce darauf geben, die Enten-Spinat-Rolle hinein drücken und mit der restlichen Farce abdecken. Glatt verstreichen und mit dem Speckmantel zudecken.

Mit dem Teigdeckel abschließen, andrücken und den leicht überstehenden Rand rundum mit zwei Gabelspitzen leicht drückend verschließen.

Mit verquirltem Eigelb bepinseln und zwei Löcher ausstechen (geht gut mit einer dicken Makkaroni-Nudel), damit der Dampf entweichen kann.

Bei 220° C 60 Minuten im Ofen backen. Nach dem Erkalten das lauwarme, aufgelöste Portweingelee in die zwei Öffnungen gießen und wieder kalt stellen.

Den Apfel schälen, das Kernhaus ausstechen, erst in dünne Scheiben, dann in Streifen schneiden. Die Zuckerschoten ebenfalls in Streifen schneiden und mit Balsamico, Walnussöl, Salz und Zucker marinieren.

Anrichten: **Die Pastete mit einem elektrischen Messer in Scheiben aufschneiden. Auf die Teller verteilen. Zuckerschoten-Apfel-Salat daneben anordnen und servieren.**

Fische und Krustentiere

Das Angebot

der Meere,

Flüsse

und Seen

verschmilzt

in Harmonie

mit der Flora

des Landes.

Roulade vom St. Petersfisch mit Champagner-Zitronen-Eisenkraut-Sauce

ZUTATEN:

für 4 Personen

400	g	St. Petersfischfilet
1		Zitrone
		Salz
100	g	Lachsfarce (siehe Fischfarce Rezept Seite 341, statt Zander-Lachsfilet)
50	g	Lachswürfelchen
16		große Spinatblätter
		Butter für die Form
4	cl	Weißwein
Sauce:		
200	ml	Fischfond (Rezept Seite 340)
1	dl	Rahm
80	g	kalte Butterwürfelchen
6	cl	Champagner
1	EL	geschlagene Sahne
		Salz
1		Sträußchen Zitronen-Eisenkraut

Zubereitung: Die Spinatblätter entstielen, gut waschen und 5 Sekunden in kochendem Salzwasser blanchieren. Kalt abschrecken und auf einem Küchentuch Blatt für Blatt nebeneinander auslegen.

Den St. Petersfisch zu je 2 Filets à 200 g zurechtschneiden. Mit etwas Zitronensaft und Salz würzen.

Lachswürfelchen mit Salz und Zitrone würzen und unter die Farce geben. Die Fischfilets rundum 1/2 cm dick mit der Farce bestreichen, auf die Blätter geben und damit die Filets schön einpacken.

Eine flache, feuerfeste Form oder Edelstahlpfanne leicht ausbuttern, die Fischroulade einlegen, die Spinatfläche buttern und mit wenig Fischfond und dem Wein angießen. Im Ofen bei 180° C 10 Minuten pochieren.

Herausnehmen und zugedeckt 2 Minuten ruhen lassen.

Nebenbei **den Fischfond, Rahm und die Zitronen-Eisenkrautblätter sämig einkochen und passieren. Bei milder Hitze die kalten Butterwürfel einrühren und mit Salz und Zitrone abschmecken. Kurz vor dem Servieren den Champagner und die Schlagsahne unterziehen.**

Anrichten: **Die St. Petersfisch-Roulade mit einem scharfen oder elektrischen Messer in Scheiben aufschneiden und auf der Sauce servieren.**

Dazu kann man auch Salzkartoffeln oder wilden Reis anbieten. Als Garnitur Zitronen-Eisenkrautblätter anlegen.

DIESE FISCHCHEN AUS BL

TIPP: STATT ST. PETERSFISCH K

Spinat

URSPRÜNGLICH EIN PERSISCHES GEMÜSE: "ASPANAKH". DIE ANGENEHME SÄURE ERHÄLT DER SPINAT DURCH DIE DARIN ENTHALTENE OXALSÄURE, DIE AUCH DEM SAUERAMPFER SEINEN GESCHMACK VERLEIHT. SPINAT IST DAS GANZE JAHR ERHÄLTLICH. AUCH TIEFGEFRORENE WARE LÄSST SICH DURCHAUS GUT VERWENDEN.

ZITRONEN-EISENKRAUT ...

... ODER FRANZÖSISCH "VERVEINE" HAT EIN LEICHTES ZITRONEN-AROMA. ES EIGNET SICH GUT ZUR VERFEINERUNG HELLER SAUCEN. AUS DEN GETROCKNETEN BLÄTTERN LÄSST SICH EIN GUTER TEE HERSTELLEN. "VERVEINE" IST EINES DER GEBRÄUCHLICHSTEN KRÄUTER FRANKREICHS.

AUCH ZANDERFILET NEHMEN.

DIESES GERICHT HABE ICH FÜR WALTER SCHEEL 1979 IN BONN FÜR EIN DIPLOMATENESSEN KREIERT.

Gebratene Jakobsmuscheln

mit

Physalis, Limonen-blättersauce

und

Couscous

ZUTATEN:

für 4 Personen

12		frische Jakobsmuscheln (Saison von September bis April)
1	dl	Noilly Prat
1	dl	Fischfond (Rezept Seite 340)
8		Safranfäden
60	g	kalte Butterwürfelchen
10		Limonenblätter (oder 1/2 Stange Zitronengras, Asienladen)
1/2		Limone
8		Physalis
		Salz, Cayennepfeffer

Couscous:

100	g	Couscous (Hirse)
2	EL	Gemüsewürfelchen (Karotten, Sellerie, Lauch, bissfest gekocht)
15	g	Butter
5		fein geschnittene Korianderblätter
1/2		Zitronengrasstange
2	cl	Weißwein
1/2		Limone
1	Msp	Curry, Salz

Zubereitung: Das Fleisch vorsichtig mit einem Messer aus der Muschel lösen. In kaltem Wasser gut abspülen, Bart und Schließmuskel abtrennen. Wenn schöner Rogen vorhanden ist, diesen auch nochmals gut abspülen, alles gut abtropfen lassen und schnell kalt stellen.

Für die Sauce **drei Limonenblätter mit dem Noilly Prat stark reduzieren. Fischfond dazugeben und nun auf etwa 1 dl reduzieren. Die Blätter herrausnehmen und zum Servieren die Safranfäden hineingeben. Köchelnd die Butter zur leicht sämigen Bindung einrühren und mit Limonensaft, Salz und Cayennepfeffer abschmecken.**

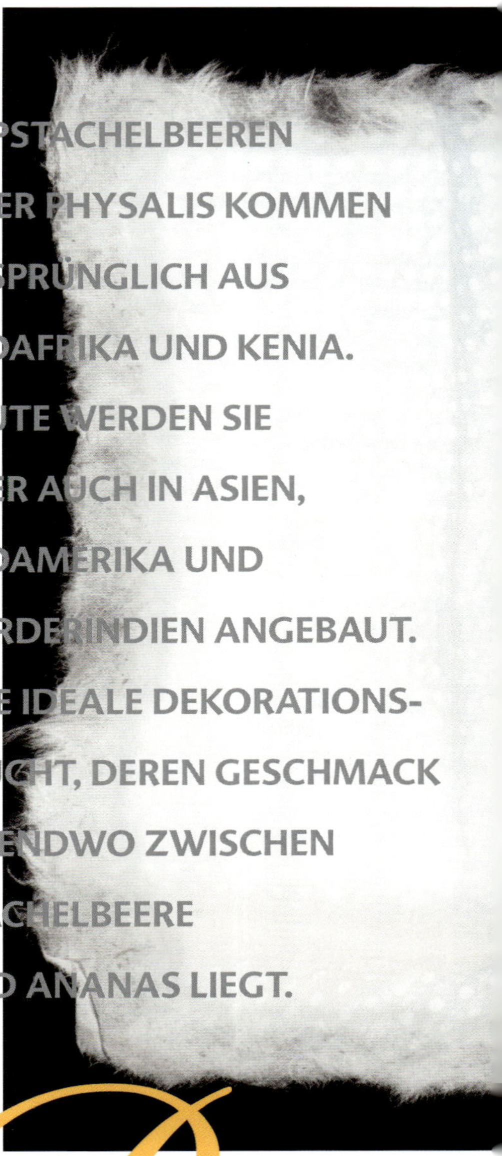

KAPSTACHELBEEREN ODER PHYSALIS KOMMEN URSPRÜNGLICH AUS SÜDAFRIKA UND KENIA. HEUTE WERDEN SIE ABER AUCH IN ASIEN, SÜDAMERIKA UND VORDERINDIEN ANGEBAUT. EINE IDEALE DEKORATIONSFRUCHT, DEREN GESCHMACK IRGENDWO ZWISCHEN STACHELBEERE UND ANANAS LIEGT.

Physalis

COUSCOUS IST ZU EINEM FESTEN BESTANDTEIL DER FRANZÖSISCHEN KÜCHE GEWORDEN. DAS GERICHT STAMMT AUS NORDAFRIKA. EIN "MITBRINGSEL" DER FRANZOSEN AUS DEREN EHEMALIGEN KOLONIEN.

Jakobsmuscheln

COQUILLES SAINT JACQUES

DIESE BIS ZU 14 CM GROSSE KAMM-MUSCHEL LEBT IN KÜSTENNÄHE. HAUPTVORKOMMEN IST DER ATLANTIK. DIE JAKOBSMUSCHEL HAT FESTES WEISSES FLEISCH, UMGEBEN VON ORANGEROTEM ROGEN. BEIDES IST EIN DELIKATER GENUSS.

Für den Couscous **1/2 l Wasser, Limone und geschnittenes Zitronengras im Topf aufkochen.**

Ein halbrundes Sieb in den Topf hängen, auskleiden mit einem dünnen Stofftuch, Couscous hineingeben, ein paar Butterstückchen und 1 Spritzer Wein darübergeben und mit dem überstehenden Tuch abdecken.

Mit einem Deckel verschließen und nun im Dampf (köchelnd) ca. 15 Minuten garen, zwei- bis dreimal öffnen und mit einer Gabel lockern.

TIPP: Sehr gut schmeckt auch Kumquatconfit zu den gebratenen Jakobsmuscheln. Siehe Rezept Seite 351.

Anrichten: Die Jakobsmuscheln mit Salz und Pfeffer würzen und in heißem Pflanzenfett / Walnussöl ca. 3 Minuten braten. Im letzten Moment etwas Butter zugeben, das unterstützt den feinen Geschmack. Den Couscous vermischt mit Gemüsewürfeln und abgeschmeckt mit Curry, Koriander und Salz auf Teller platzieren (in Kugelform drücken, so lässt er sich gut stürzen). Jakobsmuscheln auf Limonenblätter legen, mit Physalisspalten, Limonenblätterstreifen und Sauce garnieren und servieren.

Gratin von Flusskrebsen und Hechtsoufflé mit schwarzen Nudeln

ZUTATEN:

für 4 Personen

1,5	kg	Krebse (Türkei)
120	g	Hechtfarce (siehe Fischfarce Rezept Seite 341)
1	EL	Schlagsahne
500	g	gewürfeltes Wurzelgemüse (Zwiebeln, Karotten, Sellerie, helles vom Lauch)
500	g	Eiertomaten im Saft (Glas oder Dose)
1/4	l	Weißwein
1	dl	Rahm
1		Thymianzweig
1		Sträußchen Estragon
4	cl	Cognac
2	EL	Sauce Hollandaise (Rezept Seite 344)
1	EL	geschlagene Sahne
1		Bund Brunnenkresse
4	cl	Olivenöl
		Salz, Prise Cayennepfeffer
160	g	schwarze Nudeln (Rezept Seite 348)
4		Auflaufförmchen

Zubereitung: Die Krebse in kochendem Salzwasser mit 1 Spritzer Essig 3 Minuten kochen und kalt abschrecken. Das Fleisch ausbrechen, vom Schwanz längs den Darm rausschneiden und in abgekühltem Kochfond aufbewahren (wichtig, denn sonst bekommt das Fleisch eine dunkle, wüste Verfärbung). Die Krebsnasen (vier schöne als Garnitur aufbewahren) und Krusteln gut waschen und abtropfen lassen. Eine Kasserolle erhitzen, Olivenöl und die Krebskarkassen hineingeben und rührend gut anrösten. Das Gemüse dazugeben und weitere 5 Minuten mitrösten. Cognac hinzugeben, anzünden und mit Weißwein, Schältomaten und Wasser (Fischfond) gerade bedecken.
Mit den Kräutern und einer Prise Cayennepfeffer 20 Minuten köcheln lassen. Danach schwingend durch ein Passiertuch seihen (wodurch die Sauce auch ihre rote Farbe behält).

Den Krebsfond nun auf ca. 1/4 l Flüssigkeit einköcheln, Sahne hinzugeben und weiter bis zur sämigen Bindung reduzieren und mit Salz würzen.

Vier Soufflégförmchen **ausbuttern und die mit Schlagsahne aufgerührte Hechtfarce einfüllen.**
Zum Servieren in einer Pfanne mit Krepppapier und 2 cm Wasser im Backofen bei 180° C Umluft 10-12 Minuten hellbraun backen.
Nebenbei von der Brunnenkresse die Stiele abschneiden. Die Kresse waschen, in kochendem Salzwasser 1 Minute garen, dann sofort im Eiswasser abkühlen und sehr gut abtropfen (ausdrücken).
Die Nudeln im kochenden Salzwasser bissfest garen, kalt abschrecken und in Butter mit einer Prise Salz erhitzen.

Anrichten: Kresse in Butter erhitzen, mit Salz würzen und mit den Nudeln auf vier Teller verteilen. Hechtsoufflé direkt aus dem Ofen auf die Teller geben und mit warmen Krebsen umlegen.

Zum Schluss unter die heiße Krebssauce Hollandaise und geschlagene Sahne rühren, über Krebse und Souffé nappieren. Im vorgeheizten Backofen, nur Oberhitze, ca. 1 Minute überbacken und mit der Krebsnase und Kapuzinerblüte servieren.

EDELKREBS, TAFELKREBS ODER

Der Flusskrebs

EIN SÜSSWASSER-KRUSTENTIER, DAS HEUTE HAUPTSÄCHLICH AUS DER TÜRKEI, OSTEUROPA UND SELTENER AUS FRANKREICH KOMMT. FLUSSKREBSE SIND RAR, THEORETISCH ABER DAS GANZE JAHR ERHÄLTLICH, UND KÖNNEN LEBEND ODER GEKOCHT GEKAUFT WERDEN.

Riesling-creme mit gefüllten Calamaretti

ZUTATEN:

für 4 Personen

8		kleine Tintenfische à 40 g
1/3		Knoblauchzehe
je 1		Zweig Thymian und Rosmarin
4		gebratene Zucchinischeiben
		Olivenöl Salz und Pfeffer aus der Mühle

Füllung:

4		Gambas
2	EL	Gemüsewürfel (Fenchel, Staudensellerie, Karotte und Lauch)
1	EL	Tomatenwürfel
2	EL	geröstete Toastwürfel (3 x 3 mm)
1/2	TL	geschnittene Korianderblätter
je 1		Prise Curry und Salz

Creme:

1/4	l	Fischfond (Rezept Seite 340)
1/4	l	Rahm
6	cl	Noilly Prat
2	dl	Riesling
60	g	kalte Butterwürfel
1	EL	geschlagene Sahne
1		Zitronenthymianzweig
1		Estragonzweig
1/2		Limone
		Salz und weißer Pfeffer aus der Mühle

Meeresfrüchtestange:

1		Toastbrot ohne Rinde
1	EL	Hummer- oder Fischfarce (Rezept Seite 341)
1	EL	bissfeste Gemüsewürfel
2		gewürfelte Gambas
1/2	TL	geschnittene Estragonblätter
je 1		Prise Curry, Salz und Zitronenpfeffer

Zubereitung: Die Tintenfische ausnehmen, kurz abwaschen und trockentupfen. Die Fühler abtrennen und beiseite stellen.
Für die Füllung die Gambas in kleine Würfel schneiden und mit blanchiertem Gemüse, Tomaten- und Toastwürfeln vorsichtig mischen. Mit Koriander, Salz und Curry würzen.
Diese lockere Masse in die Tintenfische füllen, würzen und zum Servieren in heißem Olivenöl mit Knoblauch, Thymian und Rosmarinzweig ca. 4 Minuten braten. Die Fühler zum Schluss ca. 1 Minute mitbraten.

Creme: **Noilly Prat gut reduzieren, Riesling einfüllen und nochmals einköcheln lassen. Fischfond, Rahm und Kräuter dazugeben, ca. 5 Minuten köcheln, passieren, die Butter unterrühren und dadurch sämig binden.**
Mit Limone, Salz und Pfeffer gut abschmecken.

Für die Meeresfrüchtestange alle Zutaten gut mischen, kräftig würzen und auf den Toast streichen. In vier Streifen schneiden und diese zum Servieren bei kleiner Hitze in Olivenöl nur kurz beidseitig goldbraun braten.

DIE ZEHN FANGARME DES KALA

DIESE KOPFFÜSSLER LEBEN IN DEN GEWÄSSERN DER GEMÄSSIGTEN ZONE UND SIND FRISCH ODER TIEFGEFROREN ERHÄLTLICH. SIE KÖNNEN SAUTIERT, POCHIERT ODER GEGRILLT WERDEN. GRÖSSERE WERDEN OFT GEDÜNSTET.

Anrichten: Unter die heiße Rieslingcreme die Schlagsahne heben, auf vier Teller verteilen. Darauf je zwei Calamaretti, eine nach Wunsch mit Kräutern gespickte Kirschtomate sowie je eine Zucchinischeibe mit den Fangarmen der Calamaretti platzieren, die Meeresfrüchtestange anlegen und servieren.

P.S.: **Mein Muster auf der Creme ist eine Mischung aus 1 EL Crème fraîche, vermischt mit 1 Msp. Tintenfischtinte (als Beutelchen im Feinkostgeschäft), gewürzt mit Salz und Pfeffer, aufgespritzt und mit einem Holzstäbchen durchzogen.**

ALLE MITGLIEDER DER FAMILIE KOPFFÜSSLER HABEN KEIN SKELETT, DAHER IST IHR FLEISCHANTEIL IM VERHÄLTNIS ZU ANDEREN TIEREN RECHT HOCH.

Calamaretti

Gebratene Seezunge

mit Muscheln und Algenrisotto

Die Venusmuschel

ZUTATEN:

für 4 Personen

4		Seezungen à 400 g
500	g	Mies- und Venusmuscheln
500	g	klein gewürfeltes Gemüse (Zwiebel, Lauch, Staudensellerie, Fenchel, Karotte)
je 1		Zweiglein Thymian und Estragon
1		Knoblauchzehe
		Olivenöl
1/8	l	Weißwein
1/8	l	Fischfond (Rezept Seite 340)
10		Safranfäden
60	g	kalte Butterwürfel
1		Spritzer Pernod
1/2		Zitrone
je 1		Thymian- und Rosmarinzweig
		Salz, Mehl

Risotto:

1		Kaffeetasse Rundkornreis
1 1/2		Kaffeetassen Geflügelfond (Rezept Seite 338)
1/2		Kaffeetasse Weißwein
2	EL	Algenpüree
		wenig Olivenöl
1	EL	Schalottenwürfel
50	g	kalte Butterwürfel
100	g	frische Algen (Juni-August)
1/2		Zitrone
		Salz und weißer Pfeffer aus der Mühle

Zubereitung: Von den Seezungen die Haut abziehen (vom Schwanz zum Kopf), Kopf wegschneiden und rundum mit einer Fischschere bratfertig schneiden. Von den Seezungen auf der dickeren Seite längs (ca. 12 cm) die Filets von der Gräte wie eine Tasche einscheiden, Alufolie unterschieben und kalt stellen. Die Muscheln putzen, in kaltem Salzwasser säubern und gut abtropfen.

Eine Sauteuse mit Olivenöl gut erhitzen. Muscheln, Gemüse, Knoblauch und Kräuter hineingeben, rührend Wein und Fischfond

MUSCHELN SIND WEICHTIERE MIT ZWEIKLAPPIGEN SCHALEN. DER SCHLIESSMUSKEL FÜR DIESE SCHALEN IST SEHR KRÄFTIG UND FÜR DAS TIER ÜBERLEBENSWICHTIG. DAHER IST ER AUCH FÜR UNS EIN FRISCHEINDIKATOR. DIE SCHALENHÄLFTEN MÜSSEN FEST GESCHLOSSEN SEIN ODER SICH BEI LEICHTEM KLOPFEN SCHLIESSEN. AUSSERDEM SOLLTEN DIE TIERE NACH FRISCHEM SEEWASSER RIECHEN. WÄHREND DES KOCHENS ÖFFNEN SICH DIE MUSCHELN, GESCHLOSSENE EXEMPLARE SOFORT AUSSORTIEREN UND WEGWERFEN. WICHTIG! IN JEDEM FALL VOR DEM KOCHEN GRÜNDLICH WASCHEN.

zugeben und abgedeckt 4 Minuten kochen. Gleich durch ein Tuch schütten, den Fond mit Safranfäden auf ca. 1 dl einkochen.
Die Muscheln **ausbrechen und in zurückbehaltenem Fond aufbewahren. Die Algen waschen, in kochendem Wasser 1 1/2 Minuten blanchieren und in Eiswasser abkühlen. Die schönsten Algenspitzen als Garnitur zur Seite legen, den Rest mit wenig Olivenöl pürieren und kalt stellen.**
Für das Risotto Schalotten und Reis in heißem Olivenöl ca. 30 Sekunden schwenken. Weißwein und Fond zugeben und bei kleiner Hitze nur wenig rührend ca. 20 Minuten bissfest kochen. Zum Schluss Algenpüree und Butterwürfel einrühren und mit Zitrone, Salz und Pfeffer abschmecken.

Anrichten: **Die Seezunge mit Zitrone, Salz und Pfeffer würzen, leicht mehlieren und in Olivenöl mit Kräutern beidseitig goldbraun saftig braten. Auf heiße Teller geben, die Alufolie abnehmen und in die Öffnung das Risotto vermischt mit Algenspitzen füllen.**
In den köchelnden Muschel-Safran-Fond Butterwürfel einrühren, damit sämig binden, Tomatenwürfel hineingeben, mit Salz, Zitrone und Pernod abschmecken. Muscheln und Algenspitzen an die Seezungen geben, mit heißer Sauce nappieren und servieren.

Die Miesmuschel

IT HAUPTSÄCHLICH AUS ALGEN. IHR GESCHMACK WIRD STARK VOM WASSER UND DER DARIN VORKOMMENDEN NAHRUNG BEEINFLUSST.

St. Petersfisch mit Banyuls-Schalotten-Butter, Bouillabaisse-Sauce, Provence-Gemüse und Brandade-Kartoffel-Püree

ZUTATEN:

für 4 Personen

480 g St. Petersfischfilet
Zitronensaft
Banyuls-Schalotten-Butter (Rezept Seite 355)
Salz und weißer Pfeffer aus der Mühle

Bouillabaisse-Sauce für ca. 16 Portionen:

1 kg Rotbarben-, Seezungen-, Steinbuttgräten
500 g Hummer-, Langustino-, Krebskarkassen
500 g reife Tomaten
1 l Weißwein
500 g Eiswürfel
frische Kräuter: Thymian, Estragon Blattpetersilie
1 Knoblauchzehe
1 Msp Safranfäden
wenig Stärke zur Bindung
2 cl Pernod
Salz und weißer Pfeffer aus der Mühle
120 g kalte Butterwürfel
6 cl Olivenöl

Gemüse:

4 junge Artischocken
4 kleine Chicorée
200 g Blattspinat
Olivenöl
Zitrone
Salz und Pfeffer aus der Mühle

Brandadepüree:

150 g Kabeljaufilet, klein geschnitten
1 TL Schalottenwürfel
2 cl Weißwein
2 cl Noilly Prat
Thymianzweig Knoblauchzehe
Salz, Spritzer Tabasco, Zitrone
3 cl Olivenöl
4 EL Kartoffelpüree

Zubereitung: Zum Servieren St. Petersfisch mit Salz, Zitrone und Pfeffer würzen, in Olivenöl kurz saftig braten. Dünn geschnittene Banyuls-Schalotten-Butter auf die Filets legen und im Backofen, nur mit Oberhitze, ohne Farbe schmelzen lassen. Mit den Gemüsen schön auf heiße Teller platzieren, Brandadepüree dazugeben und mit aufgeschäumter Sauce servieren.

Zubereitung Sauce: **Fischgräten gut kalt wässern und abtropfen. Krustentierkarkassen klein hacken und zusammen in heißem Olivenöl anbraten.**
Grob geschnittenes Gemüse und Tomaten dazugeben und etwa 3 Minuten schwenken, mit Eiswürfeln und kaltem Wasser gerade bedecken. Aufkochen lassen und nun am Herdrand mit dem Knoblauch und den Kräutern ca. 40 Minuten sieden lassen. Danach durch ein Tuch passieren.
Anschließend auf 1 l Flüssigkeit einköcheln lassen. Safranfäden zugeben, leicht mit angerührter Stärke binden, köchelnd kalte Butter und etwas Olivenöl einrühren. Mit Pfeffer, Salz, Zitrone und Pernod kräftig abschmecken.

TIPP: **Das Brandadepüree kann mit Kaviar, gebackener Fischhaut, Kräutern und getrockneter Kirschtomatenscheibe garniert werden. Die Artischocken können mit heißen Tomaten- oder Paprikawürfelchen gefüllt werden.**

Der St. Petersfisch

DER HERINGSKÖNIG ODER ST. PETERSFISCH IST EIN ABENTEUERLICH ANMUTENDES TIER. SEIN KÖRPER IST SEHR HOCH UND SCHMAL MIT EINEM GELB UMSÄUMTEN SCHWARZEN FLECK AUF DER FLANKE. AUF DEN EXTREM GROSSEN FLOSSEN SITZEN LANGE STACHELN. ER WIRD BIS ZU 60 CM GROSS UND LEBT MEIST ALS EINZELGÄNGER IM TIEFEN WASSER ÜBER SAND- ODER SCHLAMMGRUND. AUFGRUND SEINER LEBENSWEISE GEHT ER ZUMEIST NUR ALS BEIFANG INS NETZ. LEBENSRAUM: NORDATLANTIK VON SCHOTTLAND BIS WESTAFRIKA, MITTELMEER, VEREINZELT AUCH IN DER NORDSEE BIS WESTNORWEGEN UND IM SÜDPAZIFIK.

Zubereitung Gemüse: Die Artischocken zuschneiden, mit Zitrone abreiben und in kochendem Wasser mit Zitrone, Salz und wenig Olivenöl bissfest garen. Den Chicorée ebenfalls in Salzwasser mit Zitrone und Olivenöl bissfest kochen. Den Spinat entstielen, waschen und in kochendem Salzwasser 20 Sekunden blanchieren und in Eiswasser abkühlen.

Zum Servieren **halbierte Chicorée und Artischocken in heißem Olivenöl schwenken und mit Salz und Pfeffer würzen. Den gut abgetropften Spinat in Butter erhitzen und mit Salz und Pfeffer würzen.**

Zubereitung Brandadepüree: Heiße Sauteuse mit Knoblauch ausreiben, Olivenöl, Schalotten und Kabeljaustückchen darin ohne Farbe schwenken. Weißwein, Noilly Prat und Thymianzweig zugeben und abgedeckt bei kleiner Hitze etwa 8 Minuten garen.
Thymianzweig entfernen und den Fisch mit einem Saucenstab pürieren. Mit Zitrone, Tabasco und Salz würzig abschmecken und zum Servieren mit heißem Kartoffelpüree vermischen.

P.S.: Das Brandadepüree schon 1/2-1 Tag vorher zubereiten.

ST. PETERSFISCH EIGNET SICH AUCH GUT FÜR STEINBUTT- ODER SEEZUNGEN-REZEPTE.

Steinbuttfilet mit Haube und Gratin von Hummer, roter Ingwersauce und Estragonnudeln

ZUTATEN:

für 4 Personen

8		Steinbuttfilets à 50 g
2		Hummer à 500 g
100	g	Hummerfarce (Rezept Seite 341)
4		Spinatblätter
1/2		Zitrone
		Salz und weißer Pfeffer

Sauce:

2	dl	Hummerfond (Rezept Seite 343)
5	g	frischer Ingwer
1	dl	Rahm
		Tropfen Tabasco
2	cl	Cognac
2	cl	Champagner
50	g	kalte Butterwürfel
1	EL	Hollandaise (Rezept Seite 344)
1	EL	geschlagene Sahne
160	g	Estragonnudeln (Rezept Seite 339)
		Estragonblätter
1		Spritzer Weißwein

Zubereitung: Einen Hummer ausgestreckt auf ein zugeschnittenes Holzbrettchen binden und in kochendem Salzwasser mit einem Schuss Kräuteressig gerade 1 1/2 Minuten kochen (die Scheren abbrechen und 1 Minute nachziehen) und sofort in Eiswasser abkühlen. Vier große Spinatblätter durch heißes Wasser ziehen, kalt abschrecken und ca. 12 x 10 cm auf einem Küchentuch auslegen. Darauf 2 mm dick Hummerfarce streichen und den ausgebrochenen Hummer mit Scheren auflegen. Auf den Hummer ebenfalls etwas Farce streichen und in die Blätter einrollen. Nun in Klarsicht- und in Alufolie straff einrollen, anschließend 2 Minuten ins siedende Wasser geben und sofort tiefkühlen. Diese Vorbereitung sollte 1-2 Tage vorher geschehen.

Vier Steinbuttfilets **mit Zitrone, Salz und Pfeffer würzen, dünn Hummerfarce aufstreichen, mit aufgeschnittener Hummerroulade belegen und wieder kühl stellen. Für die Sauce Hummerfond, Rahm und fein geschnittenen Ingwer sämig reduzieren, mit Tabasco, Salz und Cognac abschmecken und mit eingerührter Butter abrunden. Für das Gratin den zweiten Hummer 4 Minuten kochen, ausbrechen und portionieren. Die Karkassen längs durchschneiden und mit Hummerfleisch und Estragonblättern füllen. Von der Sauce 3 EL wegnehmen, erhitzen, 1 EL Hollandaise und geschlagene Sahne einrühren, auf die Hummer verteilen und im Backofen mit Oberhitze leicht bräunen.**

Nebenbei die Steinbuttfilets (vier nur gewürzt) in einer gebutterten Pfanne mit wenig Fischfond und Weißwein im Backofen bei 180° C ca. 8 Minuten saftig garen.

Anrichten: Mit Biss gekochte Nudeln, Steinbuttfilets und Gratin (auf das weiße Fischfilet legen) auf heiße Teller geben. Heiße Sauce mit geschlagener Sahne und Champagner verfeinern, um den Fisch geben und servieren.

INGWER,
Sheng Jian (chinesisch),
Singabera (Sanskrit)

Ingwer ist eine bis 60 cm hohe, ausdauernde Pflanze mit lanzettlichen Blättern und weißen oder gelben Blüten.

Verbreitung und Anbau:
Der aus Asien stammende Ingwer wird heute überall in den Tropen angebaut. Die Vermehrung erfolgt durch Teilung des Wurzelstocks. Ingwer benötigt fruchtbaren Boden und viel Feuchtigkeit. Das Rhizom wird ausgegraben, wenn die Pflanze 10 Monate alt ist, gewaschen und eingeweicht, seltener auch gekocht oder geschält.

PINOT GRIGIO
DOC Isonzo, Friaul

PIERPAOLO PECORARI
San Lorenzo Isontino

Häufig hat man den Eindruck, in Italien gebe es nur Prosecco und Pinot Grigio. Aber nur sehr selten trifft man auf einen Pinot Grigio von dieser hohen Qualität. Pecoraris Pinot Grigio ist wirklich ein Wein zum Wundern. Wichtig dafür sind die gekonnte Anpflanzung und Pflege der Reben sowie die Boden- und klimatischen Verhältnisse.

Am Isonzo wachsen die Reben auf Böden, die sehr kreidehaltig, steinig, arm an organischer Substanz und außergewöhnlich trocken sind.
Es bedarf erheblicher Arbeit und strenger Disziplin, um hier bestes Traubengut zu erhalten. Der durch schonende Kelterung und sachkundige Weinbereitung entstandene Wein bestätigt immer wieder, dass Pierpaolo Pecorari einer der besten Weinproduzenten im Friaul ist (siehe Seite 360).

Meine Weinempfehlung:

Steinbuttfilet

mit

Staudensellerie-
schuppen

auf

Safran-Estragon-
Fumet

und

Tomaten mit
Tortelloni

ZUTATEN:

für 4 Personen

4		Steinbuttfilets à 90 g
6		grüne Staudenselleriestangen
2	EL	Selleriepüree (Rezept Seite 354)
1/4	l	Fischfond (Rezept Seite 340)
10		Safranfäden
100	g	kalte Butterwürfelchen
2	EL	feine Tomatenwürfelchen
1	EL	geschnittener Estragon
		Salz und weißer Pfeffer aus der Mühle
1/2	TL	Speisestärke
1		Spritzer Weißwein

Tortelloni:

		Nudelteig (Rezept Seite 348)
60	g	Zanderfilet
2	EL	bissfest gekochte Gemüsewürfelchen (Lauch, Karotte, Sellerie)
4		Korianderblätter
1		Spritzer Zitronensaft
		Salz
1		Prise Curry

Zubereitung: Die Staudenselleriestangen auf der Aufschnittmaschine in schöne Scheibchen, ca. 1,5 mm dick, schneiden.

In kochendem Salzwasser 30 Sekunden bissfest kochen und schnell in Eiswasser abschrecken.

Die Steinbuttfilets mit Salz und Zitrone würzen, oben dünn mit Selleriepüree einstreichen und darüber schön die Staudenselleriescheibchen fächern.

Nebenbei den Fischfond auf 1 dl einköcheln lassen, leicht mit angerührter Stärke binden, Butterwürfelchen und Safranfäden einrühren.

Tomatenwürfelchen **und Estragon kurz vor dem Anrichten zugeben und mit Salz und Pfeffer abrunden. Die Fischfilets auf eine gebutterte Pfanne legen, Spritzer Weißwein und den Fischfond zugeben und im Backofen bei 190° C ca. 8 Minuten garen. Die Sauce auf heiße Teller verteilen, die Fischfilets auflegen und mit Tortelloni servieren.**

TIPP:

DIESES GERICHT LÄSST SICH GUT VORBEREITEN, MUSS DANACH ABER UNBEDINGT KALT GESTELLT WERDEN. ALTERNATIV KANN MAN AUCH GLATTBUTT ODER ZANDERFILET VERWENDEN.

Zubereitung Tortelloni: **Das Zanderfleisch in kleine Würfelchen schneiden, mit geschnittenem Koriander und dem Gemüse gut vermischen. Mit Salz, Curry und Zitronensaft würzig abschmecken. Nudelteig sehr dünn ausrollen, auf 6 x 6 cm zurechtschneiden. Je 1 TL Farce aufsetzen und mit Eigelb-Milch-Gemisch die Ränder einpinseln. Jetzt übers Eck verschließen und zwei Spitzen halbrund festdrücken. So wird die Tortelloni in Form gebracht.**

Zum Servieren in köchelndem Salzwasser mit 1 Spritzer Olivenöl ca. 2 Minuten garen.

Apium graveolens

SELLERIE

Staudensellerie ist eine bis zu 50 cm hohe, zweijährige Pflanze mit einem stark gerieften, glänzenden Stängel, glänzenden Blättern und kleinen Blüten. Der in Europa heimische Sellerie kommt wildwachsend hauptsächlich an Küsten und in Sümpfen vor. Er wird häufig als Gemüse angebaut, ist dann aber weniger aromatisch als die Wildform.

Gebratenes Zanderfilet

mit

Sauce „Moutarde Violette“, Liebstöckel

und

bunten Kartoffeln

ZUTATEN:

für 4 Personen

1		Zander, ca. 1,2 kg
je 1		Zweig Thymian, Rosmarin und Liebstöckel
1	EL	Olivenöl
2	dl	Fisch-Weißwein-Sauce (Rezept Seite 343)
2	EL	violetter Senf aus Frankreich (Feinkostgeschäft)
2		blaue Kartoffeln (Frankreich)
1		süße Kartoffel (in türkischen Fachgeschäften)
1		festkochende Kartoffel
1/2		Zitrone
2	EL	Mehl
		Salz und Pfeffer aus der Mühle

Garnitur:

4	EL	Kartoffelpüree
10		schwarze Oliven
		Liebstöckelblättchen

Zubereitung Sauce: Den Zander schuppen, ausnehmen und filetieren. Die Gräten mit einer Pinzette aus dem Fischfleisch ziehen und jetzt portionieren.

Die Zanderhaut über Kreuz mit einem scharfen Messer leicht einritzen und die Filets kalt stellen. Die Kartoffeln schälen, mit einem Ausstecher in Form bringen und in ca. 2 mm dicke Scheiben schneiden.

Die Kartoffeln separat in kochendem Salzwasser bissfest kochen und in Eiswasser abkühlen lassen. Fischsauce mit einem Zweiglein Liebstöckel aufkochen, herzhaft mit Senf und Salz abrunden.

Zanderfilets **mit Salz, Pfeffer und Zitrone würzen, leicht in Mehl wenden und hauptsächlich auf der Hautseite in heißem Olivenöl goldgelb, kross braten. Zum Schluss 1 TL Butter und Kräuter zugeben und darin nochmals wenden.**

GAREN VON KARTOFFELN UND GEMÜSE: NACH DEM KOCHEN UND BLANCHIEREN IST ES RATSAM, DAS GEMÜSE IN EISWASSER ABZUSCHRECKEN, DAMIT DIE ERREICHTE BISSFESTIGKEIT BLEIBT. WENN MAN DEM WASSER BEIM KOCHEN NEBEN ETWAS SALZ AUCH EIN WENIG ZITRONENSAFT, VITAMIN C ODER ESSIG ZUGIBT, BLEIBT ZUDEM DIE FARBE BESSER ERHALTEN. SEHR SCHONENDE GARMETHODEN SIND AUCH DAS DÜNSTEN ODER DÄMPFEN. WENN SIE ZUM DÄMPFEN EINEN SCHNELLKOCHTOPF BENUTZEN, SOLLTEN SIE WISSEN, DASS DIE INHALTSTOFFE ZWAR NICHT SO STARK ZERFALLEN, DIE AROMASTOFFE JEDOCH KEINE ZEIT HABEN, SICH RICHTIG ZU ENTWICKELN. UNTER DRUCK GEGARTES GEMÜSE IST ALSO IMMER WENIGER AROMATISCH.

Anrichten: Vier Oliven vierteln, die restlichen klein hacken und mit dem Püree vermischt erwärmen. Das Püree auf heiße Teller spritzen, mit Olivenecken und Liebstöckel garnieren. In Butter erhitzte und mit Salz abgeschmeckte Kartoffeln schön anlegen. Die Fischfilets auflegen und mit aufgeschäumter Sauce und violettem Senfstreifen servieren.

ZUTATEN:

für 4 Personen

1,2	kg	Loup de mer
200	g	Fischfarce (Rezept Seite 341)
2	EL	geschlagene Sahne
1		Eiweiß
2	cl	Pernod
		Salz und Zitrone

Sauce:

2		große Fenchelknollen
100	ml	trockener Weißwein
400	ml	Fischfond (Rezept Seite 340)
100	g	Sahne
80	g	kalte Butterwürfelchen
2	cl	Pernod
		Salz
1		Zitrone
1	EL	geschlagene Sahne

Garnitur:

1	TL	Butter
		Fenchelstreifen

Souufflierter Loup de mer mit Fenchelsauce

Zubereitung: Den Loup de mer filetieren (oder vom Fischhändler filetieren lassen und die Fischabschnitte und Gräten mitnehmen). Mit einer Pinzette die Gräten ziehen, die Filets enthäuten und in vier gleich große Stücke schneiden. Mit Zitronensaft und Salz würzen und kühl stellen. Den Fenchel putzen, das Grün (soweit vorhanden) aufheben, die Knollen waschen und entblättern. Die Herzen in feine Streifen schneiden und für die Garnitur beiseite stellen. Die Fenchelschalen klein schneiden und zusammen mit den Fischgräten in einer erhitzten Kasserolle anschwenken. Mit Wein und Fischfond aufgießen. Bei milder Hitze 20 Minuten köcheln. Durch ein Sieb geben und die Flüssigkeit auf 0,2 l einkochen lassen. Die Sahne **zufügen und nochmals um die Hälfte reduzieren. Hitze herunterschalten und die Butterstückchen einschlagen. Mit Pernod, Salz und Zitronensaft abschmecken. Kurz vor dem Anrichten die Schlagsahne unterziehen und mit etwas fein geschnittenem Fenchelgrün aromatisieren.**
Für die Soufflé-Farce das Eiweiß steif schlagen und zusammen mit der Schlagsahne unter die Fischfarce ziehen. Mit Pernod, etwas Zitronensaft, Salz und Pfeffer abschmecken.
Die Loupfilets etwa 2 cm dick mit Farce bestreichen. Eine Kasserolle leicht ausbuttern, die Filets hineinlegen, mit wenig Fischfond und Wein angießen und im Ofen bei 200° C etwa 10 Minuten goldbraun backen.

Anrichten: **Für die Garnitur zurückgelassene Fenchelstreifen in der erhitzten Butter glasig schwenken und auf vier Teller verteilen. Darüber die Sauce geben und die Filets auflegen. Mit wildem Reis oder schwarzen Nudeln servieren.**

Anmerkung: Unter Loup de mer versteht man den Wolfsbarsch, er hat ein besonders wohlschmeckendes Fleisch.

Zwischengerichte

Setzen Sie

gekonnt leichte

kulinarische

“Highlights”

zwischen

Ihre “Hauptgänge”.

Wachtelroulade im Filloblatt mit glacierten Pfefferkirschen auf Petersilienwurzelpüree

ZUTATEN:

für 4 Personen

4		große Wachtelbrüste
80	g	Gänsestopfleber
40	g	Geflügelfarce (Rezept Seite 342)
4		Spitzkohlblätter
4		Filloblätter à 16 x 16 cm
4		Wachteleier
4	EL	Petersilienwurzelpüree (Rezept Seite 354)
16		Herzkirschen
6	cl	Kirschsaft
1	EL	geschlagene Sahne
1	cl	Kirschwasser

Sauce:

1/4	l	brauner Geflügelfond (Rezept Seite 338)
1	dl	Rotwein
4		Pfeffer/Pimentkörner
40	g	kalte Butterwürfel
		Salz

FILLOBLÄTTER BEKOMMEN SIE IM FEINKOSTHANDEL ODER IN TÜRKISCHEN GESCHÄFTEN. FALLS SIE DORT NOCH NIE GEKAUFT HABEN, SOLLTEN SIE ES EINMAL VERSUCHEN. DAS ANGEBOT IST ZUMEIST SEHR FRISCH UND QUALITATIV GUT.

Zubereitung: Spitzkohlblätter kurz blanchieren, sofort kalt abschrecken und auf einem Tuch ausbreiten. Die Farce dünn aufstreichen, darauf die leicht plattierten Wachtelbrüstchen auch dünn mit Farce bestreichen und je ein zugeschnittenes Gänseleberstück auflegen. Mit Salz und Pfeffer würzen, aufrollen und in die Blätter einschlagen. Nun die Roulade in Filloteig einrollen und an den Enden wie Bonbons andrücken. Bis zum Backen kalt stellen.
Nebenbei alle Zutaten für die Sauce auf 1 dl einköcheln lassen, passieren, die Butterwürfelchen am Herdrand einrühren und mit Salz abschmecken.

Die Kirschen **entsteinen und im Kirschsaft erhitzen, mit Pfeffer aus der Mühle gut würzen. Die Wachtelrouladen im Backofen bei 180° C 8 Minuten backen. Heißes Püree in tiefe Teller aufspritzen, darauf die Rouladen legen, mit Wachtelspiegeleiern garnieren und die Kirschen dazugeben. Kirschsaft stark reduzieren, Kirschwasser und Schlagsahne unterheben und über die platzierten Kirschen nappieren.**

Wachtel-

ähneln sich nicht wie ein Ei

eier

dem anderen. Färbung und Struktur machen sie zu einem interessanten Dekoelement.

Périgord-Trüffel im Blätterteig auf Steckrübenpüree mit Fumet und Jus vom Trüffel

ZUTATEN:

für 4 Personen

5		ganze Trüffel à 30 g (Glas/Feinkostgeschäft), einer in Scheiben geschnitten
1	dl	Trüffelfond (Feinkostgeschäft)
1	dl	roter Portwein
2	dl	brauner Kalbsfond (Rezept Seite 338)
2	EL	geschlagene Sahne
50	g	Geflügelfarce (Rezept Seite 342)
50	g	Champignons rosé
200	g	Blätterteig (Rezept Seite 346 oder TK)
30	g	kalte Butterwürfelchen
		Salz und Pfeffer aus der Mühle
1		Eigelb-Milch-Gemisch (1 Eigelb + 1 EL Milch)
120	g	geschälte und grob gewürfelte Steckrüben
40	g	kalte Butterwürfelchen
		Salz und weißer Pfeffer aus der Mühle

Zubereitung: Von den Trüffeln die Schale dünn abschneiden, fein würfeln und für die Sauce beiseite stellen. Die Champignons putzen und in 3 mm dicke Würfel schneiden. Diese in heißer Butter 1 Minute schwenken, danach abtropfen, abkühlen lassen und mit der Farce vermischen.

Blätterteig dünn ausrollen, vier Trüffel mit Pilzfarce rundum einstreichen, auf den Teig setzen und damit umschließen. Die eingepackten Trüffel mit Abstand auf ein Backblech setzen und kühl stellen.

Für die Sauce **8 cl Trüffelfond, Portwein und Kalbsfond auf 1 dl reduzieren, die Butter köchelnd einrühren, mit Salz und Pfeffer herzhaft abschmecken.**

Nebenbei die Steckrüben in leichtem Salzwasser weich kochen, abschütten und in einem Küchentuch sehr gut auswringen (geht auch in der Kartoffelpresse). Das noch gut warme Gemüse mit den kalten Butterwürfeln in einer Moulinette zu Püree verarbeiten. Mit Salz und Pfeffer würzen und warm halten.

Zum Servieren die Trüffel im Blätterteig mit Eigelb-Milch-Gemisch abpinseln und nun im Backofen bei 200° C Umluft 12-14 Minuten goldbraun backen.

Anrichten: Je 1 EL Steckrübenpüree auf heiße Teller verteilen, darauf je einen Trüffel setzen, mit Scheiben garnieren. Die heiße Sauce teilen, in die erste Hälfte den Rest Trüffelfond geben und Sahne einrühren, wenn nötig nachwürzen, nun zu den Trüffeln geben.

Zum Schluss die Jus mit den Trüffelwürfeln als Faden einlaufen lassen und servieren.

TIPP: **Den Trüffel können Sie mit gebackenen Kräutern, Kräuterblüten oder mit Chips von blauen Kartoffeln auch für das Auge noch schöner garnieren. Dieses Gericht schmeckt nur mit eingekochten, schwarzen Périgord-Trüffeln.**

Beste Erntezeit: Januar bis Ende Februar.

Lotoswurzel

Chips

zum Dekorieren und Knabbern

Zubereitung:

Chips sind einfach herzustellen. Schneiden Sie das Gemüse in dünne Scheiben, tupfen Sie es trocken und frittieren Sie es bei 160° C, bis es “knackig” ist . Danach leicht würzen. Ihren Chips-Ideen sind keine Grenzen gesetzt. So erhalten Sie wunderschöne Dekorationen für Ihre Gerichte und fantasievolle Knabberartikel für Ihre Parties. Chips können Sie auch leicht mehliert frittieren.

Mille-feuille von Kalbsbries und Krustentier-küchlein mit Ingwerfumet, Gambaretti und wildem grünem Spargel

ZUTATEN:

für 4 Personen

300	g	Kalbsbries
12		Gambaretti (kleine Gambas)
1		Hummer, ca. 400 g
4		Gambas
60	g	Crevetten (eingelegt im Glas)
50	g	Zanderfilet
60	g	Rahm
4	EL	Gemüsewürfelchen (Fenchel, Karotten, Lauch, Kohlrabi, bissfest gekocht)
4		Reisblätter (Asienshop), 5 cm Ø ausgestochen und kurz in heißem Öl kross gebacken
2	dl	Hummerfond (Rezept Seite 340)
10	g	frischer Ingwer
2		Zweiglein frischer Koriander
44		Stück wilder Spargel (Saison April - Juni)
		frittierte Lauch- und Rote-Bete-Streifen
2	EL	Butaris
60	g	Butter
4	cl	weißer Portwein
2	cl	Sekt
		Tabasco
		Salz, Curry und Pfeffer aus der Mühle

Zubereitung: In kochendem Salzwasser den Hummer gerade töten, kalt abschrecken und die Scheren abtrennen.

Die Scheren nochmals ca. 3 Minuten köcheln und auch kalt abschrecken.

Den rohen Hummerschwanz ausbrechen, das Fleisch ebenso wie das Zanderfilet klein schneiden und vermischt mit dem Rahm separat im Tiefkühlfach angefrieren. Danach das angefrorene Fleisch in der Moulinette fein pürieren und dann mit dem Rahm zu einer glänzenden Farce pürieren. Die Masse durch ein Passiersieb streichen und kalt stellen.

Hummerscheren und Gambas ausbrechen und mit den Crevetten in Würfelchen schneiden. Nun mit den gut abgetropften Gemüsewürfelchen unter die Farce mischen. Die Masse mit Salz, Tabasco und Korianderstreifen würzig abschmecken, zu 8 Küchlein formen (1,3 cm dick und ca. 5 cm Ø).

Zum Servieren in heißer Butaris saftig braten.

Schon am Vortag **das Kalbsbries häuten und wässern. Längs einmal aufschneiden und in einer Klarsichtfolie zu einer ca. 5 cm dicken Wurst straff einrollen. An den Enden fest zudrehen. In siedendem Wasser die Kalbsbrieswurst ca. 10 Minuten garen und dann kühl stellen. Zum Servieren vier ca. 2 cm dicke Scheiben schneiden, salzen, pfeffern, leicht mehlieren und in heißer Butaris goldbraun braten.**

Für die Sauce Hummerfond mit Portwein und geriebenem Ingwer auf 1 dl einköcheln, mit eingerührter Butter sämig binden und zum Servieren mit Salz, Pfeffer und Sekt abrunden.

Anrichten: **Den wilden Spargel in leichtem Salzwasser bissfest kochen und gleich auf heiße Teller auslegen. Jetzt Küchlein, Reisblatt, Bries, Reisblatt, Küchlein und nochmals mit Reisblatt als Türmchen aufbauen. Ausgebrochene Gambaretti mit Curry, Salz und Koriander würzen und in heißem Olivenöl kurz saftig braten. Schön auf die Teller platzieren, aufgeschäumte Sauce zugeben und nach Wunsch mit frittierten Lauch- und Rote-Bete-Streifen servieren.**

Wilder Spargel

DIESE ÄHREN, AUCH "WILDER SPARGEL" GENANNT, TAUCHEN NUR FÜR KURZE ZEIT IM FRÜHSOMMER IM HANDEL AUF. ALS ALTERNATIVE KÖNNEN SIE AUCH GRÜNEN SPARGEL VERWENDEN.

Gebratene Gänseleber mit Apfel-Koriander-Kompott und Morcheln a la Crème

ZUTATEN:

für 4 Personen

4		Scheiben Gänsestopfleber à 60 g
250	g	Morcheln
2	dl	heller Geflügelfond
2	dl	Rahm
1	TL	Morchel- oder Steinpilzmehl (Feinkostgeschäft)
1	TL	gewürfelte Schalotten
4	cl	Weißwein
1		Zweig Thymian
50	g	kalte Butterwürfel
		Salz und Pfeffer aus der Mühle
1		kleiner Delicious-Apfel
8		Korianderblätter
2	cl	Grenadine
4	cl	Apfelsaft
15	g	kalte Butterwürfel

TIPP: **Dieses Gericht kann je nach Jahreszeit auch mit Steinpilzen oder Pfifferlingen zubereitet werden.**

RUND- ODER SPEISEMORCHEL: MORCHELLA ESCULENTA

Morcheln

SPITZMORCHEL: MORCHELLA CONICA

gehören zu den Schlauchpilzen. Nach der Form des Hutes unterscheidet man die Rund- und die Spitzmorchel. Neben diesen Arten gibt es eine Vielzahl von anderen Morcheln, die jedoch nicht so schmackhaft, oder - wie die Frühlorchel - sogar giftig sind. Aber keine Angst, Pilze, die Sie im Handel erwerben, sind sicher. Der Geschmack der Morcheln ist sehr aromatisch, daher eignen sie sich auch gut als "Würzpilz". In jedem Fall sollten Sie Morcheln so frisch wie möglich verwenden und niemals lange lagern. Frische Morcheln sind meistens sehr sandig und müssen sorgfältig gereinigt werden. In ihrem Nährwert ähneln sie dem Gemüse - enthalten allerdings viel Vitamin D, das in Gemüse selten vorkommt.

Zubereitung: Die Morcheln putzen, zweimal durch kaltes Wasser ziehen und trocken schleudern (Salatschleuder).
Die Abschnitte mit den Schalotten in heißer Butter schwenken, etwas Pilzmehl zugeben, dadurch bekommt die Creme bei der kleinen Menge mehr Geschmack. Wein, Rahm, Brühe und Thymianzweig zugeben und auf die Hälfte der Flüssigkeit einköcheln lassen. Nun durch ein feines Sieb passieren, die Butterwürfel in die siedende Creme einrühren und mit Salz und Pfeffer fein abschmecken.
Nebenbei den Apfel schälen, das Kernhaus herausstechen und nun den Apfel am besten auf der Aufschnittmaschine in dünne Scheiben und danach in feine Würfel schneiden. Diese mit dem Apfelsaft und Grenadine gut reduzieren. Zum Servieren fein geschnittenen Koriander zugeben und mit eingerührter Butter binden.

Die Morcheln **in einer heißen Pfanne mit wenig Öl und Butter ca. 1 Minute schwenken, mit Salz und Pfeffer würzen und auf vier heiße Teller verteilen. Die Gänseleber mit Salz und Pfeffer würzen, leicht mehlieren und in einer heißen Pfanne ohne Öl ca. 2 Minuten beidseitig braun braten. Diese zu den Morcheln legen, Apfelkompott und Korianderblatt auflegen und rundum mit heißer Morchelcreme servieren.**

Champagner-Kutteln mit Kalbsbries-Piccata auf Lauchgemüse

ZUTATEN:

für 4 Personen

600	g	Kalbskutteln (beim Metzger vorbestellen)
250	g	Kalbsbries
1		Périgord-Trüffel, ca. 30 g
1		Ei
3	dl	heller Geflügelfond
2	dl	Rahm
1	EL	geschlagene Sahne
1	EL	Crème fraîche
1/2		kleine Zwiebel, gespickt mit 1 Lorbeerblatt
2		Nelken
1		Stange Lauch
30	g	kalte Butterwürfelchen
1	EL	Mehl
5	cl	Weißwein
4	cl	Champagner
1		Spritzer Sherry-Essig
150	ml	Kalbsfond (Rezept Seite 338)
2	cl	Trüffelfond (Feinkostgeschäft)
		Salz und weißer Pfeffer aus der Mühle
24		blaue Kartoffelwürfel
1		Sträußchen Thymian

Zubereitung: Geputzte und blanchierte Kutteln in Streifen schneiden, mit warmem Wasser, 1 Spritzer Essig und 1 Prise Salz gut bedecken, ca. 30 Minuten kochen und abschütten. Jetzt mit Brühe, Weißwein, Sherry-Essig und gespickter Zwiebel weich kochen.
Die Zwiebel herausnehmen und die Kutteln auf ein Sieb schütten. In eine warme Sauteuse 20 g Butter geben, Mehl einrühren und nun mit Rahm und Kuttelfond auffüllen, gut verrühren und sämig bindend einkochen lassen. Herzhaft abschmecken, passieren, nun die Kutteln hineingeben, aufkochen und warm halten.
Nebenbei das gut gewässerte Bries in Klarsicht- und Alufolie straff einrollen und in siedendem Wasser ca. 12 Minuten garen und abkühlen lassen.

Von dem Bries **vier dicke Scheiben schneiden, mit Salz und Pfeffer würzen, leicht mehlieren und in Olivenöl je Seite 2 Minuten braten. Den Trüffel in vier Scheiben, den Rest in feine Würfelchen schneiden. Die Würfel mit dem Ei gut verrühren, mit Salz würzen, darin das gut warme Bries wenden. Bei kleiner Hitze in Butter goldbraun braten. Den vorbereiteten Lauch (in Würfel oder in Rauten geschnitten) in wenig Butter mit Biss schwenken, mit Salz abschmecken.**
Den Kalbsfond und Trüffelfond stark reduzieren und würzen.

Anrichten: Lauch auf vier heiße tiefe Teller verteilen. Darüber heiße Kutteln, mit Champagner, Crème fraîche und geschlagener Sahne verfeinert, geben. Kalbsbries-Piccata und Trüffelscheibe zum Schluss auflegen und mit Jus nappieren. Gekochte blaue Kartoffelwürfelchen und gebratene Kalbsbriesröschen um die Kutteln platzieren. Das Bries mit Sauce nappieren und nach Wunsch Thymianspitzen anlegen.

Allium Porrum

PORREE ODER LAUCH

PORREE ODER LAUCH IST MITGLIED DER GROSSEN FAMILIE DER ZWIEBELGEWÄCHSE, ZU DER AUCH KNOBLAUCH GEHÖRT. LAUCH WIRD ALS GEMÜSE, GEWÜRZ UND SALAT VERWENDET. ER IST SEHR REICH AN WERTVOLLEN INHALTSSTOFFEN, BESONDERS AN EISEN UND VITAMINEN, UND ERHÄLT DAS APPETITANREGENDE SCHWEFELHALTIGE LAUCHÖL, DAS DEN TYPISCHEN GERUCH AUSMACHT.

• FRÜHLINGSPORREE: HAT HELLGRÜNES LAUB UND DÜNNE WEISSE STÄNGEL. VERWENDUNG: ALS GEMÜSE FÜR SUPPEN UND SALAT

• SOMMERPORREE: IST DÜNNSCHALIG MIT LANGER, WEISSER, MITTEL-STARKER STANGE. VERWENDUNG: ALS GEMÜSE

• WINTERPORREE: GRÜNBLAUES LAUB, KRÄFTIGE, KURZE STANGE . DAS LAUB IST KRÄFTIG IM GESCHMACK, DIE STANGE MILD UND ZART. IM WINTER IST AUCH GEBLEICHTER LAUCH IM HANDEL ZU KAUFEN. SEINE WEISSE FARBE WIRD DURCH LICHTENTZUG HERVORGERUFEN, INDEM MAN DIE ERDE UM DIE STANGEN ANHÄUFELT. DIESES VERFAHREN IST IHRER ZARTHEIT SEHR ZUTRÄGLICH.

Cannelloni von Weinbergschnecken, Kalbsbries und Provencekräutern mit Fontina d´Aosta-Sauce und Farnknospen

ZUTATEN:

für 4 Personen

40		Weinbergschnecken, frisch oder aus der Dose, grob gehackt
200	g	Kalbsbries
150	g	Pilze (Shitake, Champignons)
1	EL	gewürfelte Schalotten
500	g	Blattspinat
80	g	Geflügelfarce (Rezept Seite 342)
		Kräuter (Thymian, Rosmarin, Basilikum, Blattpetersilie, alles fein gehackt)
1/3		Knoblauchzehe
2	cl	Noilly Prat
8		Nudelplatten, 12 x 10 cm, mit Biss blanchiert
		Eigelb-Milch-Mischung
		Salz und Pfeffer aus der Mühle
20	g	Butter
1		Spritzer weißes Trüffelöl
		frische Farnknospen (Feinkostgeschäft)
16		junge Brennnessel-blätter

Käsesauce:

1/4	l	heller Geflügelfond (Rezept Seite 338)
1/4	l	Rahm
1	EL	Crème fraîche
1	EL	gewürfelte Schalotten
6	cl	Weißwein
1/2	EL	Mehl
80	g	Butter
1		Thymianzweig
30	g	geriebener Fontina-Käse
		Salz und Pfeffer aus der Mühle

TIPP: Das Auge isst mit. Ich serviere dieses Gericht mit Rote-Bete-Püree (Rezept Seite 354) und sautierten Weinbergschnecken. Je nach Jahreszeit können Sie Spinat mit jungen blanchierten Brennnesselblättern mischen.

Die Weinbergschnecke

Zubereitung: Kalbsbries in köchelndem Essig-Salzwasser ca. 8 Minuten blanchieren, abkühlen und klein zupfen. Spinat putzen, waschen und in kochendem Salzwasser bissfest kochen. In Eiswasser abschrecken, sehr gut ausdrücken und fein hacken. Pilze putzen und fein würfeln.
In eine heiße Sauteuse nacheinander Butter, Schalotten, Knoblauch, Kalbsbries, Schnecken und Pilze geben. Rührend hellbraun anbraten, mit Noilly Prat ablöschen, den Spinat unterrühren und abkühlen lassen. Dann mit Geflügelfarce, Kräutern, Salz und Pfeffer gut vermischen. In einen Spritzbeutel füllen und nun portionsweise auf die Nudelplatten (fingerdick) spritzen, diese aufrollen und mit Eigelb verkleben. Danach kühl stellen.

Für die Sauce **die Butter in einer Sauteuse mit Schalotten glacieren und Mehl einrühren. Schnell mit Weißwein, Geflügelfond und Rahm glatt rühren.**
Mit dem Thymianzweig die Sauce cremig einköcheln lassen. Käse und kalte Butterwürfelchen einrühren, mit Salz und Pfeffer würzig abschmecken und passieren.
Nebenbei die Farnknospen in kochendem Salzwasser mit Biss blanchieren und kalt abschrecken. Die Cannelloni mit wenig Salzwasser auf Papierkrepp abgedeckt im Dampf ca. 8 Minuten garen. Auf heiße Teller die aufgeschnittenen Knospen und blanchierten Brennnesselblätter verteilen. Je zwei Cannelloni auflegen, mit heißer Sauce überziehen und mit Lauchstroh und Thymianblüten servieren.

N ORT, DAMIT SIE SICH ENTLEEREN.

Die Brennnessel ist wegen ihrer Brennhaare gefürchtet.

Beim Blanchieren verlieren diese sofort ihre Wirkung.

Brennnesselblätter schmecken ähnlich wie Spinat und sind sehr gesund.

Schon im 1. Jahrhundert beschrieb der griechische Arzt

Dioskorides deren antiseptische Wirkung.

Heute wird die Pflanze in der alternativen Medizin oft als Antiallergikum eingesetzt.

Stubenküken mit Hummer auf getrüffeltem Lauch mit Nudelgratin

ZUTATEN:

für 4 Personen

1		bretonischer Hummer (ca. 600 g)
2	dl	Hummersauce (Rezept Seite 344)
4	cl	Champagner, rosé
2		Stubenküken à 350 g
		Salz und Pfeffer aus der Mühle
500	g	Lauch
1	EL	Trüffelwürfel
20	g	Butter
		Nudelgratin (Rezept Seite 353)

Zubereitung: Den Hummer ins kochende Salzwasser werfen und 6 Minuten garen. Heraus nehmen, Schwanz und Scheren ausbrechen und das Fleisch beiseite stellen.
Die Stubenküken ausspülen und trocken auswischen. Die Flügelspitzen abtrennen; falls noch Federflaum vorhanden sein sollte, diesen kurz abbrennen. Die Vögel mit Salz und Pfeffer würzen. In einer Kasserolle das restliche Butterfett erhitzen, die Küken einlegen und in den auf 200° C vorgeheizten Backofen schieben. 12 Minuten rosé braten. Zwischendurch mit dem Bratfett begießen. Den Herd ausschalten, die Küken mit Alufolie abdecken und bei geöffneter Ofentür 5 Minuten ruhen lassen.

Den Lauch putzen, **gut waschen und in gleichmäßige, 2 cm große Rauten schneiden. In kochendem Salzwasser 1 Minute blanchieren, eiskalt abschrecken und gut abtropfen lassen. Kurz vor dem Servieren den Lauch mit den Trüffelwürfeln in der erhitzten Butter 2-3 Minuten schwenken. Mit etwas Salz würzen.**
Reduzierte Hummersauce mit kalten Butterwürfelchen sämig binden, gut abschmecken und vor dem Servieren den Champagner unterrühren.

Anrichten: Die Stubenküken tranchieren, das heißt die Keulen abtrennen und die Brüste auslösen. Auf vier vorgewärmte Teller den in Butter geschwenkten Lauch verteilen. Darauf jeweils eine Kükenbrust und eine Keule geben und mit dem warmen, in Scheiben geschnittenen Hummer garnieren. Mit reichlich Sauce nappieren. Als Beilage das Nudelgratin servieren und als Getränk den angebrochenen Champagner reichen.

Meine Weinempfehlung:

Barolo

Poderi Aldo Conterno
Monforte d'Alba, Piemont

Aldo Conterno macht seit Jahrzehnten beste Weine.
Sehr aufgeschlossen lässt er bei der Weinbereitung moderne Erkenntnisse einfließen, wenn diese sicher evtl. Schwächen der alten Methode beheben. Seine Hauptarbeit gilt dem Barolo.
Die Erwartungen gegenüber seinen Weinen sind weltweit sehr hoch – sie werden erfüllt. Die Weinberge befinden sich in den besten Lagen der Bussia Soprana. Die Weine haben ein intensives, fast granatfarbenes Rubinrot mit reichem und beständigem Bukett.
Sie sind sehr ausgewogen und harmonisch. Aldo Conternos Barolo können sehr lange in der Flasche reifen. Der Genuss ist aber schon unglaublich gut, wenn sie nach drei Jahren Fassreife und einem Jahr Flaschenreife zum Verkauf freigegeben werden (siehe Seite 360).

Ravioli von Blutwurst und Gänseleber mit Apfelmeerrettich auf Rübstielgemüse und Portweinsauce

ZUTATEN:

für 4 Personen

120	g	Gänsestopfleber
4		Scheiben gute Blutwurst à 30 g
100	g	Nudelteig (Rezept Seite 348)
1		Eigelb, vermischt mit 1 EL Milch
4	TL	Apfelmeerrettich (Rezept Seite 350)

Gemüse:

400	g	Rübstiel (Gemüse)
30	g	Butter
2	TL	Mehl
4	cl	Weißwein
1/8	l	Rahm
1	EL	Schalottenwürfel
		Salz und Pfeffer aus der Mühle

Sauce:

2	dl	Geflügel- oder Kalbsfond (Rezept Seite 338)
1	dl	Rotwein
80	cl	roter Portwein
8		Pimentkörner
1		Thymianzweig
		angerührte Speisestärke
		Salz und Pfeffer aus der Mühle

Zubereitung: Rübstiel waschen, trocken schleudern und in Streifen schneiden. Schalotten in heißer Butter schwenken, das Mehl dazugeben, gut verrühren und die kalte Sahne angießen. Rührend dickflüssig einköcheln, das Gemüse hineingeben und ca. 3 Minuten köcheln lassen. Mit Salz und Pfeffer fein abschmecken und warm halten.

Den Nudelteig sehr dünn ausrollen, Blutwurstscheiben und je eine zugeschnittene Gänseleberscheibe würzen, aufsetzen und schnell mit etwas Eigelb-Milch-Mischung einpinseln, mit Nudelteig verschließen, gut andrücken und mit einem Nudelroller (Ausstecher) in Form schneiden.

Für die Sauce **Rot- und Portwein mit Thymianzweig und Pimentkörnern gut reduzieren, den Fond zugeben und auf die Hälfte der Flüssigkeit einköcheln lassen, leicht mit Stärke binden und passieren. Mit Salz und Pfeffer abschmecken.**

Zum Servieren eine Sauteuse mit Küchenkrepp, bedeckt mit ca. 3 cm Wasser, 1 Prise Salz und 1 EL Olivenöl zum Kochen bringen.

Die Ravioli hinein geben, abgedeckt nun am Herdrand 3-4 Minuten köcheln lassen. Nacheinander in tiefe Teller Rübstielgemüse, Sauce und Ravoli geben. Je 1 TL Apfelmeerrettich aufsetzen und servieren.

ZUTATEN:
für 6-8 Personen

Champagnercremesorbet:

375	ml	Moscato d'Asti oder lieblicher Weißwein
150	ml	Champagner oder Rieslingsekt
125	g	Zucker
3		Eigelb
130	g	Butter

Champagnergranité rosé:

250	ml	Champagner, rosé
2	EL	Zucker
20	g	Grenadinesirup

Champagnercremesorbet auf Granité von Champagner rosé

Zubereitung Sorbet: Die Butter in kleine Würfel schneiden und mit den Eigelben in einer Schüssel zur Seite stellen. Moscato, Sekt und Zucker auf 70° C erhitzen und über die Butter und Eigelbe in der Schüssel gießen.

Mit dem Stabmixer für etwa 5 Minuten auf höchster Stufe mixen und anschließend in der Eismaschine gefrieren.

P.S.: **Dieses Sorbet gelingt nur in der Profi-Eisgefriermaschine.**

Zubereitung Champagnergranité: **Alle Zutaten in einer Schüssel verrühren und diese ins Tiefkühlfach stellen. Von Zeit zu Zeit mit einem Holzlöffel umrühren, bis die Masse so gefroren ist, dass sich Eiskristallsplitter gebildet haben.**

Anrichten: Etwas Granité in ein gekühltes Glas geben, eine Nocke vom Champagnersorbet darauf setzen und sofort servieren.

Suppen, Cremes und Kaltschalen

In unserem Kulturkreis

wird die Suppe

zumeist als

Vorspeise serviert.

Sie ist aber

auch ein ideales

Zwischengericht.

Melonen-kaltschale mit Estragon, Languste und marinierten Melonen-kugeln

ZUTATEN:

für 4 Personen

2		Langusten à 350 g
1/4	l	Krustentierfond (Rezept Seite 340)
100	g	Rahm
		Cayennepfeffer
		Salz
2		reife, kleine Cavaillonmelonen
1/2		Wassermelone
1		Honigmelone
1/3	TL	geriebener Ingwer
4	cl	weißer Portwein
1/2	TL	frisch geschnittener Estragon
1	TL	Butter

Zubereitung: Krustentierfond köchelnd über die Hälfte reduzieren. Den Rahm zugeben, nochmals etwas einkochen. Mit Cayennepfeffer und Salz abschmecken und kalt stellen.

Die Cavaillonmelonen mit einem kleinen Messer mit Zacken halbieren, Kerne mit einem Löffel herausschaben und ein Drittel des Fruchtfleischs als Kugeln ausstechen und als Garnitur beiseite stellen.

Den Rest mit einem Löffel von der Innenschale abnehmen. Von der Wasser- und Honigmelone ebenfalls schöne Kugeln ausstechen. Ca. 250 g Cavaillon- und Honigmelonenfleisch im Mixer fein pürieren und passieren. Kalt gestellte Krustentiersauce und den Ingwer zufügen, gut kalt verrühren, mit Portwein und Estragon verfeinern und kalt stellen.

Die Langusten im letzten Moment in kochendem Salzwasser mit 1 Spritzer Estragonessig 5 Minuten kochen.

Kurz kalt abschrecken, ausbrechen, portionieren und sofort servieren (sonst verfärbt sich das Fleisch sehr schnell).

Anrichten: **Melonenkugeln mit 4 EL Melonenpüree, 1 Spritzer Portwein und Estragonspitzen marinieren, schön auf Teller platzieren. Melonenschalen mit Kaltschale und Langustenschwanz füllen, auf die Teller setzen und nach Wunsch mit Langustenköpfen servieren.**

Bei frischen Langusten ist der Schwanz gekrümmt. Ein sicheres Zeichen dafür, dass das Tier noch lebt. Im Gegensatz zum Hummer enthält nur der Hinterleib das aromatische, zarte Fleisch.

Languste

In Europa ist die Languste im Mittelmeer, an der Südküste Englands, Irlands und in der Bretagne beheimatet. Die meisten Tiere kommen heute jedoch aus der Karibik. Hauptexporteur ist Kuba.

TOMATEN-ESSENZ MIT SEETEUFEL-FILET IM SPITZKOHL-BLATT

ZUTATEN:

für 4 Personen

1	kg	vollreife Tomaten (oder geschält aus der Dose)
1		kleine Möhre
2		Schalotten
1/2		Knoblauchzehe
1/4		Stange Staudensellerie
40	g	Butter
3/4	l	heller Kalbsfond, (Rezept Seite 338)
2		Eiweiß
1/3		Tasse Eiswürfel
3	EL	Tomatenmark
2-3		Stängel glatte Petersilie
		Salz
		Pfeffer aus der Mühle
1		Prise Zucker
2	cl	Gin
1		Seeteufelfilet von 240 g
12		Kirschtomaten, rot und gelb
2	EL	Tomatenwürfel oder Rauten als Einlage
6		Spitzkohlblätter
		Schnittlauch zum Binden
		Salz
		Pfeffer aus der Mühle

Garnitur:

4		frische Blättchen Basilikum
12		Korianderblätter

Zubereitung Essenz: Die Tomaten waschen und vierteln. Die Möhre schälen, die Schalotten und den Knoblauch abziehen. Den Sellerie waschen und putzen. Alles in gleich große Würfel schneiden.

Die Butter erhitzen, das Gemüse darin andünsten, mit dem Fond auffüllen und bei milder Hitze 15-20 Minuten köcheln lassen. Vom Herd nehmen und kühl stellen.

Die Eiweiße mit den Eiswürfeln, Tomatenmark und Petersilienstängeln vermischen, unter die abgekühlte Suppe rühren.

Auf den Herd stellen und bei milder Hitze unter ständigem Rühren langsam zum Kochen bringen. Mit Salz, Pfeffer, Zucker und Gin abschmecken. Ein Sieb mit einem Tuch auslegen und die Suppe durchpassieren. Nochmals kurz erhitzen.

Zubereitung Seeteufelpäckchen: **Spitzkohlblätter längs halbieren, in kochendem Salzwasser ca. 20 Sekunden blanchieren. In Eiswasser abschrecken und einzeln auf einem Küchentuch zum Abtropfen auslegen. Seeteufelfilet in 12 Stücke à 20 g portionieren, mit Salz und Pfeffer würzen und in die Blätter einpacken. Schnittlauch durch heißes Wasser ziehen und damit die Fischpäckchen mit Schleife zubinden.**

Die Kirschtomaten ca. 10 Sekunden in kochendes Wasser geben und sofort in Eiswasser abkühlen, danach die Haut abziehen.

Tomaten

LANGE ZEIT STANDEN SIE IN DEM RUF, GIFTIG ZU SEIN, UND WURDEN NUR ALS ZIERPFLANZE GENUTZT. HEUTE WISSEN WIR, DASS TOMATEN SEHR GESUND SIND. SIE ENTHALTEN 7 WICHTIGE MINERALSTOFFE, 10 SPURENELEMENTE, 13 VITAMINE UND 3 FRUCHTSÄUREN. TOMATEN WURDEN IN EUROPA ZUERST IN ITALIEN UND DANN IM SÜDÖST-LICHEN MITTELMEERRAUM ANGEBAUT. SIE WERDEN IN VERSCHIEDENEN FORMEN UND FARBEN GEZÜCHTET - VON DER KLEINEN KIRSCH-TOMATE BIS ZUR GROSSEN, SCHWEREN FLEISCHTOMATE, VON GRÜN ÜBER GELB ZU ROT BIS VIOLETT.

DER GESCHMCK DER TOMATE IST IM WESENTLICHEN VOM KLIMA, ALSO VON SONNE UND WÄRME ABHÄNGIG. FRÜCHTE AUS SÜDLICHEN HERKUNFTSLÄNDERN SOLLTEN SIE DAHER IN JEDEM FALL BEVORZUGEN.

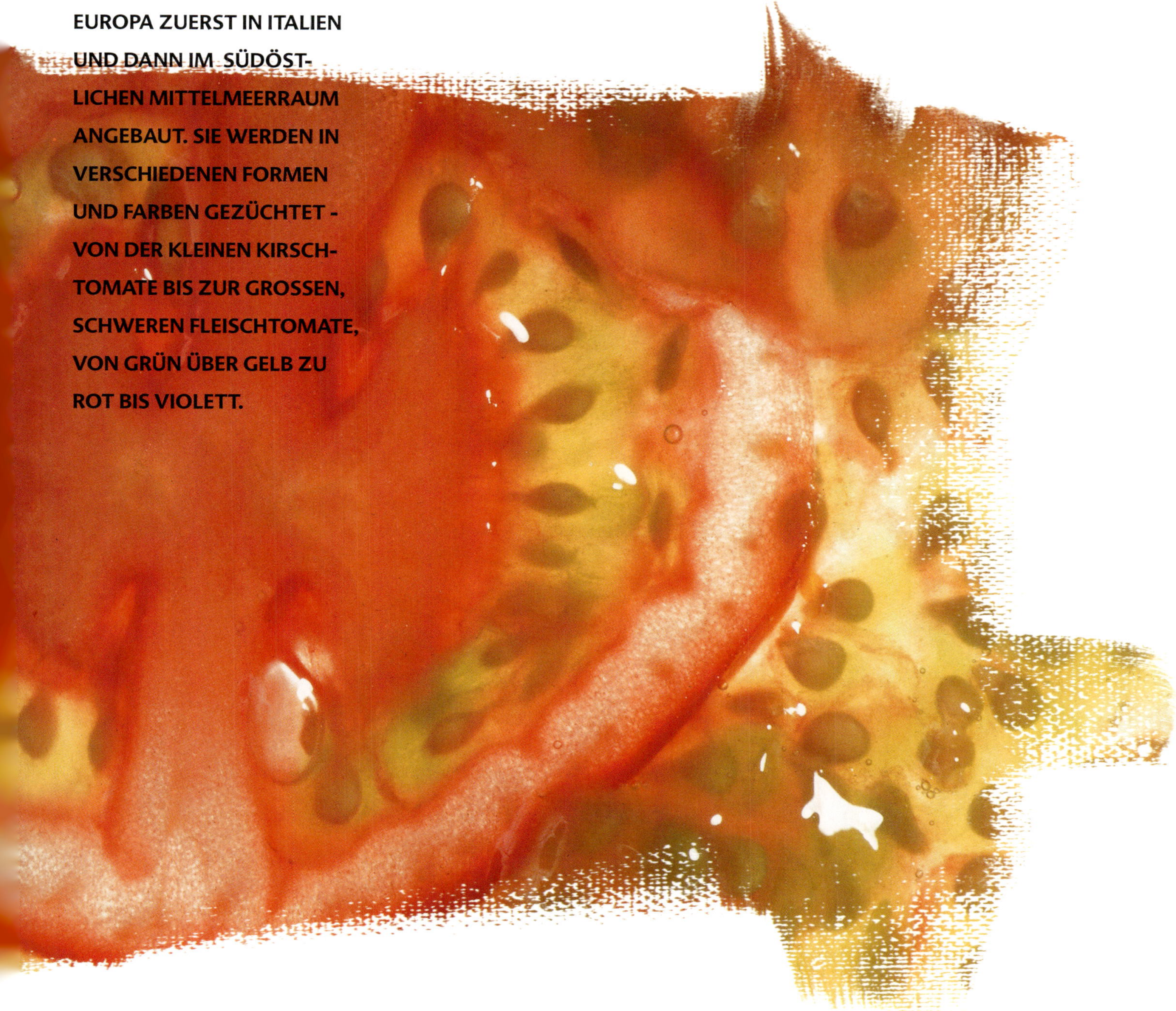

Anrichten: **Die Fischpäckchen ca. 2 Minuten in der siedenden Essenz garen. In heiße tiefe Teller Kirschtomaten, Tomatenrauten und Korianderblätter platzieren. Fischpäckchen einlegen und mit heißer Essenz gerade bedecken, mit Basilikumblättchen garnieren und servieren.**

Pot au feu von Curry und Zitronengras mit Hummer und Jakobsmuscheln

ZUTATEN:

für 6-8 Personen

1/2	l	heller Geflügelfond (Rezept Seite 338)
4	dl	Rahm
1	dl	Noilly Prat
5	cl	Portwein
8	cl	Weißwein
4		Schalotten
1/2		Stange Lauch
1	EL	gutes Curry
4		Stängel Zitronengras, klein geschnitten (Asienladen)
2		Limonenblätter
4	EL	Kokosflocken
60	g	kalte Butterwürfel
		Salz
80	g	schmale Nudeln

Früchtemischung:

1	Apfel (Granny Smith)
1/2	Miniananas (oder 2 Ananasringe)
1/2	Banane
1	Sträußchen Petersilie

Je nach Wunsch:

Einlage für 4 Personen

1	kleiner gekochter Hummer
4	frische Jakobsmuscheln
4	Gambas (auch TK)

Zubereitung: Noilly Prat, Portwein und Weißwein mit Zitronengras und Limonenblättern gut einreduzieren. Mit geschnittenen Schalotten, Lauch und Geflügelfond auffüllen.
5 Minuten köcheln lassen, dann Rahm, Curry und Kokosflocken hineingeben und weitere 10 Minuten köcheln lassen.

Nebenbei Apfel, **Miniananasfleisch, Banane und Blattpetersilie im Mixer fein pürieren und in die Cremesuppe geben. Alles nochmals ca. 5 Minuten sieden lassen. Dann durch ein Tuch passieren und noch heiß die Butter einrühren.**
Gut würzig abschmecken. Ausgebrochene Gambas und Jakobsmuscheln mit Curry und Salz würzen und in Öl saftig braten.
Den portionierten Hummer in einer Pfanne bei kleiner Hitze gerade erwärmen. Alles in vier tiefe Teller platzieren.
Gekochte, mit Kokosflocken vermischte Nudeln mit einer Gabel aufrollen und in die Mitte geben.
Zum Schluss die heiße Suppe mit einem Saucenstab aufmixen und verteilen. Nach Wunsch Sahnehäubchen setzen.

TIPP: Die Jakobsmuscheln können mit Kumquatconfit und die gebackene Nudelplatte mit Avocadopüree (Rezept Seite 350) veredelt werden. Ich serviere diese köstliche Suppe mit etwas reduzierter, aufgeschäumter Hummersauce (Rezept Seite 344).

ZITRONENGRAS

Cymbopogon citratus

DIE BEZEICHNUNG ZITRONENGRAS SCHLIESST VERSCHIEDENE GRÄSERARTEN EIN, DIE ALLE ZITRUSÖLE ENTHALTEN UND ZITRONEN-GESCHMACK HABEN. DIESES AROMATISCHE GRAS IST IN SÜDOSTASIEN BEHEIMATET. MAN NUTZT ES ZUM WÜRZEN VON SALATEN, FISCHGERICHTEN, SUPPEN UND SAUCEN.

ENTEN-CONSOMMÉ À LA CHINOISE

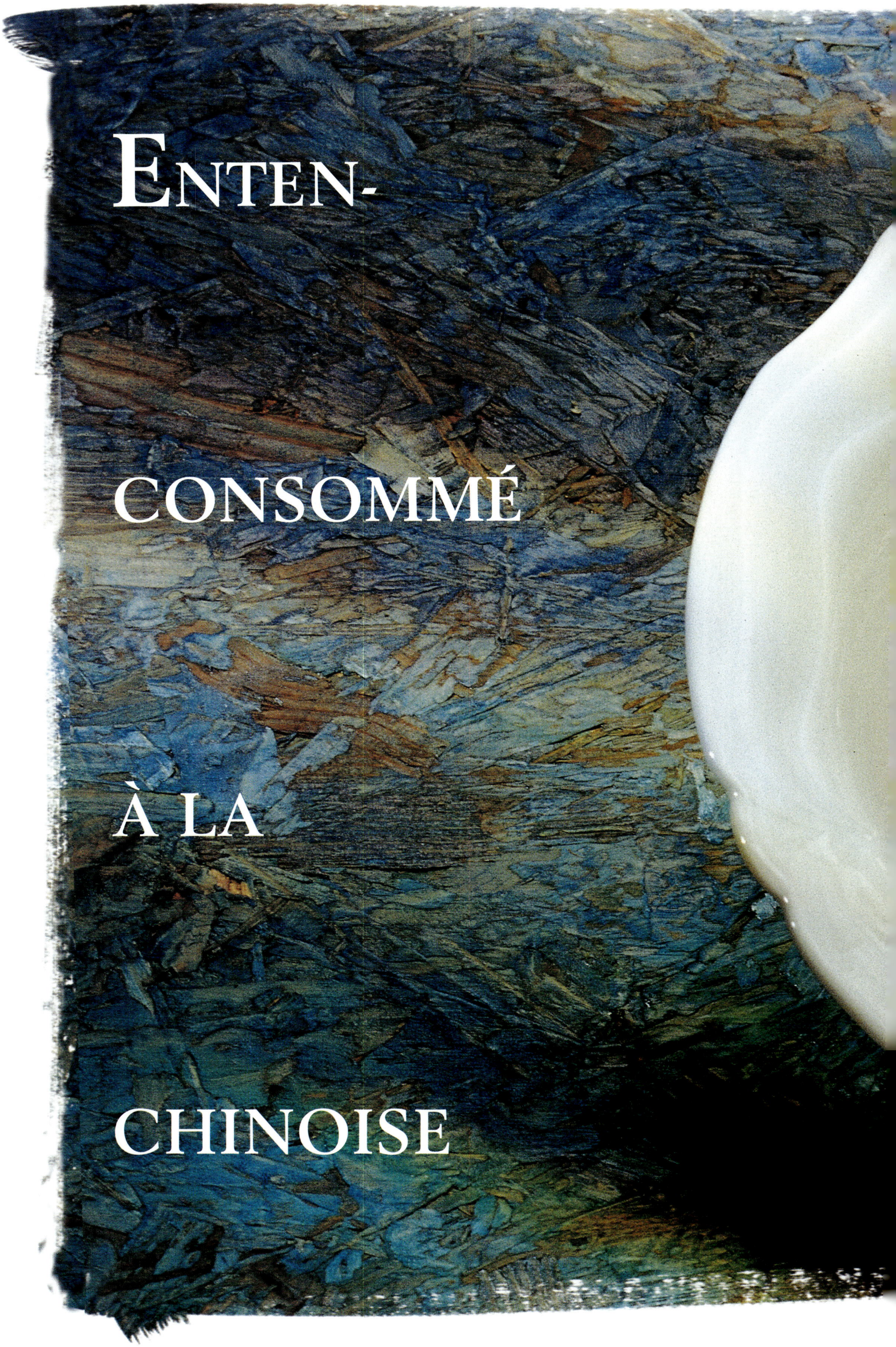

ZUTATEN:

für 4 Personen

1		Ente
		Öl zum Braten
200	g	Röstgemüse (2/3 Zwiebel, 1/3 Lauch, Karotten, Sellerie)
		Salz und Pfeffer aus der Mühle
1	EL	Tomatenmark
1/4	l	Weißwein
1,5	l	heller Geflügelfond (Rezept Seite 338)
		Lorbeer, Thymian, Wacholderbeeren, Nelken
300	g	Entenkeule und die Keulen der Ente
1		Karotte
		Helles vom Lauch
1		Zweig Staudensellerie
1		Eiweiß
6	cl	Sherry

Leberklöße:

1		Entenbrust von der Ente
50	g	Enten- oder Geflügelleber
1/4		Apfel, geschält, in Würfel geschnitten
1		Schalotte
1/2		frisches Brötchen
4	EL	warme Milch
10	g	geräucherter Speck
1	Msp	geriebener Ingwer
6		Blatt Koriander
1		Zweig Petersilie
		Salz und Pfeffer

Zubereitung: Die Brüste und Keulen von der Ente auslösen. Die Entenknochen hacken und zusammen mit den Abschnitten in heißem Öl anbraten. Vom Röstgemüse zuerst die Zwiebeln zugeben, gut anbräunen lassen, dann das restliche Gemüse und Tomatenmark zugeben. Mit grobem Pfeffer aus der Mühle würzen.

Mit Weißwein ablöschen und mit der Geflügelbrühe und kaltem Wasser auffüllen. Die Knochen sollen gerade bedeckt sein.

Aufkochen und die Gewürze zugeben. Bei kleiner Hitze 3 Stunden ziehen lassen. Durch ein Passiertuch passieren und kühl stellen.

Zum Klären **der Brühe das Entenkeulenfleisch und das Gemüse durch die große Scheibe des Fleischwolfes drehen. Das Eiweiß zugeben und die Masse mit Sherry aromatisieren. Das Klärfleisch mit dem Schneebesen in die abgekühlte Brühe einrühren und bei mittlerer Hitze zum Kochen bringen, dabei öfter umrühren.**

1 Stunde bei kleiner Hitze ziehen lassen, vorsichtig durch ein Tuch passieren und mit Salz und weißem Pfeffer abschmecken.

Einlage: **Das halbe Brötchen in dünne Scheiben schneiden und mit warmer Milch beträufeln. Die Schalotte in Würfel schneiden, mit dem Speck und den Apfelwürfeln 2 Minuten in heißem Öl schwenken.**

Abgekühlt mit abgehäuteter Entenbrust, Leber, Brötchen, Koriander und Petersilie durch den Fleischwolf drehen. Gut vermischen und mit Salz, Ingwer und Pfeffer abschmecken.

Die Masse kann als Nocke (mit 2 Löffeln) abgestochen oder in dünnen Nudelteig gefüllt als Ravioli verarbeitet werden. Zum Servieren in siedendem Salzwasser ca. 4 Minuten garen.

Anrichten: Eine Entenbrust mit Salz und Pfeffer würzen und kurz blutig braten. Bissfest gekochtes Gemüse wie dünner grüner Spargel, Karotten oder Sellerie in tiefe Teller geben. Leberkloß-Ravioli, geschnittene Shitake-Pilzscheiben, Entenbrustscheiben und Korianderblättchen dazugeben und mit heißer Consommé auffüllen.

P.S.: **Noch raffinierter servieren Sie die Consommé mit Entenfiletroulade, und die geht so: Von den Entenbrüsten die Filets wegziehen, diese zwischen Klarsichtfolie ca. 1 mm dünn klopfen. Gut gekühlte Geflügelfarce mit Petersilie und Korianderblättern mixen und kräftig mit Salz und Pfeffer würzen. Auf das Fleisch streichen und aufrollen, in Folie straff verschließen und tiefkühlen. Zum Servieren rohe dünne Scheiben schneiden und zum Schluss in die Consommé geben.**

Floating Market

DIE SCHWIMMENDEN MÄRKTE ASIENS, WIE DIESER IN THAILAND, LIEFERN FRISCHE UND EXOTISCHE WARE FÜR DIE DORT HEIMISCHE KÜCHE. HIER KAM DIETER MÜLLER DIE IDEE, TYPISCHE AROMEN ASIENS IN SEINE GERICHTE EINFLIESSEN ZU LASSEN, ABER SEHR DEZENT UND NIE GESCHMACKSÜBERLAGERND.

ZUTATEN:
für 4 Personen

8		Scampi (auch TK)
		Curry und Korianderblätter
300	ml	heller Geflügelfond (Rezept Seite 338)
300	ml	Sahne (30 % Fett)
8	cl	Noilly Prat
200	g	Zuckererbsen (TK-Erbsen eignen sich auch gut)
1		Handvoll Blattpetersilie
50	g	kalte Butterwürfel
1	EL	geschlagene Sahne
		Salz
1		Prise Zucker

Tempurateig:

6	cl	eiskaltes Wasser
2	cl	Weißwein
1	Msp	Safranpulver
1		Prise Salz
1/2		Eiweiß
		Tempuramehl (Asiashop)

Cremesuppe von Erbsen mit gebackenen Scampi in Tempurateig

Zubereitung: Die Scampi ausbrechen, den Darm ziehen und mit Curry, Korianderstreifen und Salz würzen. Zum Servieren den Fond mit Noilly Prat auf die Hälfte einköcheln, Sahne dazugeben, ca. 2 Minuten köcheln lassen, dann zusammen mit den Erbsen und der Petersilie im Mixer sehr fein pürieren.
Zum Schluss die kalten Butterwürfel untermixen. Alles durch ein Sieb passieren und nochmals aufkochen lassen. Mit ein wenig Salz und 1 Prise Zucker würzen und die Schlagsahne unterziehen.

Zubereitung Tempurateig: Wasser, Wein, Eiweiß, Safran und Salz gut verrühren. Nur soviel Mehl einrühren, bis ein dickflüssiger Teig entsteht, es sollten noch kleinere Klümpchen sichtbar sein. Darin die Scampi wenden und zum Servieren in 170° C heißem Fettbad 2 Minuten knusprig backen.

Anrichten: **Die Creme auf vier vorgewärmte Teller füllen. Nach Wunsch Erbsen als Einlage einstreuen.**
Gebackene Scampi auflegen und servieren.

DER ALLERFEINSTE ...

Alba-Trüffel

DIE BESTEN PIEMONTESER TRÜFFEL FINDET MAN IN DER NÄHE DER STADT ALBA. AM LETZTEN NOVEMBER-WOCHENENDE FEIERT MAN HIER EIN GROSSES TRÜFFELFEST MIT EINEM MARKT, AUF DEM DIE SEHR KOSTBARE WARE GEHANDELT WIRD.

Cremesuppe von Kastanien mit weissem Alba-Trüffel

ZUTATEN:

für 4 Personen

150	g	Esskastanien
1	EL	Schalottenwürfel
10	g	Butter
1/2	l	heller Geflügelfond (Rezept Seite 338)
300	ml	Rahm (30 % Fett)
2	cl	Portwein
4	cl	Weißwein
		Salz und weißer Pfeffer aus der Mühle
20	g	frischer Alba-Trüffel (Oktober-Dezember)
40	g	kalte Butterwürfelchen

Garnitur:

1	EL	geschlagene Sahne
4		Kerbelblätter

Zubereitung: Die Kastanien über Kreuz einschneiden, in einem Gusseisentopf mit Deckel geben und ca. 15 Minuten bei 200° C in den Backofen stellen. Danach, noch warm, problemlos schälen.
In einer Sauteuse die Schalotten mit der Butter glacieren. Die Kastanien dazugeben und mit der Brühe, dem Wein und dem Rahm auffüllen und ca. 5 Minuten köcheln lassen. Nun im Mixer mit Butter fein pürieren und mit Salz und Pfeffer gut abschmecken.
Zum Servieren nochmals aufkochen und mit Portwein abrunden.

Anrichten: **In vier heiße Teller oder Tassen verteilen, kleines Sahnehäubchen aufsetzen und gebürsteten weißen Alba-Trüffel sehr fein darüber hobeln und mit 1 Kerbelblatt garnieren.**

TIPP: Sollten Sie keinen weißen Trüffel bekommen, reichen auch ein paar Tropfen weißes Trüffelöl (Feinkostgeschäft).
Auch ohne Trüffel schmeckt dieses Süppchen köstlich, dann aber noch Kastanienkrümel darüber streuen.

ESSKASTANIEN SOLLEN AUS DER TÜRKEI ÜBER SARDINIEN UND DANN NACH GANZ EUROPA GEKOMMEN SEIN. NACH DEUTSCHLAND HABEN SIE DIE RÖMER MITGEBRACHT. NEBEN DEN NÜSSEN ZUM VERZEHR WERDEN GELEGENTLICH AUCH DIE BLÜTEN ALS ZUSATZ FÜR AROMATISCHE TABAKMISCHUNGEN VERWENDET. DIE MOHIKANER KOCHTEN AUS DEN BLÄTTERN UND DER RINDE DER VERWANDTEN NORDAMERIKANISCHEN ART EINEN AUFGUSS GEGEN KEUCHHUSTEN.

ESSKASTANIEN

Castania Sativa

Meine Weinempfehlung:

STOPPA

Cabernet Sauvignon IGT Emilia

La Stoppa di Eredi Raffaele Pantaleoni

Rivergaro, Emilia Romagna

Das Colli Piacentini ist für einen Wein internationalen Formates bisher nur wenigen Kennern bekannt. In den letzten Jahren macht die junge Winzerin Elena Pantaleoni mit ihren Weinen immer mehr auf sich aufmerksam. Ihr Cabernet Sauvignon Stoppa ist ein wahrhafter Grand cru.
Dieser Wein zeigt, was die Böden dieser Region bei intensiver Weinbergspflege und sauberer Kellerarbeit hervorbringen können. Der behutsame Einsatz von neuen Eichenholzfässern gibt dem Wein das richtige Maß an Würze.
Zusammen mit reifen Tanninen fördert sie die Feinheit des Buketts und den nachhaltigen Geschmack, der sehr reich und elegant ausfällt (siehe Seite 360).

Fleisch, Geflügel und Wild

Das Fleischgericht

gilt traditionell als

wichtigster Bestandteil

eines Menüs.

Legen Sie hierbei

gesteigerten Wert

auf den Ursprung

und die Qualität der Ware.

Rücken und Galette vom Kaninchen mit Gartengemüse

ZUTATEN:

für 4 Personen

1		junges Kaninchen
500	g	Wurzelgemüse in Würfel (Sellerie, Karotten, Lauch, Zwiebeln)
100	g	Gemüserauten von Sellerie, Lauch, Karotten, Kohlrabi
1	EL	Tomatenmark
1/2	l	Weißwein
1	l	Kalbsfond (Rezept Seite 338)
1/8	l	Banyuls (Rotwein)
6	cl	Trüffelfond
4	cl	roter Portwein
		Périgord-Trüffel nach Wunsch
		Frische Kräuter: Rosmarin, Thymian, Estragon, Blattpetersilie
		Schalottenbutter (Rezept Seite 355)
		Salz und Pfeffer aus der Mühle
		Gemüse nach Jahreszeit: Kaiserschoten, Spargel, Möhrchen, weiße Rübchen

Zubereitung: Das Kaninchen zerlegen, Keulen und Schultern abtrennen, Filets aus dem Rücken schneiden und die Leber und Nierchen aufbewahren.

Rückenknochen klein hacken und mit gewürzten Keulen und Schultern in heißem Olivenöl gut anbraten. Gemüse zugeben und ca. 5 Minuten mitbraten. Tomatenmark unterrühren, mit Wein ablöschen, wieder rührend einschmoren lassen und wieder mit Wein ablöschen. Diesen Vorgang noch zweimal wiederholen, denn so bekommt die Sauce eine schöne braune Farbe.

Zum Schluss die Brühe, Gewürzkörner und Kräuter zugeben und abgedeckt im Backofen bei 180° C ca. 1 Stunde gar schmoren. Die Stücke aus dem Topf nehmen, leicht abkühlen und nun das Fleisch vom Knochen lösen und in Würfel schneiden.

Die Sauce passieren, **ein Drittel dickflüssig einköcheln lassen. Die Gemüserauten in heißer Butter bissfest schwenken, Fleischwürfel, fein geschnittene Kräuter und Saucenreduktion untermischen. Mit Salz und Pfeffer gut abschmecken und nun in Alufolie zu einer straffen Wurst aufrollen (ca. 5 cm Ø) und kalt stellen. Dies sollte schon am Vortag vorbereitet werden.**

Das Gemüse putzen, schälen, bissfest kochen und in Eiswasser abkühlen.

Die Innereien portionieren und auf Rosmarinzweige stecken. Banyuls und Portwein stark reduzieren, Kaninchensauce zugeben, nochmals einköcheln lassen, mit Trüffelfond, Salz und Pfeffer abrunden.

Von der schnittfesten Fleischrolle vier dicke Scheiben abschneiden.

Je Fläche mit passend hauchdünn ausgestochenen Kartoffelscheiben verschließen und nun bei kleiner Hitze in Olivenöl ca. 6 Minuten braten.

Die Rückenfilets **würzen und in heißem Olivenöl mit Kräuterzweigen saftig braten.**

Danach gleich je eine Scheibe Schalottenbutter auflegen und mit Oberhitze im Backofen schmelzen lassen.
Die Innereienspießchen würzen und im letzten Moment in heißem Olivenöl mit Butter kurz schwenken.
Das in Butter erhitzte Gemüse schön auf heiße Teller verteilen, Galette, aufgeschnittenen Rücken und Spießchen auflegen, Trüffelscheiben dazugeben, mit Sauce nappieren und servieren.

TIPP: Nach Wunsch Schmorwürfel-Gemüsemasse zu Ravioli füllen. Zum Servieren in kochendem Salzwasser 3 Minuten bissfest garen. Je nach Jahreszeit mit gebratenen Spitzmorcheln servieren.

DER GARTENTHYMIAN IST EIN KULTIVIERTER VERWANDTER DES FELDTHYMIANS. SEIN AROMA BERUHT AUF …

THYMUS VULGARIS

Gartenthymian

… SEINEN ÄTHERISCHEN ÖLEN MIT VARIABLEN INHALTSSTOFFEN (THYMOL, METHYLCHAVICOL, CINEOL, BORNEOL). EINE SCHOTTISCHE UNTERSUCHUNG AUS DEN 90ER JAHREN SCHREIBT DIESEN ÖLEN TONISCHE WIRKUNG ZU, WELCHE DIE NORMALEN KÖRPERFUNKTIONEN UNTERSTÜTZEN UND SO ANGEBLICH DEM ALTERN ENTGEGENWIRKEN.

Kalbsfilet im Kohlrabi mit Sauce Périgourdine, Vanillemöhrchen und Kalbsschwanz auf Kartoffelpüree

ZUTATEN:

für 4 Personen

4		Kalbsmedaillons à 80 g
4		kleine Kohlrabi
4	EL	Geflügelfarce (Rezept Seite 342)
50	g	Gänsestopfleber
		Salz und Pfeffer aus der Mühle

Gemüse:

20		Fingermöhrchen
1		Lauchstange
1		Vanillestange
6	cl	Karottensaft
40	g	Butter
		Salz und Zucker

Kartoffelpüree:

2		große geschälte Kartoffeln
ca. 1 dl		Sahne/Milch (1 : 1)
20	g	Butter
		Salz

Gefüllter Kalbsschwanz:

1		Kalbsschwanz
500	g	grob geschnittenes Würfelgemüse (Karotte, Sellerie, Zwiebel, Lauch)
1/4	l	Rotwein
2	EL	Tomatenmark
10		schwarze Pfefferkörner
5		Pimentkörner
je	1	Thymian- und Rosmarinzweig
50	g	Gänseleber
4	cl	Trüffelfond
		Salz und Pfeffer aus der Mühle

Füllung:

2	EL	Geflügelfarce (Rezept Seite 342)
1	EL	geröstete Toastbrotwürfelchen
1	EL	gewürfelte, kurz gebratene Champignons
1	EL	gehackte Petersilie
20	g	frische Gänseleber in Würfel
1	cl	Trüffelfond
1	EL	geschlagene Sahne

Zubereitung Kalbsschwanz: Den Kalbsschwanz an den Knorpeln Stück für Stück durchschneiden. Mit Salz und Pfeffer würzen und in heißem Olivenöl gut braun braten. Gemüse zugeben und mit diesem nochmals etwa 8 Minuten braten. Jetzt Tomatenmark dazugeben, gut verrühren und mit Rotwein ablöschen.
Nochmals rührend einkochen. Nun mit dem Rest Rotwein, den leicht angedrückten Gewürzkörnern, Kräutern und kaltem Wasser gerade bedecken. Mit Deckel verschließen und im Backofen bei 200° C etwa 45 Minuten weich schmoren. Gar ist das Fleisch, wenn es sich leicht vom Knochen abtrennen lässt. Das abgelöste Fleisch schön auf einer Klarsichtfolie auf ca. 12 x 18 cm auslegen. Für die Füllung alle Zutaten vermischen und mit Trüffelfond, Sahne, Salz und Pfeffer fein abschmecken. Die Masse längs auf das Schmorfleisch geben, aufrollen, nochmals in eine Alufolie einrollen und straff zu einer Wurst abdrehen und kalt stellen. Die Sauce passieren und auf 2 dl einköcheln lassen.

Zubereitung Kalbsfilet: **Von den Kohlrabi Deckel mit kleinen Blättern abschneiden. Die Kohlrabi dünn schälen und mit einen Kugelausstecher gut aushöhlen. Die Kohlrabi in leichtem Salzwasser bissfest kochen und in Eiswasser abkühlen. Gut abtropfen. Filets mit Salz und Pfeffer würzen, mit wenig Farce einstreichen, in die Kohlrabi drücken und oben mit Farce verschließen.**
Zum Servieren im Backofen bei 200° C 14 Minuten garen und abgedeckt etwa 4 Minuten ruhen lassen. Nebenbei die Möhrchen dünn schälen und in leichtem Salzwasser bissfest kochen. Von der Lauchstange Streifen schneiden und kurz blanchieren.

Vanillestange längs aufschneiden, das Mark ausschaben. In der Hälfte der Butter die Möhrchen anschwenken, mit je 1 Prise Salz und Zucker abschmecken. Nun zu 4 Rollen in die Lauchstreifen einrollen und abgedeckt warm halten. Karottensaft erhitzen, Butter einrühren, mit Vanille, Salz und Zucker abschmecken.

Für das Kartoffelpüree die Kartoffeln in leichtem Salzwasser gar kochen. Das Wasser abschütten, die Kartoffeln durch eine Presse drücken, heiße Sahne/Milch und Butterflocken zugeben.
Mit einem Rührgerät fein cremig rühren und mit Salz abschmecken.

BRASSICA OLERACEA

Kohlrabi

ES GIBT WEISSE UND BLAUE SORTEN. DIE KNOLLE HAT EINEN DELIKATEN RÜBENGESCHMACK, DIE ZARTEN JUNGEN BLÄTTER SIND SEHR VITAMINREICH.

Anrichten: Die Kalbsschwanzrolle in siedendem Wasser 14 Minuten garen, danach auspacken und portionieren. Auf heiße Teller Püree, Kalbsschwanz, Kalbsfilet und Möhrchen platzieren. Kohlrabideckel etwa 2 Minuten in heißem Pflanzenöl backen, auf Küchenkrepp abtropfen lassen und aufsetzen. In die köchelnde Sauce vor dem Anrichten die klein geschnittene Gänsestopfleber einrühren (am besten mit einem elektrischen Saucenstab) und mit Salz, Pfeffer und Trüffelfond abrunden, auf die Teller geben und zum Schluss aufgeschäumte Karottensauce über die Möhrchen geben und servieren.

P.S.: In die Sauce Périgourdine kann man zum Schluss ein wenig Kalbsjus einlaufen lassen.

Kalbsniere im Salzmantel mit Bärlauch-Dijonsenf-Sauce, gebratenem Chicorée, Schmortomate und Kartoffelrösti

ZUTATEN:

für 2 Personen

1		Kalbsniere, ca. 450 g
500 g		Salzteig (Rezept Seite 349)
je 1		Rosmarin- und Thymianzweig
4-6		Strauchtomaten
2		Chicorée
2		große Kartoffeln
1	EL	Gänseschmalz
		Salz und Pfeffer aus der Mühle

Sauce:

2	dl	brauner Kalbsfond (Rezept Seite 338)
6	cl	Rotwein
2	TL	grober Dijonsenf
4		Bärlauchblätter
2	TL	Bärlauchpesto (Rezept Seite 342)
		Salz und Pfeffer aus der Mühle

Zubereitung: Von der Kalbsniere grob das Fett und die Adern wegschneiden, mit Pfeffer würzen. Den Salzteig etwa 1/2 cm dick ausrollen, die Niere und die Kräuter auflegen, gut verschließen und mit Eiweiß verkleben.

Die Niere etwa 20 Minuten kühl ruhen lassen. Zum Servieren die Niere im Backofen bei 200° C Umluft 18-20 Minuten backen.

Für die Sauce den Kalbsfond, den Rotwein und zwei Bärlauchblätter über die Hälfte einkochen lassen. Die Sauce nach Wunsch mit einer Messerspitze angerührter Speisestärke binden, passieren und mit Salz, Pfeffer und Dijonsenf abschmecken.

Die Kartoffeln schälen, in Scheiben und Streifen schneiden und in einer Teflonpfanne mit Gänseschmalz beidseitig 8 Minuten goldbraun braten, zum Schluss mit Salz würzen.

Chicorée: **In 1/2 l kochendem Salzwasser mit 1 Prise Zucker, 2 EL Olivenöl und 1 Spritzer Zitronensaft etwa 12 Minuten abgedeckt gar köcheln. Zum Servieren in Olivenöl mit Kräutern nach Wunsch braun braten.**

Die Tomaten waschen und oben über Kreuz einschneiden. Eine Pfanne mit halbierter Knoblauchzehe ausreiben, die Tomaten darauf setzen, mit Salz und Pfeffer würzen und mit Olivenöl, Rosmarin- und Thymianzweig im Backofen bei 180° C etwa 8 Minuten schmoren.

Wende-Tipp für die Rösti:

Nach etwa 4 Minuten Bratzeit bei mittlerer Hitze ein flaches Brett auf die Pfanne legen. Nun beides mit Schwung drehen und die Rösti mittels einer Palette zurück in die Pfanne schieben und mit Schmalz fertig braten.

Anrichten: **Den Salzmantel rundum mit einem Brotmesser aufschneiden, die Niere herausnehmen und auf einem Schneidebrett portionieren. Die Scheiben auf heiße Teller platzieren, leicht mit Salz und Pfeffer würzen, Chicorée, Tomaten, Rösti und je ein Bärlauchblatt (durch heißes Wasser gezogen) anlegen und mit Sauce und wenig Bärlauchpesto servieren.**

Zweige von Rosmarin & Thymian im Salzteig

DIE MIT DEM TEIG "VERKLEBTEN" KRÄUTER ERGEBEN EIN HOCHÄSTHETISCHES BILD, DAS MAN SICH AM LIEBSTEN RAHMEN UND AUFHÄNGEN WÜRDE.

FRISCHE KRÄUTER SIND HEUTE FAST DAS GANZE JAHR ÜBER IN GROSSEN GARTENCENTERN ALS TOPFPFLANZEN ERHÄLTLICH. MIT BÄRLAUCH IST ES ETWAS SCHWIERIGER. ER WIRD IM HANDEL NUR IM FRÜHSOMMER ANGEBOTEN. BÄRLAUCH KOMMT RECHT HÄUFIG IN WÄLDERN VOR. SIE ERKENNEN DIESE CA. 28 CM GROSSE ZWIEBELPFLANZE AN IHREN DREIECKIGEN STÄNGELN, DEN BREITEN ELLIPTISCHEN BLÄTTERN UND IHREM UNVERWECHSELBAREN KNOBLAUCHGERUCH.

Roulade vom Ochsenrücken mit Gemüse im Schmortopf

ZUTATEN:
für 4 Personen

480	g	Entrecôte vom Ochsen (ohne Fettmantel)
1		Schalotte
80	g	Weißbrotwürfel ohne Rinde
50	ml	Milch
80	g	Geflügelhackfleisch
50	g	Shitakepilze
1	TL	Korianderkraut, gehackt
1		Möhre
1	EL	körniger Senf
2	dl	Kalbsfond (Rezept Seite 338), zu Jus reduziert
8		Rotweinschalotten (Rezept Seite 355)
4		Lauchzwiebeln
4		weiße Rübchen
4		Möhrchen mit Grün
4		Minizucchini
		Thymianzweige
8		Baguettescheibchen
60	g	Ochsenmark, gut gewässert
		Schnittlauch
		Salz und Pfeffer aus der Mühle
50	g	Blätterteig (Rezept Seite 346 oder TK)

Möhren oder Karotten sind botanisch gesehen dasselbe. Die Unterscheidung liegt in der Form. Kurz und rundlich heißen sie Karotten, mit langem, spitzem Ende Möhren. Sie sind eine sehr alte Gemüsesorte, die wahrscheinlich schon vor 6000 Jahren in Mitteleuropa gegessen wurde. Möhren haben den höchsten Gehalt an Karotin (Pro-Vitamin A). Allerdings wird dieses Vitamin nur in Verbindung mit Fett vom Körper aufgenommen ...

Die Möhre

... Mineralstoffe, die Vitamine E und C, wenig Kalorien und ihre leichte Verdaulichkeit machen sie dennoch zu einem idealen Diät-Baustein.

Zubereitung: Die Weißbrotwürfel mit der Milch beträufeln, die Shitakepilze in Streifen schneiden, kurz mit der gewürfelten Schalotte in Butter anschwitzen und zur Brotmasse und dem Geflügelhack geben. Koriander zufügen, mit Salz und Pfeffer herzhaft abschmecken und gut vermischen. Die Möhre in Stifte schneiden und mit Biss blanchieren.

Das Entrecôte **in vier gleichmäßige Scheiben schneiden und zwischen Frischhaltefolie plattieren. Dann mit Salz und Pfeffer würzen, mit dem körnigen Senf bestreichen, die Brotmasse darauf geben und flach drücken. Schließlich die Möhrenstifte darauf verteilen. Die Roulade aufrollen und mit Küchengarn binden. Anschließend in Butterschmalz rundum anbraten und in den Schmortopf legen.**

Die Gemüse putzen und blanchieren und mit den Rotweinschalotten und Thymianzweigen zu den Rouladen geben, dann den Kalbsjus angießen und den Schmortopf mit einem Blätterteigstreifen und etwas Eigelb verschließen. Nun den Schmortopf bei 180°C für 18 Minuten in den heißen Ofen schieben.

Für die Brotcroûtons **werden die Baguettescheiben in Butter geröstet und mit Ochsenmarkscheiben belegt, anschließend mit Schnittlauchröllchen bestreut, mit Salz und Pfeffer gewürzt und leicht im Backofen mit Oberhitze überbacken.**

Dieses Gericht lässt sich gut vorbereiten, und die Überraschung ist besonders schön, wenn man den Schmortopf am Tisch vor den Augen der Gäste öffnet.

Brust von der Bressepoularde mit Steinpilzen und Kürbis-Aprikosen-Chutney im Minikürbis

ZUTATEN:

für 4 Personen

4		Brüste von der Bressepoularde
16		Trüffelscheiben (eingemacht im Glas, Feinkost-geschäft)
100	g	feines Mirepoix (Würfelchen von Zwiebeln, Karotten, Lauch, Sellerie)
400	g	kleine, schöne Steinpilze
2		Schalotten
4		Aprikosen, getrocknet
4		Minikürbis (Patisson)
4	EL	Kürbis-Aprikosen-Chutney (Rezept Seite 337)
15	cl	Geflügeljus, reduziert von braunem Geflügelfond (Rezept Seite 338)
1/2	Bd	Thymian
20	g	Butterwürfel
10	g	Butaris
		Salz und Pfeffer aus der Mühle

Zubereitung: Die Flügelknochen der Poulardenbrüste sauber putzen und unter die Haut jeder Brust vier Scheiben Périgord-Trüffel schieben.
Zum Servieren die Brüste mit Salz und Pfeffer würzen und in Butterschmalz auf der Hautseite anbraten. Mirepoix und Thymianzweige in die Pfanne geben, die Brüste umdrehen und auf dem Gemüsebett in den Ofen schieben, etwa 6-8 Minuten garen.
Vom Minikürbis jeweils einen Deckel abschneiden und die Kürbisse aushöhlen, dann in kochendem Salzwasser blanchieren und in Eiswasser abschrecken.

Die Steinpilze **putzen und abreiben, vier besonders schöne mit den Poularden im Ofen braten und die anderen in Scheiben schneiden und mit Schalottenwürfeln und Aprikosenstreifen in Butter braten. Die heiße Geflügeljus mit gehacktem Thymian aromatisieren, etwas Butter einrühren und mit Salz und Pfeffer gut würzen.**

Anrichten: **Den Minikürbis in Butter erhitzen und mit erwärmtem Kürbis-Aprikosen-Chutney füllen, diesen oben am Teller platzieren.
Die Steinpilzscheiben im Halbkreis am unteren Tellerrand anrichten, die ganzen Pilze halbieren und links und rechts neben dem Minikürbis anrichten.
Die Poulardenbrust in drei Stücke schräg aufschneiden, so dass der Trüffel zur Geltung kommt, und in die Mitte setzen.
Schließlich die Thymianjus angießen und in den Kürbis eine Thymianblüte stecken und servieren.**

Das, was wir als Pilz bezeichnen, ist der Fruchtkörper einer eigentlich verborgenen Pflanze (Mykorrhizza). Im Gegensatz zu den höheren Pflanzen besitzt sie kein Chlorophyll - ist also von der Sonne unabhängig. Die anderen Standortfaktoren sind jedoch wichtig für die Fruchtbildung. Pilze leben in Symbiose mit anderen Pflanzen oder Lebewesen. Das eine Wesen partizipert von dem anderen. Bäume vom Pilz - denn sie sind Abfallrecyclingfabriken und führen so der Pflanze Nährstoffe zu - und der Pilz vom Baum - durch sein Standortbioklima. Es ist erwiesen, das Bäume, die ohne “ihre” Pilze aufwachsen, wesentlich schlechter gedeihen. Pilze gedeihen fast nur in Symbiose mit “ihren” Bäumen. Daher sind nur wenige Pilze kultivierbar - und wenn sie kultiviert werden, ist das Geschmackserlebnis fraglich.

Die Steinpilze wachsen in Laub- und Nadelwäldern. Der Hut junger Pilze ist hellbraun und halbkugelig.
Ältere Pilze besitzen rot- bis dunkelbraune, schirmartige Hüte.
Der nussige Geschmack der Steinpilze erlaubt zahlreiche Verwendungsmöglichkeiten. Steinpilze sollte man immer sofort verarbeiten.
Getrocknete Pilze vor der Verwendung in kaltem Wasser einige Zeit einweichen.

Der Steinpilz

Vergleichen Sie einmal einen Wiesenchampignon mit einem Zuchtchampignon - dazwischen liegen Welten! Für uns Gourmets bedeutet eine gesunde Symbiose von Baum und Pilz zunächst eine gute Ernte. Für uns Menschen bedeutet diese Symbiose eine intakte Umwelt. Auch der Steinpilz ist mit seinen Standortvarietäten oder Unterarten im Geschmack von seinem Wirt und dem Ort, an dem er steht, abhängig! Wenn Sie ihn im Handel sehen, greifen Sie zu - er schmeckt immer gut - manchmal etwas besser ... Doch essen Sie nie mehr als 100 g Pilze pro Person, wegen der schweren Verdaulichkeit des Pilzeiweißes. Und als Abfallverwerter neigen die Früchte dazu, Schadstoffe aus dem Boden anzusammeln - aber das tun viele andere Pflanzen auch!

Crépinette von der Etouffé-Taube mit Trüffelsauce, grünem Spargel und Rote-Bete-Püree

ZUTATEN:

für 4 Personen

2		große Etouffé-Tauben (Bluttauben aus der Bresse)
4		Scheiben Gänsestopfleber
4	EL	Geflügelfarce (Rezept Seite 342)
24		Scheiben Périgord-Trüffel
12		große Blätter Blattspinat
100	g	Schweinenetz, gut gewässert
		Salz und Pfeffer aus der Mühle

Sauce:

2	dl	Geflügel-/Kalbsfond (Rezept Seite 338)
6	cl	roter Portwein
4	cl	Madeira
4	cl	Trüffelfond
1	TL	Trüffelwürfelchen
30	g	kalte Butterwürfelchen
		Salz und Pfeffer aus der Mühle

Gemüse:

40		Stück grüne Spargel
100	g	Rote-Bete-Püree (Rezept Seite 354)
20	g	Butter
		Salz

Zubereitung: Von den Tauben die Keulchen und Brüste sorgfältig abtrennen. Die Haut abziehen und von den Keulchen die Knochen rausschneiden. Das Fleisch und die Gänseleber würzen und leicht mit Farce bestreichen.

Blanchierte Spinatblätter (3 Sekunden) in vier Quadrate (20 x 20 cm) auf einem Küchentuch auslegen und ebenfalls dünn mit Farce bestreichen.

Jetzt nacheinander Brust, Gänseleber, zwei Trüffelscheiben und Keulchen auflegen. Dann in die Spinatblätter einschlagen, so dass nur noch das Wadenknöchelchen rausschaut.

Danach in ausgelegtes Schweinenetz straff einrollen und mindestens 1/2 Stunde kalt stellen.

Für die Sauce **Madeira, Portwein und Fond auf ca. 1 dl Flüssigkeit einköcheln**

lassen. Butterwürfelchen einrühren. Trüffelfond und -würfel zugeben und mit Salz und Pfeffer fein abrunden. Nach Wunsch kann die Sauce mit angerührter Speisestärke statt mit der Butter leicht gebunden werden.

Den Spargel zwei Drittel vom Stiel zur Spitze dünn schälen (extra Spargelschäler); die holzigen Stielenden wegschneiden. Leichtes Salzwasser mit 20 g Butter zum Kochen bringen und den Spargel zum Servieren bissfest kochen.

Die Tauben in heißem Olivenöl etwa 2 Minuten beidseitig mit wenig Farbe anbraten. Mit Thymian und Rosmarinzweig im Backofen bei 180° C 10-12 Minuten braten (dazwischen nochmals wenden). Danach etwa 3 Minuten mit Alufolie abgedeckt ruhen lassen.

Anrichten: Kurz in Butter geschwenkte Spargelspitzen schön auf heiße Teller platzieren, darüber abgetrennte Spargelstückchen geben und darauf die aufgeschnittene Taubencrépinette legen.
Heißes Rote-Bete-Püree durch eine Spritztülle platzieren. Trüffelscheiben verteilen und mit Sauce nappieren.

P.S.: **Auf dem Foto habe ich nur die größere Hälfte aufgelegt, um so besser den Anschnitt zu zeigen.**

FRISCHEN SPARGEL ERKENNEN SIE AN DEN SAFTIGEN SCHNITTSTELLEN UND AN FESTEN UND GESCHLOSSENEN KÖPFEN. UM IHN FRISCH ZU HALTEN, WICKELN SIE IHN IN EIN FEUCHTES TUCH UND BEWAHREN IHN IM GEMÜSEFACH DES KÜHLSCHRANKS AUF.

Spargel

ASPARAGUS OFFICINALIS

IM GEGENSATZ ZU WEISSEM WÄCHST GRÜNER SPARGEL 20-30 CM AUS DER ERDE HERAUS. DADURCH KANN SICH DAS CHLOROPHYLL (BLATTGRÜN) ENTWICKELN.

Brust von der Barbarie-Ente mit Lavendelsauce, Brokkoli-Blumenkohl-Terrine und Maisblini

ZUTATEN:

für 4 Personen

4		Entenbrüste (weiblich) à 160 g
2	cl	Olivenöl
1	EL	Honig (Lavendel)
1/2		geschälte Knoblauchzehe
je	10	Pfeffer- und Pimentkörner
je 1		Zweig Rosmarin und Thymian
4		Blutwurstscheiben
		Salz und Pfeffer aus der Mühle

Maisblini:

100	g	gewürfelte Kartoffeln
30	g	Mehl
5	g	Backpulver
100	g	Maiskörner (Dose)
1		Vollei
		Salz und Pfeffer aus der Mühle

Zubereitung Entenbrüste: Die Hautseite, also das Fett der Entenbrüste, zu Karos einschneiden. Die Gewürzkörner auf ein Arbeitsbrett geben und mit einer Sauteuse andrücken.

Diese mit Olivenöl, Honig, Knoblauch und gezupften Kräutern vermischen. Die Brüste damit einstreichen, in Klarsichtfolie einrollen und so 3-5 Tage im Kühlschrank ziehen lassen. Dadurch wird das Fleisch zarter und aromatischer.

Zubereitung Maisblini: **Für die Maisblini die gewürfelten Kartoffeln in leichtem Salzwasser kochen, auf ein Sieb schütten und 4 Minuten ausdampfen lassen.**

Mit einem Schneebesen verrühren, so dass noch Klümpchen spürbar sind. Mit den restlichen Zutaten vermischen und mit Salz und Pfeffer abschmecken. Bis zum Braten mindestens 1 Stunde im Kühlschrank aufbewahren.

Zum Servieren in heißer Butaris 4 EL Masse verteilen und zu goldgelben Blinis braten.

ZUTATEN:

Sauce:

1/4	l	Geflügelfond (Rezept Seite 338, statt Geflügel-Entenknochen)
2	TL	Lavendelblüten, frisch aus dem Garten (oder getrocknet aus der Apotheke)
4		Pimentkörner
5	cl	Cognac
2	cl	Madeira
8	cl	Rotwein
1	Msp	Speisestärke, aufgelöst in Rotwein

Zubereitung Sauce: Angedrückte Pimentkörner, Madeira und Rotwein auf die Hälfte reduzieren.

Geflügelfond und 1 TL Lavendelblüten dazugeben und nochmals zur Hälfte reduzieren. Mit Salz und Pfeffer würzen, passieren und nach Wunsch mit angerührter Speisestärke leicht binden.

"IL POGGIO" CHIANTI CLASSICO RISERVA DOCG Chianti Classico

Meine Weinempfehlung:

CASTELLO DI MONSANTO
Barberino Val d'Elsa, Toskana

Weit entfernt von den touristischen Zentren der Toskana investierte man hier seit Ende der 50er Jahre mit viel Engagement und Optimismus Kapital und Arbeit in Kellerei und Weinberge.
Der ehemalige Textilfabrikant Fabrizio Bianchi gab seinen Betrieb im Nordwesten Italiens an zwei seiner Kinder weiter.
Er selbst lebt seitdem für seine Weine. Das große Wagnis hat sich gelohnt; schon lange gehört das gut organisierte und modern ausgestattete Castello di Monsanto zu den Stützpfeilern der toskanischen Weingüter. Sehr hohes Ansehen genießt vor allem die Riserva "Il Poggio", ein Rotwein zu fast 100 % aus der Rebsorte Sangiovese. Er kommt erst nach einer Reifezeit von ca. 6 Jahren auf den Markt (siehe Seite 360).

Die Enten **SIND "ERST" SEIT 3000 JAHREN DOMESTIZIERT.**

HEUTE GIBT ES RUND 105 RASSEN. BARBARIE- UND MOULARD-ENTEN

ZÄHLEN ZU DEN BELIEBTESTEN FLEISCHENTEN.

WENN SIE IM HANDEL MIT DEM ZUSATZ "JUNGE" ANGEBOTEN WERDEN,

SIND SIE BEI DER SCHLACHTUNG KNAPP EIN HALBES JAHR ALT UND BESONDERS ZART.

NORMALERWEISE WIRD DIE ENTE ERST NACH DER GESCHLECHTSREIFE GESCHLACHTET.

ZUTATEN:

Gemüseterrine:

1/2		Blumenkohl
1/2		Brokkoli
10	g	Butter
ca.	10	mit Biss gekochte Karottenscheiben
1/4	l	Rahm
2	cl	Weißwein
4		Eier
		Salz und Pfeffer aus der Mühle

Zubereitung Terrine: **Blumenkohl und Brokkoli in schöne Röschen zerteilen. Die Hälfte des Blumenkohls in der Butter andünsten, mit Sahne und Wein auffüllen und bei kleiner Hitze weichkochen und auf 45° C abkühlen. Danach mit den Eiern im Mixer sehr fein pürieren. Durch ein Sieb passieren und mit Salz und Pfeffer abschmecken. Terrinenform mit Karottenscheiben auslegen. Bissfest gekochte Gemüseröschen übereinander einlegen. Mit Blumenkohlsauce bedecken, mit Karottenscheiben schließen und mit Folie abdecken. Nun im Backofen auf einem Blech mit 2 cm Wasser bei 160° C etwa 50 Minuten garen.**

Brokkoli

BROKKOLI GILT ALS VORFAHR DES BLUMENKOHLS. SCHON DIE ALTEN RÖMER SCHÄTZTEN IHN. DER LATAINISCHE URSPRUNG IST NACH WIE VOR IM NAMEN ENTHALTEN. "BROCCO" BEDEUTET SPRÖSSLING. WIE MAN IN DER MAKROAUFNAHME SIEHT, VERZEHREN WIR DIE BLÜTENKNOSPEN. ABER AUCH DIE GESCHÄLTEN STIELE SIND LECKER UND ERINNERN IM GESCHMACK AN GRÜNEN SPARGEL. IM VERGLEICH ZU ANDEREN KOHLSORTEN IST ER LEICHT VERDAULICH.

Anrichten: Die Marinade von den Entenbrüsten abstreifen, die Brüste salzen, pfeffern und in heißem Olivenöl hauptsächlich auf der Hautseite ca. 10 Minuten rosé braten. Danach 3 Minuten mit Alufolie abgedeckt warm halten.

In Scheiben geschnittene Entenbrust, Gemüseterrine und Maisblini auf heiße Teller verteilen. Panierte und gebackene Blutwurstscheiben, Lavendelblüten und Sauce zugeben und servieren.

P.S.: **Auch die Blutwurst stelle ich selber her, sie besteht hauptsächlich aus Kalbskopf, geschmorten Entenkeulen, Getreidekörnern, Kalbs- und Gänseblut.**

Das genaue Rezept möchte ich für mich behalten. Suchen Sie nach einer backfesten, schmackhaften Blutwurst bei Ihrem Metzger.

Rücken vom Salzgraslamm im Gemüsemantel mit Bohnenkrautsauce, Nadelbohnen und Paprika-Gewürzkartoffel-Roulade

ZUTATEN:

für 4 Personen

1		Lammrückenfilet, ca. 300 g
300 g		Lamm- oder Geflügelfarce (Rezept Seite 342)
1	EL	Pesto (Rezept Seite 342)
4		große Karotten, in 2 mm dicke Scheiben aufschneiden und mit Biss blanchieren
300 g		feinste Böhnchen, bissfest gekocht
100 g		Trompetenpilze (als Trockenpilze nur 30 g), gewaschen, geschleudert, klein gehackt und kurz heiß gebraten
2	dl	Lammfond (Rezept Seite 339)
6	cl	Rotwein
1	TL	fein geschnittenes Bohnenkraut
		Salz und Pfeffer aus der Mühle

Paprika-Gewürzkartoffel-Roulade:

2		rote Paprika
200 g		Kartoffeln
1	EL	fein geschnittene Kräuter: Petersilie, Basilikum, Schnittlauch, Rosmarin, Thymian
20	g	kalte Butterwürfelchen
2	EL	Olivenöl
		Salz und Pfeffer aus der Mühle

Zubereitung: 150 g Farce mit dem Pesto vermengen und auf einer Klarsichtfolie etwa 1 1/2 cm dick verteilen. Das Lammfilet einrollen und mit Alufolie straff verkleiden.

Die Roulade bei 85° C Dampf 15 Minuten garen und auskühlen lassen.

Die Karottenscheiben auf ca. 25 x 30 cm auslegen, mit 100 g Farce bestreichen und die blanchierten Bohnen geordnet auflegen. Dann die abgekühlten Trompetenpilze mit 50 g Farce vermischen und auf die Bohnen streichen. Jetzt die Roulade auflegen, einrollen und nochmals 15 Minuten bei 85° C garen. Danach etwa 10 Minuten bei 60° C warmhalten.

Für die Sauce Lammfond mit Rotwein auf die Hälfte reduzieren, mit Salz, Pfeffer und fein geschnittenem Bohnenkraut abrunden.

P.S.: Die Rouladen können

Anrichten: **Den Lammrücken in vier Scheiben schneiden. Mit den in Butter erhitzten Bohnen und der Paprikaroulade schön auf heiße Teller platzieren und mit der Sauce servieren.**

P.S.: Mit gebratener Schalotte, Knoblauchzehe und gekochten Bohnenkernen kann man dieses Gericht verfeinern.

auch mit der angegebenen Zeit bedeckt in heißem Wasserbad gegart werden.

Zubereitung Paprika-Gewürzkartoffel-Roulade:
Geschälte und geviertelte, festkochende Kartoffeln in Salzwasser gar kochen.
Das Wasser abschütten, die Kartoffeln gut ausdampfen lassen. Die Kräuter, kalte Butterwürfelchen und gutes Olivenöl zu den noch heißen Kartoffeln geben und mit Pfeffer und etwas Salz gut vermengen, aber so, dass noch kleine Kartoffelstückchen erkennbar sind.
Die ausgehöhlte Paprika in köchelndem Salzwasser mit Biss gar kochen, gut abschrecken. Die Haut abziehen und etwa 2 cm breite Ringe schneiden und diese mit Kartoffelmasse füllen. Zum Servieren auf Backpapier in einer Pfanne im Backofen bei 180° C etwa 10 Minuten erhitzen.

Das SALZGRAS Lamm

Pré Salé - oder das Salzgraslamm - stammt von Herden, die entlang der Küste weiden. Das Fleisch hat einen leicht salzigen Beigeschmack mit einem Hauch von Jod.

Meine Weinempfehlung:

BRUNELLO DI MONTALCINO
DOCG Brunello, Toskana

TENUTA VALDICAVA
di Vincenzo Abbruzzese

Montalcino - das Synonym für den sehr bekannten Brunello.
Die außerordentliche Qualität und der Erfolg dieses Weines haben in den letzten 30-40 Jahren die Weinwirtschaft Italiens und auch die Trinksitten der Italiener sehr verändert.
Der Brunello bedeutete die Initialzündung für das Umdenken von der Quantität zur Qualität.
Er wurde zu einer Weinkultur, die die Entwicklung des feinen Geschmacksvermögens und die Fähigkeit zur Qualitätsunterscheidung entscheidend gefördert hat. Vincenzo Abbruzzese produziert einen Brunello, der in Kraft, Nerv und Struktur die beste Tradition widerspiegelt.
Jedoch besitzen seine "modernen" Brunelli eine neue, deutlichere Eleganz und Harmonie mit einer frischen Fruchtigkeit (siehe Seite 360).

Rehrücken-filet mit Nuss-kruste und Holunder-beersauce

ZUTATEN:

für 4 Personen

480	g	Rehrückenfilet, sauber pariert
200	g	Mirepoix (Wurzelgemüse)
10		Wacholderbeeren
2	cl	Gin
		Butterschmalz
		Salz und Pfeffer aus der Mühle

Sauce:

1/4	l	Reh- oder Wildfond auf 1,5 dl reduziert (Rezept Seite 339)
		kalte Butterwürfel
4		Scheiben Nusskruste (Rezept Seite 354)

Rotkraut:

1		mittelgroßer Kopf Rotkohl
2		Äpfel (Delicious)
3		Gewürznelken
1		kleine Zimtstange
4		Wacholderbeeren
4		Pimentkörner
6		weiße Pfefferkörner
25	cl	trockener Rotwein
20	g	Butter
		etwas Speisestärke
		Salz, Zucker

Garnitur:

4	EL	Holunderbeeren (Rezept Seite 351)
2	EL	Sahne, geschlagen
4		Scheiben von schwarzen Nüssen (Rezept Seite 355)
4	EL	Selleriepüree (Rezept Seite 354)
		Petersilienspätzle (Rezept Seite 353)

Zubereitung: Das Rehrückenfilet in vier Portionen schneiden, salzen, pfeffern und in Butterschmalz mit etwas Mirepoix und Wacholderbeeren anbraten und im Ofen auf dem Gemüsebett etwa 6-8 Minuten zu Ende braten. Aus dem Ofen nehmen und mit etwas Gin ablöschen, dann aus der Pfanne nehmen und an einem warmen Ort 3 Minuten ruhen lassen.

Den Rotkohl **putzen, halbieren, den Strunk heraus schneiden und die Blätter in feine Julienne schneiden. Die Äpfel schälen, vierteln und entkernen. Dann in feine Scheiben schneiden. Die Gewürze in ein kleines Mulltuch binden und mit dem Kraut und den Äpfeln in einen Steinguttopf geben. Mit dem Rotwein übergießen, einen passenden Teller darauf setzen und beschweren.**

Im Kühlschrank etwa 1 Tag ruhen lassen.

Dann die geschälten Schalotten in Scheiben schneiden und in Butter andünsten, das marinierte Rotkraut mit dem Fond dazugeben und zugedeckt 20-30 Minuten weich garen.

Die Gewürze entfernen und mit etwas angerührter Stärke binden und mit Salz und Zucker abschmecken.

Anrichten: Die Rehrückenfilets mit der Nussbutter belegen und mit Oberhitze gratinieren. Die Petersilienspätzle in Butter anschwenken, würzen und auf dem Teller anrichten.

Das Selleriepüree mit einem Spritzsack auf eine schwarze Nussscheibe dressieren und einer Rotkrautnocke anlegen. Das Rehrückenfilet aufschneiden und unten auf dem Teller platzieren. Erhitzte Rehsauce mit etwas Butter montieren und angießen, die Holunderbeeren erhitzen und mit geschlagener Sahne marmorieren, damit einen schönen Faden in die Sauce ziehen.

P.S.: **Das Rotkraut habe ich mit getrockneter Holunderblüte garniert.**

Der Rotkohl

Der Schnitt durch einen frischen Rotkohl zeigt, dass die "Blätter" nur außen ihre typische rot-blaue Farbe haben. Durch die Zugabe von Säuren wie Essig, Zitronensaft oder einem gewürfelten Apfel wird die rote Farbe bei der Zubereitung verstärkt und durchdringt die gesamte Zellstruktur. Rotkohl sollte niemals in einem Aluminiumtopf gekocht werden, da die rote Farbe Anthocyan auf Aluminium reagiert und ihre Farbkraft verliert.

Fasanenbrust auf Weinkraut mit Sauce Riche, glacierten Trauben und Apfel-Semmel-Brioche

ZUTATEN:

für 4 Personen

2		junge Fasane
4		dünne Scheiben grüner fetter Speck (30 g)
250	g	mildes Sauerkraut
1/4	l	Riesling
1/4	l	Wasser
4		Scheiben Ananas (frisch oder aus der Dose)
8	cl	Ananassaft
1		Zwiebel
1		Gewürznelke
1		Lorbeerblatt
6		Wacholderbeeren
1		kleine geschälte Kartoffel
1	EL	Gänseschmalz
		Salz
20		blaue Trauben, halbiert, entkernt
		Salz und Pfeffer aus der Mühle
20	g	Butterfett
		Apfel-Semmel-Brioches (Rezept Seite 350)
2	dl	Sauce Riche (Rezept Seite 345)

Zubereitung: Das Sauerkraut zusammen mit dem Wein und dem Wasser in einen Topf geben. Die klein geschnittene Ananas mit dem Saft zufügen. Die Zwiebel abziehen, mit Nelke und Lorbeerblatt spicken und auf das Kraut legen. Die Wacholderbeeren darüberstreuen und zugedeckt 30 Minuten garen. Die Zwiebel entfernen. Die rohe Kartoffel hineinreiben und das Kraut damit binden. 5 Minuten bei milder Hitze köcheln, mit Salz und Gänseschmalz abschmecken. Die Apfel-Semmel-Brioches nach Rezept zubereiten. Die Fasane rupfen (evtl. Härchen abbrennen) und ausnehmen; diese Arbeit können Sie auch von Ihrem Geflügelhändler vornehmen lassen. Die Flügelspitzen, Hälse und Mägen dann mitnehmen für den Wildfond.

Die küchenfertigen **Fasane gut auswaschen und trockentupfen. Innen und außen mit Salz und Pfeffer würzen. Jeweils zwei Speckscheiben gut über die Brüste legen und mit Kochzwirn festbinden.**
Das Butterfett in einem Bräter erhitzen, die Vögel mit der Brustseite nach unten hineinlegen und rasch anbraten, umdrehen und in den auf 200° C vorgeheizten Backofen schieben. Etwa 18 Minuten auf dem Rücken braten. Dabei mehrmals mit dem Bratensaft begießen. Herausnehmen, in Alufolie einpacken und 5 Minuten ruhen lassen.

Anrichten: **Die Fasane auf ein Tranchierbrett legen. Mit der Gabel die Keulen abziehen und mit einem scharfen Messer die Brust direkt am Brustknochen durchschneiden und das Fleisch jeweils vom Knochen lösen. Jede Brust schräg in Scheiben schneiden. Auf vorgewärmten Tellern das Weinkraut in die Mitte häufeln, mit den Fasanenbrustscheiben umlegen und mit der erhitzten Sauce nappieren, in Butter glacierte Trauben und goldbraun gebackene Apfel-Semmel-Brioches dazulegen und servieren.**

Die Keulen können als 2. Gang serviert werden: ausgelöst, grob gewürfelt in Sauce.

SAUVIGNON "KOLAUS"

DOC Isonzo, Friaul

Pierpaolo Pecorari
San Lorenzo Isontino

Ein exzellenter Sauvignon, der in neuen 500-l-Eichenholzfässern vergoren und ausgebaut ist. In kleinen Kisten erfolgt die Lese "ausgewählter" Trauben für den Kolaus, damit das Lesegut schonend in die Kellerei gelangt. Die Traubenqualität, die Gärung und die angemessene Reifezeit in Holzfässern sind Voraussetzung dafür, dass die Weine lagerfähig sind und sich durch die Flaschenreife weiter verfeinern. Der Wein ist goldgelb und glänzt mit grünlichen Reflexen. Er duftet sauber und strukturiert nach Aromen von Sahne und Holunder; im Abgang schmeckt der Wein nach einer feinen Note von Ananas. Dieser Sauvignon unterstreicht die besonderen Leistungen des Pierpaolo Pecorari als eine der angesehensten Weinpersönlichkeiten im Friaul (siehe Seite 360).

Meine Weinempfehlung:

Geschmorte Wildhasenschulter mit Blutsauce und Maronentortellini

ZUTATEN:

für 6-8 Personen

4		Wildhasenschultern
100	g	Nudelteig (Rezept Seite 348)
100	g	Spinatnudelteig
200	g	Maronen (Esskastanien)
2	EL	Geflügelfarce (Rezept Seite 342)
		Salz und Pfeffer aus der Mühle
1	EL	gehackte Petersilie
30	g	Butterfett
500	g	Kalbs- oder Wildknochen
500	g	Röstgemüse (Zwiebeln, Lauch, Karotten, Sellerie)
1/2	l	trockener Rotwein
1		Thymianzweig
2		Gewürznelken
1		Lorbeerblatt
1		abgezogene Knoblauchzehe
12		zerdrückte schwarze Pfefferkörner
6		zerdrückte Wacholderbeeren
6	cl	frisches Blut
2	cl	roter Portwein
2	cl	Cognac

Garnitur:

100	g	Champignons, rosé
10	g	Butter
		Salz und Pfeffer aus der Mühle
8		Maronen
2	EL	geröstete Toastbrotwürfel

Zubereitung: Die beiden Nudelteige nach Rezept zubereiten. Die Maronen auf der gewölbten Seite mit einem Messer oder der Küchenschere kreuzweise einritzen, auf ein Backblech legen und in den auf 200° C vorgeheizten Backofen geben. Sie sind weich und gar, wenn die Schale weit aufgeplatzt ist. Die Maronenschalen mit einem kleinen Messer ablösen und Reste der braunen Haut mit einem trockenen Tuch abreiben. Acht besonders schöne Nüsse für die Garnitur beiseite legen. Die restlichen Maronen mit einer Gabel fein zerdrücken und mit der Geflügelfarce, Petersilie

und Salz gut vermischen. Dann die Nudelteige dünn ausrollen und mit einem Förmchen oder Glasrand (etwa 5 cm Ø) je 8 gelbe und grüne ausstechen. Die Ränder jeweils mit etwas verquirltem Eigelb bestreichen, auf die Hälfte der Teigkreise etwas von der Maronenfüllung geben und jeweils zum Halbmond umschlagen.
Die Teigränder fest eindrücken. Kühl stellen. Kurz vor dem Servieren die Tortellini in kochendem Salzwasser 3 Minuten ziehen lassen. Auf einem Tuch abtropfen.
Die Wildhasenschulter parieren und enthäuten. Mit Salz und Pfeffer von beiden Seiten würzen. Das Butterfett in einer Kasserolle erhitzen und die Schultern von jeder Seite kräftig anbraten.
Herausnehmen und in das Bratfett die klein gehackten Knochen geben. Rundherum anrösten.

Das Gemüse **putzen, klein schneiden und zufügen. Unter ständigem Rühren 12 Minuten glasig braten. Das Tomatenmark unterrühren, kurz anschwitzen lassen und mit etwas Rotwein ablöschen.**
Einkochen lassen und wieder etwas Rotwein zufügen. Diesen Vorgang mindestens dreimal wiederholen, dadurch erhält die Sauce eine schöne, kräftig braune Farbe. Die Hasenschultern wieder dazulegen, mit dem restlichen Rotwein angießen und mit so viel Wasser auffüllen, bis alles gerade bedeckt ist. Die angegebenen Gewürze zufügen und zugedeckt im Ofen bei 200° C etwa 50 Minuten schmoren. Das Fleisch vom Knochen nehmen und portionieren.
Die Sauce passieren, reduzieren, mit Blut binden und mit Salz, Pfeffer, Portwein und Cognac herzhaft würzen.

Anrichten: **Die heißen Fleischstreifen in die Mitte der vorgewärmten Teller geben und mit der Sauce nappieren. Mit Toastbrotwürfelchen und kurz gebratenen Champignonstücken garnieren. Tortellini und Maronen anlegen und servieren.**

AMARONE DELLA VALPOLICELLA

DOCG Valpolicella

Fratelli Tedeschi
Pedemonte, Venetien

Die Amarone der F'lli Tedeschi gelten als Musterbeispiele des Amarone schlechthin. Den eleganten Charakter verdanken die Weine den Böden und den klimatischen Verhältnissen des Gardasees. Die Ende September gelesenen Trauben, die einlagig in luftdurchlässigen Kisten lagern, werden einige Monate sorgfältig getrocknet. Um das Rebgut nicht zu schädigen, wird Schimmelbildung peinlich genau vermieden.
Wenn die Trauben 30-40 % ihres Gewichtes verloren haben, beginnt der Gärprozeß durch Hinzufügen eigens dafür gezogener Hefen. Ca. 100 kg "getrocknete" Trauben ergeben dann nur 30-40 l Wein. Der Amarone ist ein kräftiger Rotwein mit tiefem Bukett, welches langsam wunderbare Würzaromen freisetzt, die lang anhalten (siehe Seite 360).

Meine Weinempfehlung:

Ein Käsegericht

Die Abrundung

eines guten

Menüs bildet

der Käse.

So wie Sie

ihn kaufen

oder zubereitet.

Saint Maure überbacken mit Pistazienkruste, Gewürzbirnenspalten, Rucola und Sabayon von altem Balsamico

ZUTATEN:

für 4 Personen

1		Saint Maure, ca. 250 g
1		Scheibe Toastbrot ohne Rinde
1	EL	Pistazienkerne
1	EL	gezupfte Blattpetersilie
1	TL	Walnussöl
2	EL	Vinaigrette (Rezept Seite 346)

Gewürzbirnen:

2		kleine Birnen
4	dl	lieblicher Rotwein
6	cl	roter Portwein
150	g	Zucker
2		Nelken
2		Sternanis
1/3		Zimtstange
1	EL	Stärkemehl
je	1/2	Orangen- und Zitroneschalen
100	g	Rucola-Salat

Sabayon:

2		Eigelb
2	EL	Birnensud
2	EL	alter Balsamico

WELTWEIT WERDEN 1500 BIRNENSORTEN GEZÄHLT ...

Zubereitung Gewürzbirnen: Die Birnen schälen, das Kernhaus mit einem Ausstecher vorsichtig aushöhlen.
Alle Zutaten für den Birnensud in einer Sauteuse etwa 5 Minuten köcheln. Stärke mit 2 EL Wein auflösen und damit den Sud leicht binden. Die Birnen darin 10 Minuten abgedeckt garen und gleich im Fond kühl stellen (schon am Vortag vorbereiten).

Zum Servieren: **Toastbrot, Pistazienkerne und trockene Blattpetersilie im Mixer fein zerkleinern. Den Käse portionieren, eine Fläche mit Walnussöl bestreichen und diese auf die Panade drücken.**
Mit der Panade nach oben auf eine Platte legen und im Salamander oder Backofen nur mit Oberhitze etwa 2 Minuten leicht überbacken. Nebenbei alle Zutaten für die Sabayon in einer Rührschüssel auf heißem Wasserdampf cremig rühren.

SAINT MAURE IST EIN FRANZÖSISCHER ZIEGENKÄSE MIT WEISSEM AUSSENSCHIMMEL

Anrichten: **Teller schön mit Birnenspalten, Rucola und Sabayon auslegen. Warmen Ziegenkäse auflegen, den Rucola-Salat gut mit Vinaigrette nappieren. Zum Schluss je 1/2 TL alten Balsamico auf die Sabayon geben und servieren.**

Die Birne

... IN EUROPA SOLL ES ALLEINE ÜBER 700 VERSCHIEDENE SORTEN GEBEN. BEI DIESER VIELFALT KENNT SICH NATÜRLICH KAUM NOCH JEMAND AUS. AM BESTEN DAHER VOR DEM KAUF PROBIEREN.

ALLE BIRNEN SIND ARM AN FRUCHTSÄURE UND ZEICHNEN SICH DURCH IHREN HOHEN KALZIUMGEHALT AUS. GEKOCHT SIND SIE ÜBRIGENS LEICHTER VERDAULICH.

ER WIRD IN "ROLLENFORM" ANGEBOTEN, REIFT 2-3 WOCHEN UND HAT EIN AUSGEPRÄGTES AROMA.

Desserts

Der krönende

Abschluss eines

jeden Menüs.

Der “Urhunger”

des Menschen

nach Süßem wird

kulinarisch befriedigt.

ZUTATEN:

für 6 Personen

1/4	l	Milch
250	g	Sahne
60	g	Zucker
6		Eigelb
120	g	Nougat
120	g	bittere Schokolade (Kuvertüre)
4	cl	Amaretto
6	cl	Cognac
50	g	flüssige bittere Kuvertüre

Portweinkirschen:

250	g	Sauerkirschen (frisch/TK)
50	g	Zucker
1/4	l	Rotwein
1/4	l	roter Kirschsaft
1	TL	Speisestärke
1/8	l	roter Portwein
6	cl	Kirschwasser
1/2		Zimtstange
1		Sternanis
1		Nelke
2		Pimentkörner
1/2		Zitrone
1/2		Orange

Krapfen:

1		Biskuitboden (Rezept Seite 347)
3		Eiweiß
200	g	gehobelte Mandeln
		Frittierfett

GEWÜRZKIRSCHEN MIT GEBACKENEN PRALINENEISKRAPFEN

Zubereitung: **Die Milch mit der Sahne und dem Zucker aufkochen, mit den Eigelben zur Rose abziehen. Nougat und die Schokolade zufügen und in der heißen Masse auflösen. Mit Amaretto und Cognac aromatisieren. Die Eismasse passieren und in der Eismaschine gefrieren lassen.**
Kurz bevor das Eis fest ist, die aufgelöste Kuvertüre dazugeben, das Eis aus der Maschine nehmen und im Gefrierfach noch fester werden lassen.
Mit einem Ausstecher (etwa 8 cm) 12 kleine Biskuitböden ausstechen. Jeweils auf 6 Böden mit einem Eisportionierer eine Kugel Eis geben und mit dem zweiten Boden abdecken. Mit kühlen Händen schnell zu Kugeln formen und ins Tiefkühlfach legen.
Nach 30 Minuten nochmals nachformen, gut verschließen und mindestens 2 Stunden gefrieren lassen. Kirschsaft, Rotwein, Portwein, Zucker, gewürfelte Zitrusfrüchte und die Gewürze auf die Hälfte einköcheln, passieren und mit angerührter Stärke dickflüssig binden. Die entsteinten Kirschen etwa 2 Minuten darin köcheln und leicht warm halten.
Vor dem Anrichten mit dem Kirschwasser aromatisieren. Die Eiweiße zerschlagen, die eisgekühlten Krapfen darin wenden und mit den Mandeln dick panieren. Fest andrücken und wieder einfrieren. Das Frittierfett auf 180° C erhitzen, die Krapfen hineingeben und etwa 3 Minuten Farbe nehmen lassen, heraus nehmen und auf Küchenkrepp abtropfen lassen.

Anrichten:
Kirschkompott auf 6 tiefe Teller verteilen und Krapfen auflegen.

P.S.: **Verfeinern können Sie dieses Gericht mit Vanillesauce oder angeschlagener Sahne mit Zucker und etwas Kirschwasser abgeschmeckt und als Faden über die Kirschen nappiert.**

Mein Früchte-Beeren-Müsli

ZUTATEN:

für 4 Personen

6	EL	Vollkorn-Früchte-müsli-Mischung
1	dl	Milch
1		Joghurt
1		Banane
2		Äpfel
150	g	Erdbeeren
100	g	Himbeeren (kann auch TK sein)
1		reife Birne
1		Pfirsich
		Früchte und Beeren der Saison: (rote Johannisbeeren, kernlose Trauben, Heidelbeeren, Brombeeren, Honigmelone, Orangenfilets)
		Saft von 1 Zitrone
1	EL	Zucker
1	EL	Honig

Garnitur:

gemahlene Mandeln oder Haselnüsse

Die Himbeere

Familie der Rosengewächse

Die zarten Himbeeren, aus der Familie der Rosengewächse, stammen aus Eurasien und wachsen heute in gemäßigten Klimazonen. Man nennt sie auch Harnbeere, Honigbeere oder Himpelbeere. Die kegelförmigen, manchmal auch runden Früchte schmecken süß bis süß-säuerlich und haben ein ausgeprägtes Aroma. Ihre Erntezeit reicht von Ende Juni bis in den September hinein.

Zubereitung: Die Vollkornmischung gerade mit Milch bedecken und 1/2 Tag abgedeckt an einem kühlen Ort ruhen lassen. Dadurch sind die Weizen-Roggenvollkornflocken besser verdaulich, aufgequollen und binden das Müsli sehr sahnig. Zu den Flocken geben wir nacheinander Joghurt, Honig, zerdrückte Banane, mittelfein geriebene Äpfel, fein geschnittene Birne, Pfirsich, geviertelte Erdbeeren, die Himbeeren oder andere Früchte und Beeren.

Zum Schluss **den Zitronensaft und 1 EL Zucker dazugeben und alles vorsichtig gut vermischen. In vier Glas- oder Porzellanschalen verteilen, darüber Nussgries streuen und nach Wunsch mit frischen Beeren garnieren. Dieses köstliche Müslirezept stammt von meiner Großmutter. Es erfreut sich bei meiner Familie und im Freundeskreis zum Frühstück oder Mittagsbrunch größter Beliebtheit.**

Gelierte Holunder-suppe mit Himbeer-parfait

Für 6 Personen

Himbeerparfait

ZUTATEN:

500	g	Himbeeren
200	g	Zucker
1		Vanilleschote
5		Eigelb
200	g	Butter
8	cl	Himbeergeist
1		Prise Salz

Zubereitung: Himbeeren, Zucker und die aufgeschlitzte Vanilleschote vermengen und etwa 4 Stunden in den Kühlschrank geben, so dass der Zucker den Saft der Himbeeren ziehen kann. Einmal aufkochen und danach etwa 5 Minuten auf kleiner Flamme köcheln lassen.
Die Himbeeren durch ein feines Tuch abpassieren ohne sie zu mixen - einfach nur leicht ausdrücken.
Von dem nun gewonnenen Himbeersaft 0,4 l abmessen und erneut aufkochen.

In der Zwischenzeit **die Eigelbe, die Butter, den Himbeergeist und das Salz in einen Topf geben und darin den Stabmixer bereitstellen. Wenn der Himbeersaft kocht, über die restlichen Zutaten im Topf gießen und mit dem Mixer kräftig für etwa 5 Minuten mixen.**
Das Parfait nun für 24 Stunden in den Kühlschrank stellen. Dann einfach wie normale Schlagsahne steif schlagen und in Förmchen abfüllen und frieren.

Holundersaft

ZUTATEN:

1	kg	frische Holunderblüten
2	l	Wasser
2	l	Weißwein
100	g	Zitronensäure (oder 1 EL Vitamin C)
7		Zitronen
3	kg	Zucker

Zubereitung: Blüten, Wasser, Weißwein, Zitronensäure und gewaschene, halbierte Zitronen vermengen und zugedeckt für 48 Stunden in den Kühlschrank stellen. Danach durch ein Tuch passieren und den Fond aufkochen. Zucker beigeben, nochmals aufkochen lassen und heiß in Flaschen abfüllen.

Gelierte Holundersuppe

ZUTATEN:

1	l	Holundersaft
25	ml	Moscato
1	dl	Sekt
6		Blatt Gelatine
5	cl	Wodka

Zubereitung: **Holundersaft, Moscato und Sekt vermengen, ohne dabei viel umzurühren. Gelatine einweichen, ausdrücken, mit dem Wodka gut warm auflösen und unter den Holundersekt mischen - mindestens 5 Stunden im Kühlschrank lassen.**

IM FRÜHEN ENGLAND GALT DAS ABHACKEN VON HOLUNDERZWEIGEN ALS GEFÄHRLICH, DENN DER BAUM WAR VON EINEM HOLUNDERGEIST BEWOHNT, DEN MAN VORHER ZUMINDEST DURCH VERSE BESÄNFTIGEN MUSSTE.

Anrichten: Gelierte Holundersuppe in kalte tiefe Teller verteilen, Himbeerparfait platzieren, mit Himbeersauce nappieren und rundum mit Himbeeren garnieren. Nach Wunsch mit gezogenem Karamelfaden und Holunderblüten servieren.

Sambucus nigra

DER SCHWARZE HOLUNDER

DER IN EUROPA HEIMISCHE SCHWARZE HOLUNDER WÄCHST IN WÄLDERN, IN HECKEN UND AUF BRACHLAND. HEUTE KOMMT ER FAST ÜBERALL IN GEMÄSSIGTEN BREITEN VOR UND WIRD AUCH KULTIVIERT. DIE BLÜTEN WERDEN IM SPÄTEN FRÜHJAHR UND DIE VITAMIN-C-REICHEN BEEREN IM FRÜHHERBST GEERNTET. SCHWARZER HOLUNDER IST AUCH EIN WERTVOLLES HEILMITTEL GEGEN ERKÄLTUNGEN.

Gâteau von Moscato d'Asti

mit Rohrzucker-kruste,

marinierten Erdbeeren

und altem Balsamico

ZUTATEN:

für 6 Personen

200 g		Mürbteig (Rezept Seite 347)

Zubereitung: Den Mürbteig auf einer bemehlten Arbeitsfläche ausrollen, eine Tortenform (Ø 18 cm) damit auskleiden und einen 3-4 cm hohen Rand formen.

Diese Form jetzt mit Alufolie auslegen und mit Linsen oder Trockenbohnen füllen. Bei 180° C hell anbacken.

Alufolie und Linsen entfernen und den Boden dünn mit passierter Aprikosenmarmelade ausstreichen.

1/4	l	Moscato
3		Eier
1		Eigelb
60	g	Zucker
20	g	Crème fraîche
1/2		Zitrone

Alles verrühren **und unter ständigem Rühren auf etwa 50° C erwärmen. Durch ein Haarsieb passieren und in die Mürbteigform füllen. Bei 120° C etwa 35 Minuten im Ofen backen. Die Tarte erstarren lassen und in 6-8 Stücke teilen.**

Kurz vor dem Servieren dünn mit Rohrzucker bestreuen und mit einem Gasbrenner goldbraun abflämmen.

Erdbeersalat:

500 g Erdbeeren

500 g Erdbeeren in Scheiben schneiden und mit Zucker und geschnittenem Basilikum fein abschmecken.

Erdbeerblüten

Erdbeerblüten und frische Blätter eignen sich sehr gut als Dekoration für dieses Dessert. Zu den weltweit etwa 1000 Züchtungen kommen ständig neue dazu - von sehr früh bis sehr spät reifende Sorten.
Ein Garten kann heute mit Ausnahme der Wintermonate immer frische Früchte und Blüten liefern.
Die abgebildete rote Erdbeerblüte wurde im November im Freiland gepflückt.

ZUTATEN:

Weißes Moccaeis:

1/4	l	Milch
1/4	l	Rahm
4	EL	Kaffebohnen
100	g	Zucker
1		Vanillestange (Mark)
6		Eigelb

Zubereitung: Rahm und Milch mit 60 g Zucker und dem ausgeschabten Vanillemark aufkochen. Die Kaffeebohnen zugeben und abgedeckt etwa 30 Minuten ziehen lassen. Danach passieren und nochmals aufkochen.
Die Eigelbe mit dem Rest Zucker auf heißem Wasserdampf schaumig rühren. Vom Dampf nehmen und zügig die heiße Flüssigkeit hineinrühren.
Die Masse abkühlen lassen, in die Eismaschine passieren und gefrieren.

Anrichten: **Gâteau und Erdbeeren schön auf Teller platzieren, das Eis auflegen und zum Schluss die Erdbeeren mit Balsamico nappieren.**
Nach Wunsch mit aufgeschäumtem Joghurt (2 EL Joghurt, 2 EL Milch und 1 TL Vanillezucker) servieren.

Mille-feuille von Portweinfeigen und Safranmousse mit Portwein-Banyuls-Eis

Für 4-6 Personen

Safranmousse

ZUTATEN:

1/4 l		Milch
70	g	Zucker
2		Eigelb
1	Msp	Safranpulver
4		Blatt Gelatine
250	g	Sahne

Zubereitung: Milch, Safranpulver und die Hälfte des Zuckers aufkochen. Den restlichen Zucker und die Eigelbe cremig rühren, die kochende Milch in die Dotter einrühren und die Masse über Wasserdampf andicken. Eigeweichte Gelatine darin auflösen und durch ein feines Haarsieb passieren. Auf Eis abkühlen und die steif geschlagene Sahne unterheben.

Portweinfeigen

ZUTATEN:

1	kg	frische, nicht zu feste Feigen
100	g	Honig
3		Zweige Rosmarin
90	ml	Balsamicoessig
190	ml	Portwein
3/4	l	Banyuls
etwas		Mondamin

Zubereitung: **Feigen schälen, halbieren und zur Seite legen. Honig und Rosmarinzweige in einem Topf kurz kochen lassen, mit Balsamicoessig ablöschen und sirupartig einkochen. Portwein beifügen und zur Hälfte reduzieren. Banyuls beifügen und etwa 5 Minuten weiterkochen und mit Mondamin etwas binden. Nun die halbierten Feigen einlegen und in dem Fond leicht pochieren, mit dem Fond kalt stellen.**

Balsamicosabayon

ZUTATEN:

3		Eigelb
30	g	Zucker
50	ml	Sekt oder Weißwein
30	ml	Balsamicoessig

Zubereitung: Alle Zutaten über Wasserdampf luftig schaumig schlagen.

Portwein-Banyuls-Eis

ZUTATEN:

3	dl	Portwein
125	g	Zucker
3	dl	Banyuls
4		Eigelb
180	g	Butter

Zubereitung: Portwein auf die Hälfte reduzieren lassen und mit Zucker und Banyuls aufkochen. Eigelbe und gewürfelte Butter in einen Mixbecher geben und die 80° C heiße Wein-Zucker-Masse etwa 5 Minuten damit gut mixen. Danach gleich in der Eismaschine frieren und im Tiefkühlfach etwa 2 Stunden durchkühlen lassen.

Karamelisierte Filloblätter

ZUTATEN:

Filloteigblätter

flüssige Butter

Staubzucker

Zubereitung: Filloteigblätter mit flüssiger Butter bestreichen und dick mit Puderzucker bestäuben. In gleichseitige Dreiecke schneiden und auf ein Backblech legen. Im Backofen bei 200° C auf Sicht so lange backen, bis der Zucker karamelisiert ist. Nun die Safranmousse in einen Dressier-Sack mit Sterntülle füllen und die abgekühlten Teigblätter damit füllen. Pro Dessert ein Teigblatt übrig lassen, um die Mille-feuille abzudecken.

Anrichten: Die Portweinfeigen abtropfen lassen, mit einem Küchentuch etwas trockentupfen und auf der Safranmousse verteilen. Die restlichen Feigen rund um die Mille-feuille auf den Tellern verteilen und etwas von dem Feigenfond darüber nappieren. Mit Eis und Sabayon fertigstellen und servieren.

Ficus carica

DIE FEIGE

DIE URSPRÜNGLICH AUS SYRIEN STAMMENDE FEIGE SCHEINT SCHON LANGE BEI DEN MENSCHEN BELIEBT ZU SEIN. BEREITS IM PARADIES BEDECKTEN ADAM UND EVA MIT DEN GROSSEN BLÄTTERN DES CA. 4 M HOHEN BAUMES IHRE BLÖSSE.

DIE FEIGENFRUCHT ENTHÄLT CA. 50 % FRUCHTZUCKER (HAUPTSÄCHLICH GLUKOSE), DAZU ENZYME UND VITAMINE. DIE FRÜCHTE WERDEN IM SOMMER GEERNTET UND SIND BIS IN DEN HERBST HINEIN FRISCH IM HANDEL ERHÄLTLICH.

Schwarzwälder Kirschtorte mit Amarenaeis

Für 4-6 Personen

Sacher Biskuit

ZUTATEN:

75	g	Butter
50	g	Puderzucker
3		Eigelb
50	g	dunkle Schokolade
3		Eiweiß
60	g	Zucker
65	g	Mehl
10	g	Kakaopulver

Zubereitung: Den Ofen auf 175° C vorheizen.

Butter und Puderzucker schaumig rühren und die Eigelbe nach und nach beigeben. Die geschmolzene Schokolade unter die Buttermasse rühren. Dabei jedoch darauf achten, dass die Schokolade nicht zu warm ist. Denn sonst schmilzt die Butter, und der Tortenboden wird nicht mehr so luftig!

Das Eiweiß aufschlagen und den Zucker langsam einrühren. Kurz noch einmal auf höchster Stufe schlagen und nun den Eischnee mit dem zuvor gesiebten Mehl und Kakaopulver unter die Schokoladenmasse heben.

Ein Backblech mit Backpapier versehen und die Masse gleichmäßig darauf verstreichen.

Für etwa 20 Minuten backen. Wenn der Biskuit fertig gebacken ist, auf einem Gitter abkühlen lassen, dann erst das Backpapier abziehen, und Scheiben mit 6 cm Ø ausstechen.

Eingemachte Kirschen

ZUTATEN:

50	g	Zucker
125	ml	Rotwein
50	ml	Beaujolais
50	ml	Portwein
50	ml	Grenadinesirup
50	ml	Kirschwasser
25	g	Cassispüree
1	EL	Honig
		Kirschkerne
		etwas Mondamin
300 g		entsteinte Kirschen

Zubereitung: Zucker karamelisieren, mit Rotwein ablöschen und auf etwa 1/8 l einkochen lassen.

Beaujolais, Portwein, Grenadinesirup, Kirschwasser, Cassispüree, Honig und die Kirschkerne, die zuvor aufgeschlagen wurden, beigeben und etwa 5 Minuten kochen lassen. Mit Mondamin binden, durch ein Haarsieb passieren und erneut aufkochen.

Die entsteinten Kirschen einlegen, vom Feuer nehmen und auf Eis abkühlen.

Sahne-Creme

ZUTATEN:

200	g	Sahne
20	g	Zucker
2	cl	Kirschwasser
1		Blatt Gelatine

Zubereitung: **Sahne mit Zucker steif schlagen. Kalt eingeweichte, ausgedrückte und in Kirschwasser lauwarm aufgelöste Gelatine zügig unter die Sahne rühren. Vier Tortenringe (6 cm Ø) mit je einer Biskuitscheibe versehen. Nun mittels Dressiersack und glatter Tülle auf die Biskuitscheiben in die Mitte einen Sahnepunkt und einen Rand aufdressieren.**

Den Zwischenraum mit den abgekühlten eingemachten Kirschen auffüllen und mit Biskuit abdecken.

Den Vorgang ein zweites Mal wiederholen, mit Sahne überziehen und die Torten nun für etwa 1 Stunde kalt stellen.

Die Tortenringe entfernen und auf zugeschnittenen Kunststoffstreifen temperierte Schokolade spritzen, um die Törtchen legen und kalt stellen. Zum Servieren einfach den Kunststoff abziehen, das Muster haftet an der Sahne. Die Oberseite mit Schokospänen versehen, kleine Sahnerosetten aufdressieren, mit Kirschspalten verzieren und kalt stellen.

TIEFKÜHLWARE

MAG SEIN - SIE WOLLEN DIESES GERICHT ODER EIN ANDERES ZU EINER ZEIT ZUBEREITEN, IN DER ES KEINE FRISCHEN KIRSCHEN GIBT.

GREIFEN SIE RUHIG AUF TIEFKÜHLWARE ZURÜCK - DAS HAT DANN ZWAR KEIN DREI-STERNE-NIVEAU, IST ABER FÜR DEN PRIVATEN GEBRAUCH SEHR AKZEPTABEL.

MODERNE TIEFKÜHLVERFAHREN LIEFERN GUTE QUALITÄT. ACHTEN SIE ABER BEIM KAUF DARAUF, DASS DIE PACKUNG KEINE SAFTFLECKEN ODER BRAUNE STELLEN AUFZEIGT. DAS IST EIN ZEICHEN DAFÜR, DASS DIE KÜHLKETTE UNTERBROCHEN WURDE.

KAUFEN SIE DIESE WAREN NICHT! DAS, WAS MAN ALLGEMEIN ALS GEFRIERBRAND BEZEICHNET, SIND KEINE VERDORBENEN, SONDERN AUSGETROCKNETE STELLEN. SCHNEIDEN SIE DIESE ALSO EINFACH WEG.

Amarenaeis

ZUTATEN:

5		Eigelb
110	g	Zucker
1/4	l	Milch
250	g	Sahne
70	g	Amarenakirschen-sirup
125	g	abgetropfte Amarenakirschen

Zubereitung: Eigelbe mit 60 g Zucker schaumig rühren. Restlichen Zucker mit Milch und Sahne aufkochen und mit der Eigelbmasse verrühren.
Diese Masse nun über Wasserdampf zur Rose abziehen und durch ein feines Haarsieb passieren. Den Sirup einrühren und das Eis in der Eismaschine frieren.
Kurz vor Ende der Gefrierzeit die abgetropften Amarenakirschen beigeben.

Schokoladensauce

ZUTATEN:

200	g	dunkle Kuvertüre
150	ml	Milch
2	EL	Crème fraîche
30	g	Zucker
30	g	Butter

Zubereitung: Schokolade in kleine Stücke zerschneiden - am besten geht das mit einem Brotmesser. Milch, Crème fraîche und Zucker in einem Topf aufkochen und die Schokoladestücke einrühren, bis die Schokolade völlig aufgelöst ist. Nun den Topf wieder auf den Herd stellen, die Sauce kurz aufkochen lassen und vom Feuer nehmen. Die gewürfelte kalte Butter nun nach und nach unterrühren, bis die Sauce homogen und seidig ist - dann kalt stellen.

Vanillesauce

ZUTATEN:

3		Eigelb
25	g	Zucker
125	ml	Milch
125	g	Sahne
1		Vanilleschote

Zubereitung: Eigelbe und Zucker in einer Schüssel cremig rühren. Die Milch mit der Sahne und der Vanilleschote aufkochen und mit der Eigelbmasse in der Schüssel verrühren. Nun die Masse wieder in den Topf zurückgießen und zur Rose abziehen - die Sauce darf nicht mehr aufkochen!
Jetzt durch ein feines Haarsieb passieren und die Sauce kalt stellen.

Kirschsauce

ZUTATEN:

600	g	frische Kirschen
150	g	Zucker
100	ml	Banyuls
30	ml	roter Portwein
		Saft von 1 Zitrone
1		Zimtstange
4	cl	Kirschwasser

Vanille

Zubereitung: Kirschen waschen und entsteinen. Danach mit dem Zucker mischen und etwa 1 Stunde im Kühlschrank Saft ziehen lassen.
Dann aufkochen und die restlichen Zutaten außer dem Kirschwasser beigeben und die Kirschen weich kochen. Die Zimtstange entfernen, die Kirschen pürieren und passieren. In die erkaltete Sauce das Kirschwasser einrühren.

VANILLESCHOTEN SIND DIE TROCKENEN FRÜCHTE EINER KLETTERORCHIDEE. ERST IM VIERTEN LEBENSJAHR ENTWICKELN SICH IHRE “SCHOTEN”. URSPRÜNGLICH STAMMT DIESE PFLANZE AUS MEXIKO, WIRD ABER HEUTE HAUPTSÄCHLICH AUF MADAGASKAR KULTIVIERT. DIE SCHOTEN WERDEN GRÜN GEERNTET UND DANN FERMENTIERT. DADURCH ENTWICKELN SIE IHRE BRAUN-SCHWARZE FARBE UND IHR AROMA.

Anrichten: **Kirsch-, Schokoladen- und Vanillesauce dünn auf kalte Teller verteilen. Mit einem Holzstab Muster ziehen und die Torte auf die Mitte platzieren. Kirschen und Eisnocken anlegen und mit Schokoladenstreuseln servieren.**

Apfel-Dessert mit Calvados-Sabayon

Für 4-6 Personen

Apfelterrine mit Mandelkruste

ZUTATEN:

4 Äpfel (Granny Smith)

1 EL Zucker

Zubereitung: Äpfel schälen und in etwa 1 mm dünne Scheiben schneiden. Mit einem runden Ausstecher gleich große Scheiben ausstechen.

Nun eine Apfelscheibe in eine runde Form legen und mit etwas Zucker bestreuen; so lange wiederholen, bis vier gleiche Türmchen entstanden sind.

Die Förmchen dann im Ofen bei etwa 160 ° C für 20 Minuten backen und kalt stellen.

Grenadine-Apfelkrone

ZUTATEN:

2 Äpfel (Granny Smith)

150 ml Grenadine

50 ml Calvados

100 ml Weißwein

Zubereitung: Äpfel halbieren und jeweils ein Loch in der Größe der Terrinentürmchen ausstechen. Mit einem um einen Zentimeter größeren Ausstecher die Hälften wiederum ausstechen, so dass vier gleichgroße Ringe entstehen.

In diese mit einem Messer Zacken einschneiden.

Nun Grenadine, Calvados und Weißwein aufkochen, die vier Kronen einlegen und nicht weiterkochen, sondern kalt stellen.

Dann die gefärbten, pochierten Kronen aus dem Sirup nehmen, abtropfen lassen und in jede Krone ein gekühltes Türmchen stellen.

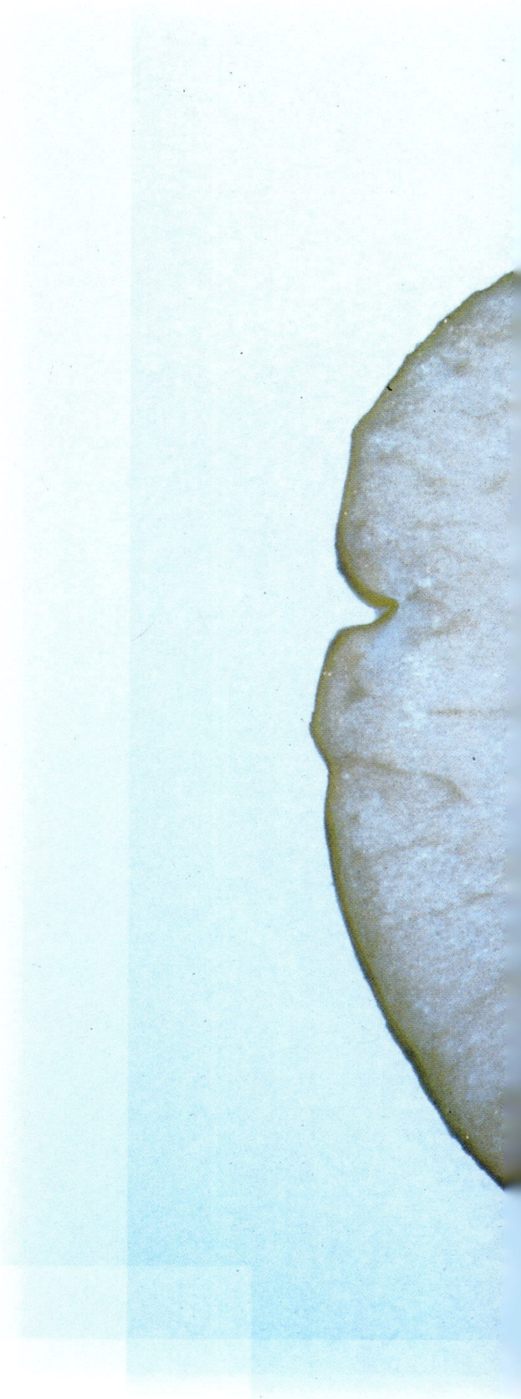

Apfelchips

ZUTATEN:

1 schöner grüner Apfel

70 g Zucker

70 ml Wasser

Saft von 1 Zitrone

Apfelchips

Zubereitung: **Wasser, Zucker und Zitronensaft aufkochen und abkühlen lassen. Die Äpfel mit der Aufschnittmaschine in hauchdünne Scheiben schneiden, in den Sirup einlegen und kurz ziehen lassen. Nun die Apfelscheiben aus dem Sirup nehmen und auf eine Silikon-Backmatte auflegen. Bei 80° C im Rohr mehr trocknen als backen.**

P.S.: **Die Chips können von Ananas und Birnen genauso hergestellt werden.**

Mandelkruste

ZUTATEN:

50	g	Butter
100	g	geröstete, gehackte Mandeln
40	g	Staubzucker
35	g	Amaretto

Zubereitung: Alle Zutaten zu einer Paste verkneten und kalt stellen. Vor dem Anrichten vier Scheiben in Größe der Türmchen ausstechen, Türmchen damit belegen und unter dem Salamander überbacken.

Calvados-Sabayon

ZUTATEN:

3		Eigelb
50	ml	Sekt oder Weißwein
35	g	Zucker
2	cl	Calvados

Zubereitung: Alle Zutaten über Wasserdampf luftig und schaumig aufschlagen.

Apfelsorbet

ZUTATEN:

800	g	Äpfel, entkernt, geschält
150	g	Zucker
		Saft von 1 Zitrone
1		Zimtstange
150	g	Invertzucker
50	ml	Moscato

Zubereitung: Äpfel grob schneiden, mit Zucker, Zitronensaft und der Zimtstange zugedeckt weichdünsten. Mit dem Mixstab fein pürieren und durch ein Haarsieb passieren.

In den nun gewonnenen Apfelcoulis die restlichen Zutaten einrühren und das Sorbet in der Eismaschine fertigstellen.

Apfelstrudel

ZUTATEN:

2		Äpfel
50	g	Zucker
70	g	Brösel
1		Prise Zimt
1	EL	Rumrosinen
		Rum
		Zitronensaft
20	g	Vanillezucker

Gezogener Strudelteig:

100	g	Mehl
10	g	Öl
1	g	Salz
ca. 60	ml	Wasser

Zum Füllen:

100	g	flüssige Butter, nicht heiß!
40	g	Butter
70	g	Brösel

Zubereitung: Geschälte Äpfel vierteln, das Kernhaus rausschneiden und in Scheiben schneiden. Mit den restlichen Zutaten vermengen und gut mischen. Für den Strudelteig Mehl, Öl, Salz und die Hälfte des lauwarmen Wassers in den Kessel der Rührmaschine geben und zu einem glatten, nicht zu festen Teig verarbeiten. Restliches Wasser nach Gefühl beigeben. Der Teig darf nicht zu weich werden. Etwa 20 Minuten auf kleiner Stufe kneten lassen.

Anschließend mit dem Nudelholz etwas ausrollen und danach den Teig mit den Handrücken so lange ziehen, bis er so dünn ist, dass man durch ihn hindurch etwas lesen könnte. Den Teig nun mit flüssiger warmer Butter bestreichen und zwei Drittel seiner Fläche mit gerösteten Bröseln bestreuen.

Die Apfelfüllung darauf verteilen, einrollen und auf ein Blech geben, mit Butter bestreichen und bei 210° C etwa 20 Minuten backen.

Anrichten:

Apfeltürmchen, portionierten Strudel und Sabayon auf Teller platzieren und mit Sorbet, Chips und Zitronenmelisse servieren.

ÜBER DEN SINN UND UNSINN DER EG-NORMEN ...

DIE HIER ABGEBILDETEN FRÜCHTE AUS EINEM BAUERNGARTEN WÜRDEN NACH NORM DER HANDELSKLASSE III ZUGEORDNET. SIE SIND ALSO SCHEINBAR MINDERWERTIG. DAS PROBLEM BEI DER NORMUNG IST JEDOCH, DASS SIE NUR NACH GRÖSSE UND OPTIK UNTERSCHEIDET UND DEN GESCHMACK UNBERÜCKSICHTIGT LÄSST. KÖNNTEN SIE DIESE ÄPFEL PROBIEREN, BEKÄMEN SIE SICHER VON IHNEN DAS PRÄDIKAT SUPER EXTRA-KLASSE. VERTRAUEN SIE BEIM KAUF ALSO LIEBER IHREM GESCHMACK ALS DER WARENAUSZEICHNUNG. ES ZAHLT SICH AUS.

Die gesetzlich vorgeschriebenen Handelsklassen betreffen folgende Obstsorten: Äpfel, Birnen, Aprikosen, Kirschen, Pfirsiche, Zwetschgen, Pflaumen, Renekloden, Mirabellen, Erdbeeren und Tafeltrauben.

Daneben gibt es freiwillige Handelsklassen für Himbeeren, Brombeeren, Heidelbeeren, Preiselbeeren, Johannisbeeren und Stachelbeeren.

Grundsätzlich gilt:

Ist Obst nach einer Handelsklasse gekennzeichnet, so muss es den gültigen Normen voll entsprechen. Die Einteilung erfolgt nach vier Klassen:

Klasse "Extra" bezeichnet Obst von Spitzenqualität, eine echte Auslese, frei von Schmutz und Rückständen. Die Früchte sind fehlerlos - auch in der Färbung. Ein unverletzter Stiel ist vorgeschrieben.

Klasse I lässt leichte Schalenfehler zu. Die Früchte dürfen etwas kleiner, der Stiel leicht beschädigt sein. Jedoch verlangt die Norm vollkommen gesundes Fruchtfleisch.

Klasse II fordert eine marktfähige Qualität, bei der die Fruchtgrößen festgelegt sind. Fehler in Form und Färbung sind zulässig. Allerdings darf der Handelswert nur geringfügig gemindert sein.

Klasse III lässt auch kleinere Früchte zu - jedoch nur, wenn sie sonst den Bedingungen der Klasse II genügen.

Charlotte von Aprikosen mit Pistazieneis

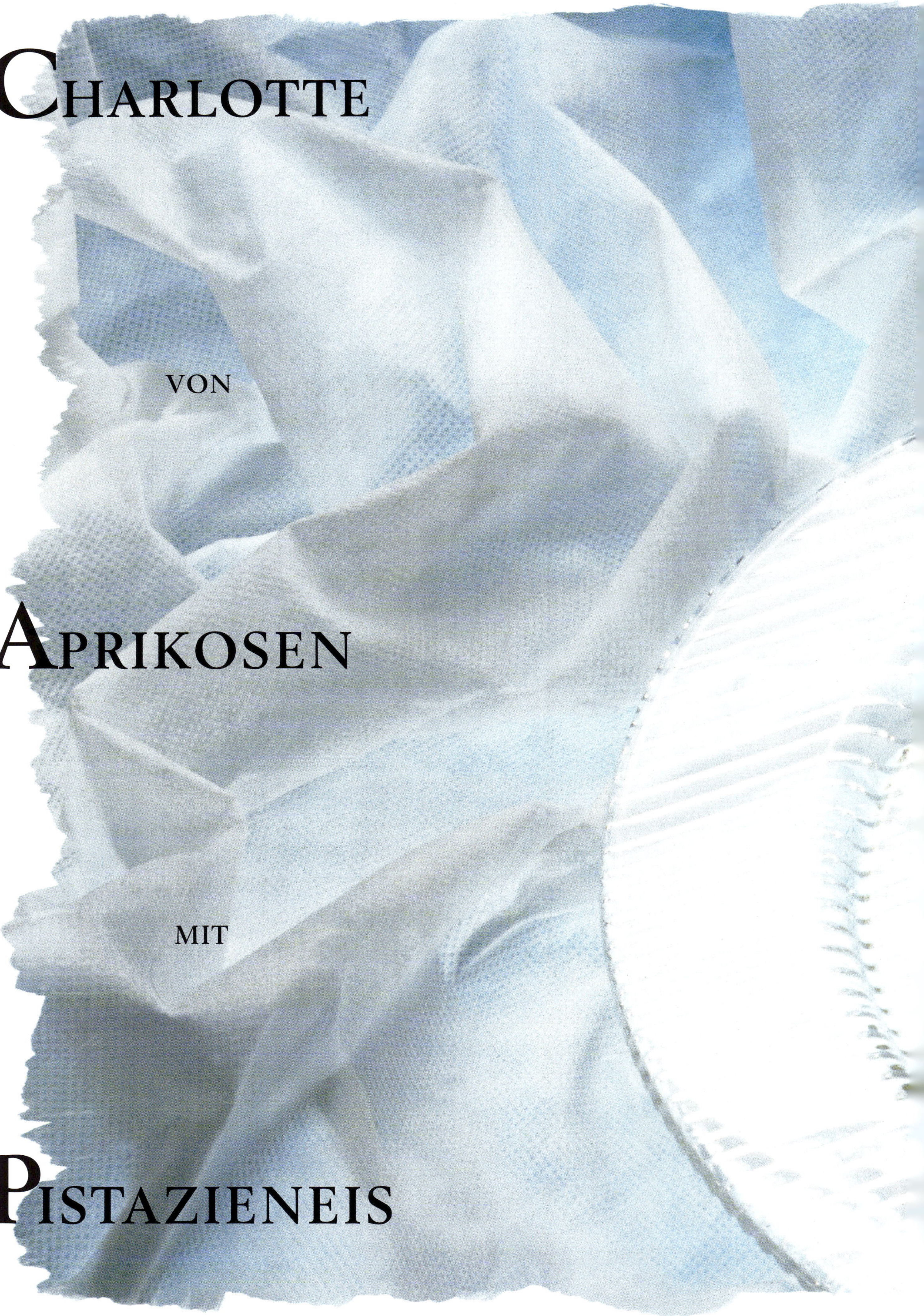

Für 4-6 Personen

Aprikosen-Einlage

ZUTATEN:

8		Aprikosen

Zubereitung: Wasser mit etwas Zucker aufkochen und die zuvor an der Schale eingeritzten Aprikosen etwa für 10 Sekunden darin blanchieren. Sofort in Eiswasser abschrecken und die Schale abziehen.
Danach die Aprikosen halbieren, entkernen und zur Seite legen.
4 Aprikosen in Spalten schneiden, mit passiertem Coulis marinieren und als Garnitur kühl stellen.

Aprikosenmousse

ZUTATEN:

3		Blatt Gelatine
1	cl	Apricot Brandy
225	g	Aprikosencoulis
110	g	Sahne
2		Eiweiß
40	g	Zucker
20	g	Pistazienpaste

Zubereitung: Eingeweichte Gelatine in einem Schneekessel über Wasserdampf schmelzen. Brandy einrühren, mit Aprikosencoulis vermengen und auf Eis kalt rühren.

In der Zwischenzeit die Sahne steif schlagen und unter die Aprikosenmasse heben. Eiweiß anschlagen und mit Zucker zu festem Schnee schlagen.
Ebenfalls unter die Aprikosenmasse heben. Etwa 5 EL von der fertigen Mousse abnehmen und mit der Pistazienpaste vermengen. Die zuvor geschälten Aprikosenhälften mit der Pistazienmousse füllen. Mit der Aprikosenmousse Halbkugelformen (7,5 cm Ø) zur Hälfte füllen. Die gefüllten Aprikosenhälften mit der gefüllten Seite nach oben einsetzen und die Formen mit der verbleibenden Aprikosenmousse auffüllen und tiefkühlen.

Aprikosencoulis

ZUTATEN:

750	g	Aprikosen
150	g	Zucker
6	cl	Apricot Brandy
1		Spritzer Zitronensaft

Zubereitung: Aprikosen waschen und Kerne entfernen. Sämtliche Zutaten in einer Kasserolle zum Kochen bringen und etwa 10 Minuten zugedeckt langsam köcheln lassen. Mit dem Mixer fein pürieren, durch ein feines Haarsieb passieren und kalt stellen.

Die Aprikose

DIE WUNDERVOLLE ORANGEROTE FARBE ERHÄLT DIE APRIKOSE DURCH IHREN HOHEN KAROTINANTEIL. CA. 1,8 MG JE 100 G FRUCHTFLEISCH. IM HANDEL ERHALTEN SIE MEIST DIE SORTEN “AMBROSIA” AUS ITALIEN ODER “NANCY” AUS FRANKREICH. BEIDE KÖNNEN SIE DURCHAUS VERWENDEN. BEURTEILEN SIE AUF JEDEN FALL NACH DEM DUFT UND ACHTEN SIE DARAUF, DASS DIE TYPISCHE FESTE SUBSTANZ DER FRUCHT NOCH ERHALTEN IST.

Mandelschaum

ZUTATEN:

1/8	l	Milch
125	g	Sahne
50	g	Zucker
3		Eigelb
50	ml	Amaretto

Zubereitung: Milch, Sahne und die Hälfte des Zuckers aufkochen. Die Eigelbe mit dem restlichen Zucker leicht cremig rühren. Nun einen Teil der kochenden Flüssigkeit in die Eigelbmasse rühren und diese wieder zurück zur restlichen Milch geben. Unter ständigem Rühren die Sauce andicken, aber dabei NICHT aufkochen lassen. Durch ein Haarsieb passieren und auf Eis abkühlen. Zum Schluss den Amaretto einrühren. Beim Anrichten des Desserts die Sauce mit dem Stabmixer kurz aufschäumen.

Glasur

ZUTATEN:

100	ml	Moscato
200	ml	klarer Aprikosensaft
150	g	Gelierzucker 2:1

Zubereitung: Alle Zutaten aufkochen und etwas abkühlen lassen. Die tiefgekühlten Moussekuppeln auf ein Tortengitter setzen und diese mittels einer Schöpfkelle mit Glasur überziehen und kalt stellen.

Pistazieneis

ZUTATEN:

1/8	l	Milch
125	g	Sahne
75	g	Zucker
5		Eigelbe
40	g	Pistazienpaste
40	g	gehackte Pistazien

Zubereitung: Milch, Sahne und 30 g Zucker aufkochen. Restlichen Zucker und Eigelb schaumig schlagen und die kochende Milch-Sahne-Mischung einrühren. Über Wasserdampf andicken und durch ein feines Haarsieb passieren. Eismasse mit Pistazienmark und Alkohol vermengen und in der Eismaschine frieren.

Kurz vor Ende der Gefrierzeit die gehackten Pistazien untermengen.

Anrichten: Halbierte Charlotte, Aprikosenspalten mit Saucen und Mandelschaum auf Teller platzieren und mit Schokohippe und Pistazieneis servieren.

Trilogie von Zwetschgen mit Armagnac-Zimt-Eis

Für 4-6 Personen

Zwetschgenterrine

ZUTATEN:

1	kg	Zwetschgen
100	g	Zucker
100	ml	roter Portwein
1		Gewürznelke
1		Sternanis
1		Zimtstange
1/2		Vanilleschote, aufgeschlitzt
40	g	Walnusskerne
30	g	Pinienkerne
30	g	Pistazienkerne
		Zesten von 1 Orange
3	cl	Armagnac
3	cl	Zwetschgenwasser
1		Blatt Gelantine

Zwetschgen **waschen, entsteinen und vierteln. Danach mit dem Zucker vermengen und etwa 1 Stunde Saft ziehen lassen. In der Zwischenzeit die Zwetschgenkerne aufbrechen und die inneren weichen Kerne mit dem Portwein aufkochen und etwa 10 Minuten ziehen lassen. Durch ein feines Haarsieb passieren und dem Fond die Nelke, den Sternanis, die Zimtstange und die Vanilleschote beigeben. Die Zwetschgen nun einmal aufkochen lassen - gerade so, dass sie nicht zerkochen. Dann auf ein grobes Sieb gießen und beiseite stellen. Den aufgefangenen Saft mit dem Portweinfond vermengen und etwa auf die Hälfte einkochen lassen. Nun die Zwetschgen wieder einrühren, aber nicht mehr kochen! Die Nüsse, Pinienkerne und die Pistazien grob hacken und mit den restlichen Zutaten ebenfalls unter die Zwetschgenmasse rühren. Nun pro Kilo Zwetschgenmasse 10 Blatt Gelatine einweichen, mit dem Zwetschgenwasser und dem Armagnac vermengen und in die warme Masse einrühren.**

Karamelgelee

ZUTATEN:

150	g	Zucker
550	ml	Wasser
7		Blatt Gelatine

Zubereitung: Den Zucker karamelisieren lassen, bis er eine schöne Bernsteinfarbe hat. Mit dem Wasser ablöschen und das Karamel auflösen. Nun die eingeweichte Gelatine in dem warmen Karamel auflösen. Ein Backblech oder ebenes Serviertablett mit Frischhaltefolie versehen und das Gelee blasenfrei etwa 3 mm hoch eingießen und fest werden lassen.

Dann eine Terrinenform mit der Gelee-Folie auslegen; am Besten geht das, wenn man die Form leicht mit Öl auspinselt. Und nun die nicht mehr warme aber noch weiche Zwetschgenfüllung bis etwa 3 mm unter dem Rand einfüllen und fest werden lassen. Danach mit etwas flüssigem Gelee die Terrine abschließen und 1/2 Tag kalt stellen. Die Terrine sodann mit Hilfe von warmem Wasser stürzen.

Aromen

VON GRUNDZUTATEN UND GEWÜRZEN ERHALTEN SIE AM BESTEN, WENN SIE DIESE IN SOLCHEN EINMACHGLÄSERN ODER AUSRANGIERTEN, GUT GEREINIGTEN GLÄSERN MIT "TWIST OFF"-DECKELN AUFBEWAHREN.

Anrichten: **Zwetschgen-Schokoladen-Gâteau und Terrine portionieren und auf Teller verteilen. Tartelettes und etwas passiertes Kompott als Sauce zugeben. Zum Schluss mit Eis, Honighippe und Slibowitz-Schaum servieren.**

Zwetschgenkompott

ZUTATEN:

500	g	Zwetschgen
50	g	Zucker
50	ml	roter Portwein
1		Gewürznelke
1		Zimtstange
1		Sternanis

Zubereitung: Zwetschgen waschen, entsteinen, vierteln und mit dem Zucker mischen. Im Kühlschrank etwa eine Stunde Saft ziehen lassen.
In der Zwischenzeit die Zwetschgenkerne aufbrechen und die inneren, weichen Kerne mit dem Portwein einmal aufkochen und 10 Minuten ziehen lassen. Dann durch ein feines Haarsieb passieren, mit den Gewürzen zu den Zwetschgen geben und diese weich kochen.
Die Gewürze nun entfernen, die Zwetschgen pürieren und passieren.

Zwetschgen-Schokoladen-Gâteau

ZUTATEN:

1		Biskuitteig (Rezept Seite 347)
100	g	flüssige Schokolade
30	g	Öl

Zubereitung: **Biskuit auf normalem Blech backen und abkühlen lassen. Schokolade schmelzen und mit Öl verrühren. Biskuit nun mit der Schokolade einpinseln und kalt stellen.**

Schokoladenmousse:

ZUTATEN:

125	ml	Milch
125	g	Sahne
25	g	Zucker
3		Eigelb
250	g	weiße Schokolade
1		Blatt Gelatine
2	cl	Zwetschgenwasser
220	g	Sahne

Zubereitung: Milch und Sahne aufkochen lassen, Eigelbe und Zucker verrühren, die kochende Milch-Sahne unter Rühren zu den Eigelben gießen und diese Masse wieder in den Topf zurückleeren. Auf dem Herd zur Rose abziehen, aber nicht mehr aufkochen lassen. Durch ein feines Haarsieb passieren und nun 150 g abwiegen.

Den Rest für den Slibowitz-Schaum zur Seite stellen und im Kühlschrank kalt stellen.

Die Schokolade schmelzen und mit der abgewogenen Creme verrühren. Die Gelatine einweichen, mit dem Zwetschgenwasser auflösen und in die Schokoladenmasse einrühren.

Diese Masse nun auf etwa 30-35° C abkühlen (am besten auf Eis) und dann die geschlagene Sahne mit einem Spatel vorsichtig unterziehen. Den vorbereiteten Biskuit mit einem Rahmen versehen und die Schokoladenmousse nun einfüllen und kalt stellen.

Zwetschgenmousse

ZUTATEN:

240	g	Zwetschgen-kompott
1	cl	Zwetschgenwasser
3		Blatt Gelatine
110	g	Sahne
2		Eiweiß
50	g	Zucker

Zubereitung: Gelatine einweichen und mit dem Zwetschgenwasser auflösen und unter den Coulis rühren. Sahne nicht zu steif aufschlagen und ebenfalls unter den Coulis ziehen.

Das Eiweiß anschlagen und mit dem Zucker zu festem Schnee aufschlagen, dann unter die Zwetschgenmasse heben. Auf die Schokoladenmousse im Rahmen füllen und fest werden lassen. Den Gâteau nach Belieben mit klarem Gelee abglänzen.

Armagnac-Zimt-Eis

ZUTATEN:

9		Eigelb
110	g	Zucker
2	Msp	Zimt, gemahlen
1/4	l	Milch
250	g	Sahne
20	g	Zimtstangen
4	cl	Armagnac

Zubereitung: **Milch, Sahne, 50 g Zucker und die Zimtstangen aufkochen und 10 Minuten ziehen lassen. In der Zwischenzeit die Eigelbe mit den restlichen 60 g Zucker und dem gemahlenen Zimt über Dampf weißschaumig aufschlagen. Die Milch-Sahne-Mischung erneut aufkochen und unter Rühren über die Eigelbmasse gießen und zur Rose abziehen. Durch ein feines Haarsieb passieren, den Armagnac einrühren und in der Eismaschine frieren.**

Zwetschgentartelettes

ZUTATEN:

Mürbteig

6		Eigelb
160	g	Zucker
160	g	wachsweiche Butter

225	g	Mehl
15	g	Backpulver
4		Zwetschgen

Zubereitung: Eigelbe und Zucker schaumig rühren und die wachsweiche Butter einarbeiten. Mehl und Backpulver versieben und ebenfalls rasch unterkneten. Den Teig in Folie einschlagen und 1/2 Stunde in den Kühlschrank geben.

Mandelcreme zum Füllen

ZUTATEN:

65	g	Butter
65	g	Zucker
1		Ei
250	g	gemahlende Mandeln
1	Msp	Vanillezucker
		Schale von 1/2 Zitrone
		Spritzer Rum

Zubereitung: **Butter und Zucker schaumig schlagen und das Ei einarbeiten. Die restlichen Zutaten einrühren und die Creme für eine halbe Stunde in den Kühlschrank stellen. Dann den Mürbteig etwa 2 mm dick ausrollen und oval ausstechen. Durch einem Dressiersack mit glatter Tülle die Mandelcreme auftragen und die Tartelettes nun mit in dünne Scheiben geschnittenen Zwetschgen dicht belegen und im Ofen bei 160° C etwa 20 Minuten backen.**

Honighippe

ZUTATEN:

60	g	Butter
30	g	Honig
20	ml	Wasser
75	g	Staubzucker
35	g	Mehl

Zubereitung: Butter und Honig schmelzen und das Wasser einrühren. Mehl und Staubzucker versieben und einrühren und kurz aufwallen lassen, vom Feuer nehmen und abkühlen lassen. Aus einem Karton eine hübsche Schablone ausschneiden und mittels dieser die Hippenmasse auf ein Backpapier aufstreichen und anschließend bei 210° C so lange backen, bis die Hippen aufhören, Blasen zu bilden. Anschließend völlig erkalten lassen und vom Backpapier mittels einer Palette lösen und an einem trockenen Ort aufbewahren.

Slibowitz-Schaum

ZUTATEN:

		Die restliche Grundcreme von der Schokoladenmousse
20	ml	Milch
2	cl	Slibowitz oder Zwetschgenwasser

Zubereitung: **Alle Zutaten vermengen und beim Anrichten mit dem Mixstab kurz aufschäumen.**

Crème Brulée mit Tonka-bohneneis

Für 4-6 Personen

Crème brulée

ZUTATEN:

1/2 l	Milch
250 g	Sahne
2	Eier
4	Eigelb
75 g	Zucker
2	Vanilleschoten
	brauner Zucker

Zubereitung: Milch, Eier, Sahne, Eigelbe, Zucker und das Mark der Vanilleschote vermengen und etwa 1/2 Stunde stehen lassen, so dass sich der Zucker auflösen kann. Mit dem Mixstab mixen und durch ein feines Haarsieb passieren.
In tiefe Teller oder kleine Schüsseln füllen. Ein tiefes Backblech mit Backpapier versehen und etwa 3 cm hoch mit heißem Wasser füllen. Die Teller in das Wasser stellen und im Backofen bei 130° C etwa 30 Minuten pochieren, bis die Creme fest ist. Nach dem Pochieren kalt stellen.

Die Tonkabohne stammt aus dem nördlichen Südamerika (Guayanc

Nigeria angebaut. Ihr Geruch ist

Die Erdbeere

BEI DIETER MÜLLER WIRD CRÈME BRULÉE JE NACH JAHRESZEIT MIT WALDERDBEEREN GARNIERT ...

... LEIDER SIND DIESE KAUM IM HANDEL. ANDERE KLEINE AROMAREICHE SORTEN SIND SELTEN. DIE NORMEN UND DER MASSENANBAU LASSEN NUR MITTEL-GROSSE UND GROSSE FRÜCHTE ZU. ALSO - VERWENDEN SIE NUR ERDBEEREN, DIE WIRKLICH GUT SCHMECKEN - ANSONSTEN VARI-IEREN SIE JE NACH JAHRESZEIT MIT HIMBEEREN ODER ANDEREN FRÜCHTEN.

oko-Quellgebiet). Heute wird sie hauptsächlich in Venezuela und

aromatisch (Vanille, Mandel), und der Geschmack ist leicht bitter.

Tonkabohneneis

ZUTATEN:

6		Eigelb
110	g	Zucker
1/4	l	Milch
250	g	Sahne
2		Tonkabohnen
4	cl	Wodka

Zubereitung: Eigelbe mit 60 g Zucker schaumig rühren. Restlichen Zucker, Milch, Sahne und die geriebenen Tonkabohnen aufkochen und unter die Eigelbmasse rühren. Diese Masse nun über Wasserdampf andicken.

Durch ein feines **Haarsieb passieren und den Wodka einrühren. Das Eis in der Maschine fertigstellen.**

Anrichten: **Vor dem Servieren feinen braunen Zucker auf der Creme verteilen und mit dem Brennstab oder unter dem Grill den Zucker karamelisieren. Mit Waldbeeren oder Früchten und Tonkabohneneis auf Hippengebäck servieren.**

Gebackene Gewürzbirne auf Schokoladen-Blätterteig mit Karameleis und Williams-Sabayon

Für 4-6 Personen

Gewürzbirnen

ZUTATEN:

4	Birnen à 100 g
600 ml	Wasser
200 ml	Weißwein
150 g	Zucker
2	Gewürznelken
2	Sternanis
1/2	Zimtstange
1	Vanilleschote, aufgeschlitzt
1 Msp	Safranpulver
1 Msp	Vitamin C Pulver
1/2	Orangenschale
1/2	Zitronenschale
1/2 EL	Stärkemehl

Zubereitung: **Die Birnen schälen und mit einem kleinen Ausstecher von unten vorsichtig das Kerngehäuse entfernen. Die restlichen Zutaten außer dem Stärkemehl in einer Sauteuse für etwa 5 Minuten köcheln. Das Stärkemehl mit 2 EL Wein verrühren und den Fond damit leicht binden.**

Die Birnen beigeben und abgedeckt etwa 10 Minuten garen und im Fond abkühlen lassen. Am Besten über Nacht, dass die Birnen die Aromastoffe gut aufnehmen können.

Schokoladen-Blätterteig

ZUTATEN:

400 g	Butter
85 g	Kakaopulver
500 g	Mehl
10 g	Salz
200 ml	Wasser
140 g	geschmolzene Butter, nicht heiß!

Zubereitung: Butter und gesiebtes Kakaopulver vermengen und zu einem rechteckigen Ziegel formen. Diesen in Folie einpacken und in den Kühlschrank geben. Die restlichen Zutaten außer der Butter in einem Rührkessel kurz verkneten und dann die Butter einarbeiten und glattkneten. Den Teig zu einer Kugel formen, in Folie einpacken und für etwa 1/2 Stunde in den Kühlschrank geben.

Den Teig nun kreuzweise einschneiden und mit dem Rollholz zu einem "Kreuz" ausrollen, wobei der Teig in der Mitte (so groß wie der Fettziegel) doppelt so dick sein soll wie außen.

Den Fettziegel in die Mitte des Teiges setzen und die dünneren Enden über dem Fettziegel zusammenschlagen.

Den Teig **nun ca. 1 cm dick ausrollen und so zusammenlegen, dass drei Schichten entstehen.**

Jetzt den Teig für 1/2 Stunde in den Kühlschrank geben und danach diesen Vorgang zweimal wiederholen, dazwischen den Teig wieder etwa 1/2 Stunde in den Kühlschrank geben.

Den Blätterteig nun halbieren und in Folie einpacken.

DER GEWÜRZBIRNE WIRD EINE MESSERSPITZE VITAMIN C-PULVER ZUGEGEBEN. DAS SORGT DAFÜR, DASS DIE SCHÖNE FARBE ERHALTEN BLEIBT UND NICHT VERBLASST. DIESEN "TRICK" KÖNNEN SIE AUCH BEI ANDEREN GERICHTEN ANWENDEN. VITAMIN C-PULVER ERHALTEN SIE IN APOTHEKEN.

Mandelcreme zum Füllen

ZUTATEN:

		Rezept Seite 291 (Trilogie von Zwetschgen)
5	EL	Birnenfond

Zubereitung: **Die Birnen aus dem Sud nehmen und auf Papier abtropfen lassen. Den Schokoladen-Blätterteig etwa 4 Millimeter dick ausrollen und Kreise ausstechen, die einen um etwa 1 cm größeren Durchmesser haben als die Birnen.**
Die Birnen an der unteren Hälfte rundum einschneiden, mit der Mandelcreme füllen, auf die Teigscheiben setzen und bei 190° C etwa 10 Minuten backen. Währenddessen den Birnenfond dickflüssig einkochen und die Birnen dann damit bestreichen und diese weitere 5 Minuten backen.

Gewürz-Birnen

Grenadine-Birnenwürfel

ZUTATEN:

2		Birnen
150	ml	Grenadine
5	cl	Williamsbrand
100	ml	Weißwein

Zubereitung: Die Birnen schälen, halbieren, entkernen und in Würfelchen von etwa 3 mm Kantenlänge schneiden. Grenadine, Williamsbrand und Weißwein in einer Sauteuse aufkochen und die Birnenwürfel einlegen, kurz durchschwenken und beiseite stellen.
Am Besten im Kühlschrank abkühlen lassen. Die Birnenwürfel mindestens 3 Stunden im Sud lassen, so dass die rote Farbe gut aufgenommen werden kann.

Karameleis

ZUTATEN:

160	g	Zucker
250	ml	Milch
250	g	Sahne
6		Eigelb
2	cl	weißer Rum

Zubereitung: **100 g Zucker bernsteinfarben karamelisieren. Währendessen die Milch mit der Sahne aufkochen und das fertige Karamel damit ablöschen und auflösen. Die Eigelbe mit 60 g Zucker über Dampf weißschaumig aufschlagen. Die Karamel-Milch-Sahne rasch einrühren und die Masse zur Rose abziehen.**
Dann durch ein feines Haarsieb passieren, den Rum einrühren und in der Eismaschine frieren.

Williams-Sabayon

ZUTATEN:

2		Eigelb
30	g	Zucker
2	cl	Weißwein
3	cl	Williamsbrand

Zubereitung: Alle Zutaten in einem Metallkessel über Wasserdampf weißschaumig aufschlagen.

Haselnüsse

HASELNÜSSE WERDEN IN 4 SORTEN EINGETEILT. LAMBERT-NÜSSE (C. MAXIMA), IHR GESCHMACK IST BESONDERS GUT.

MAN ERKENNT SIE AN DER WEIT ÜBER DIE FRUCHT HINAUSRAGENDEN HÜLLE. BEI DEN ZELLERNÜSSEN (C. AVELLANA VAR. GRANDIS) IST DIE HÜLLE KÜRZER ALS DIE NUSS.

SIE LASSEN SICH DAHER LEICHTER ERNTEN. DIE BEIDEN WEITEREN SORTEN SIND HYBRIDEN DIESER BEIDEN ARTEN.

Anrichten: Abgetropfte Birnenwürfelchen längs auf einen Teller platzieren. Birne, Karamel, Sabayon und Eis anlegen und mit Minzblättchen servieren.

Karamel-Haselnüsse

ZUTATEN:

360	g	Zucker
30	g	Glucosesirup
80	ml	Wasser
15		Haselnusskerne, geröstet und geschält

Zubereitung: **Zucker, Glucose und Wasser in einer Sauteuse aufkochen und so lange weiterkochen, bis ein bernsteinfarbenes Karamel entstanden ist. Das Karamel nun auf ein geöltes Backblech gießen und etwas abkühlen lassen.**
Vorsicht! Heißes Karamel verursacht schwere Verbrennungen!
Hat das Karamel nun eine Temperatur erreicht, bei der man es anfassen kann, es aber noch weich ist, so legt man eine Haselnuss unter das Karamel, greift die Nuss nun von der Oberseite und zieht die Nuss heraus, wobei ein langer Faden entsteht, welchen man einfach mit einer Schere abschneidet. Unbedingt in eine luftdicht verschließbare Dose legen!

Gefüllte, überbackene Baby-Ananas

auf

Ananas-Carpaccio

mit

Ananas-Estragon-Confit

und

Schokoladen-Ingwer-Eis

Für 4-6 Personen

Ananas-Carpaccio

ZUTATEN:

2		Baby-Ananas
80	g	Zucker
100	ml	Sauternes
5	cl	Meyers Rum

Zubereitung: Baby-Ananas schälen und den Strunk mit einem Apfelausstecher ausstechen. In dünne Scheiben schneiden und diese mit Zucker betreuen. Etwa 1/2 Stunde stehen lassen. Sauternes beifügen und zugedeckt leicht dünsten. Nicht zu stark, da die dünnen Ananasscheiben leicht zerfallen. Meyers Rum beifügen und kalt stellen.

Ananas-Estragon-Confit

ZUTATEN:

1		mittelgroße Ananas
70	g	Butter
75	g	Zucker
1/2		Vanilleschote, geschlitzt
3		Zweige frischer Estragon

Zubereitung: Ananas schälen, entstrunken und in kleine Würfel schneiden. Butter in einem Topf gut heiß werden lassen, Vanilleschote und Ananaswürfel darin kurz sautieren, Zucker beigeben und etwa 2 Minuten zugedeckt dünsten. In eine kalte Schüssel füllen und kalt stellen.
Estragon verlesen und die größeren Blätter klein scheiden und unter die Ananaswürfel mengen, die kleinen Blättchen zum Dekorieren beiseite legen.

Gefüllte Ananas

ZUTATEN:

2		Baby-Ananas
150	g	Ananaspüree
1		Blatt Gelatine
1	cl	Meyers Rum
1		Eiweiß
20	g	Zucker
100	g	Sahne

Zubereitung: Das Grün der Ananas abschneiden und zur Dekoration beiseite legen. Baby-Ananas halbieren, aushöhlen und das Fruchtfleisch fein pürieren und passieren.
Eingeweichte Gelatine mit Rum auflösen und unter das Ananaspüree rühren. Eiweiß und Zucker zu festem Schnee schlagen und die Sahne steif aufschlagen. Erst die Sahne und danach den Eischnee unter das Ananaspüree heben. Nun die zuvor ausgehöhlten Ananas zur Hälfte mit der Ananasmousse füllen.
Falls vorhanden, mit einer Scheibe Biskuit bedecken und kalt stellen.

Creme Chiboust zum Überbacken

ZUTATEN:

135	ml	Milch
2		Eigelb
10	g	Zucker
10	g	Mondamin
2		Blatt Gelatine
2		Eiweiß
20	g	Zucker

Zubereitung: Milch aufkochen, Eigelbe, Zucker und Mondamin verrühren, etwas kochende Milch einrühren, zurück in den Topf geben und unterrühren. Einmal aufkochen lassen und die eingeweichte Gelatine darin auflösen. Nun das Eiweiß anschlagen und mit Zucker zu festem Schnee schlagen. 1/4 des Eischnees unter die Eigelbmasse heben. Diese Masse nun über den restlichen Eischnee geben und vorsichtig unterheben, so dass der Eischnee nicht zu sehr zusammenfällt. Mit einem Dressier-Sack und glatter Tülle diese Creme nun auf die vorbereiteten Ananas ver-

Ananas

DIE FRÜCHTE DER 80 - 100 CM HOHEN STAUDE WERDEN IMMER REIF GEERNTET.

DIE FARBE DER FRUCHT WIRD DURCH DIE SORTE BESTIMMT, SAGT ALSO NICHTS ÜBER DIE REIFE AUS. WENN DIE FRUCHTSCHALE AUF DRUCK LEICHT NACHGIBT, IST DIE ANANAS ZUM VERZEHR OPTIMAL. DIE GROSSEN FRÜCHTE WERDEN ÜBERALL IN DEN TROPEN ANGEBAUT. BABY-ANANAS KOMMEN HAUPTSÄCHLICH AUS SÜDAFRIKA. IHR GESCHMACK IST NOCH SÜSSER UND AROMATISCHER ALS DER IHRER "GROSSEN SCHWESTER".

teilen und bei 210° C Oberhitze goldbraun überbacken. Mit Puderzucker bestäuben und sofort servieren.

Schokoladen-Ingwer-Eis

ZUTATEN:

5		Eigelb
50	g	Zucker
20	g	frischer Ingwer
1/4	l	Milch
250	g	Sahne
1/2		Vanilleschote, geschlitzt
45	g	Kakaopulver

Zubereitung: Eigelbe mit Zucker und geriebenem Ingwer schaumig schlagen. Milch, Sahne und Vanilleschote aufkochen und unter die Eigelbmasse rühren. Diese Masse über Wasserdampf andicken und durch ein feines Haarsieb passieren. Kakaopulver sieben und die Eismasse nach und nach unterrühren, so dass keine Klümpchen entstehen. Nun das Eis in der Maschine frieren.

Anrichten: **Ananasscheiben schön auf einen Teller platzieren, darüber Ananas-Estragon-Confit mit Saft verteilen. Gefüllte Ananas und Eis anlegen und mit weißem Schokoblatt, kandierten Orangenschalen und Estragonblättchen garnieren.**

Charlotte von Zitronenmelisse mit Passionsfrucht-Sorbet

Für 4-6 Personen

CHARLOTTE

Gestreifter Biskuit

ZUTATEN:

1		Biskuitteig (Rezept Seite 347)
20	g	Kakaopulver
10	g	Öl

Zubereitung: Kakaopulver und Öl verrühren. Etwa ein Drittel der fertigen Biskuitmasse mit der Kakaomasse vermengen und mit einem Spritzbeutel und feiner glatter Tülle parallele Streifen auf ein Backpapier aufdressieren.

Anschließend kurz tiefkühlen, danach rasch mit der restlichen Biskuitmasse etwa 4 mm dick bestreichen und bei 210° C etwa 7 Minuten backen.

Auf einem Gitter abkühlen lassen und in 4 cm breite Streifen schneiden. Kleine Ringe mit 5 cm Durchmesser und 5 cm Höhe damit auskleiden. Kleine Scheiben für die Böden ausstechen und in die Ringe einlegen.

Zitronenmelissen-Mousse

ZUTATEN:

150	ml	Milch
30	g	Zucker
50	g	Melissenblätter
2		Blatt Gelatine
100	g	Sahne
2		Eiweiß
40	g	Zucker

Zubereitung: Milch und Zucker aufkochen lassen. Klein geschnittene Melissenblätter beigeben und zugedeckt etwa 10 Minuten ziehen lassen. Dann durch ein feines Sieb abseihen und etwas ausdrücken. Nun 100 ml der noch warmen Melissenmilch mit der eingeweichten Gelatine verrühren und auf Eis abkühlen, bis die Masse leicht anzieht.

Sahne nicht zu fest aufschlagen und mittels eines Spatels unter die Melissenmasse heben. Eiweiß und Zucker zu Schnee schlagen und ebenfalls unter die Masse heben. In die vorbereiteten Ringe einfüllen und kalt stellen.

Passions-frucht

Passionsfrucht-Sorbet

ZUTATEN:

150	ml	Passionsfruchtfleisch
75	g	Zucker
8	cl	Wasser
1,5	cl	Moscato d´Asti
3	cl	Wodka

Zubereitung: **Passionsfruchtfleisch kurz mixen - ohne dabei die Kerne zu zerkleinern - und durch ein feines Sieb passieren. Zucker und Wasser aufkochen und abkühlen lassen.**

Jetzt den Passionsfruchtsaft mit dem Sirup, dem Moscato und dem Wodka vermengen und in der Eismaschine frieren.

Melissengelee

ZUTATEN:

110	ml	Weißwein
30	g	Zucker
10	g	Melissenblätter
1		Blatt Gelatine

Zubereitung: **Weißwein und Zucker aufkochen lassen. Klein geschnittene Melissenblätter beigeben und zugedeckt etwa 10 Minuten ziehen lassen. Durch ein feines Sieb gießen und etwas ausdrücken. Eingeweichte Gelatine in dem noch warmen Fond auflösen und das Gelee abkühlen lassen.**

Die Charlotte mit Melissenblättchen belegen und mit dem kalten aber noch dickflüssigen Gelee abglänzen und kalt stellen.

Passionsfruchtsauce

ZUTATEN:

4		Mark von Passionsfrüchten
1/8	l	Passionsfruchtsaft
60	g	Zucker
6	cl	Orangensaft
1	Msp	Mondamin
4	cl	Weißwein

Zubereitung: Passionsfruchtmark und -saft kurz mixen. Zucker karamelisieren und mit Orangensaft ablöschen, Passionsfruchtsaft beigeben und Karamel auflösen. Mit Mondamin und Weißwein, die zuvor verrührt wurden, binden.

Granadilla

Himbeersauce

ZUTATEN:

250	g	Himbeeren
70	g	Puderzucker
2	cl	Himbeergeist
		Saft von 1/2 Zitrone

Zubereitung: Beeren pürieren, passieren und mit den restlichen Zutaten verrühren.

Joghurtschaum

ZUTATEN:

2	EL	Joghurt
100	ml	Milch
20	g	Staubzucker
		Zitronensaft

Zubereitung: Alle Zutaten vermengen und mit dem Stabmixer gut aufschäumen.

Anrichten: **Charlotte, je fünf schöne Himbeeren, Passionsfruchtsauce und Jogurtschaum auf Teller platzieren.**
Mit Sorbet und nach Wunsch mit Schokogitter und Sesamhippe servieren.

NEBEN DER "EIGENTLICHEN" VIOLETTEN PASSIONSFRUCHT GEHÖREN DIE GELBEN GRANADILLEN UND DIE GRÜNE MARACUJA ZU DEN IN DEN TROPEN ANGEBAUTEN ARTEN DER PASSIONSBLUME, EINER BIS ZU 9 M HOHEN KLETTERPFLANZE.

IHREN NAMEN VERDANKT SIE IHRER BLÜTE. DIE STAUBGEFÄSSE STEHEN FÜR DIE FÜNF WUNDEN CHRISTI, UND DIE DREI NARBEN FÜR DIE NÄGEL BEI DER KREUZIGUNG.

Gâteau von Waldmeister und Schokolade mit Erdbeerterrine und Mascarponeeis

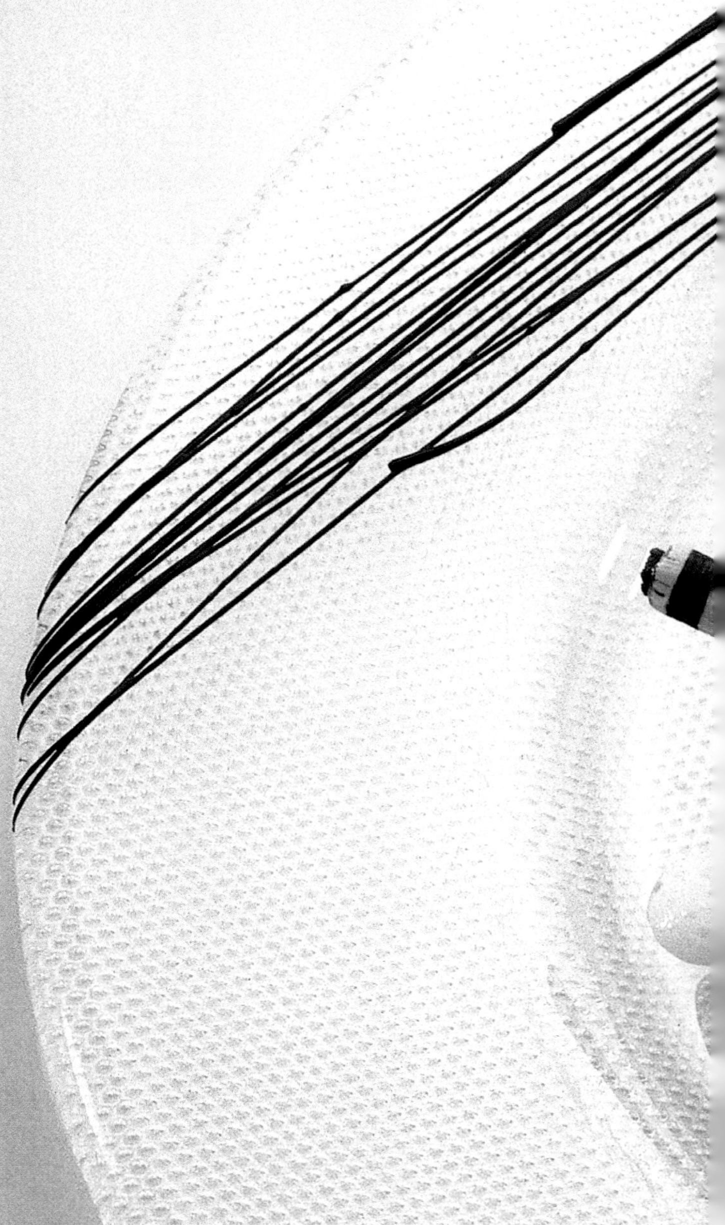

Für 4-6 Personen

Gestreifter Biskuit

ZUTATEN:

1		Biskuitteig (Rezepte Seite 347)
1		Bund Minze, kurz blanchiert, eiskalt abgeschreckt und mit
1	EL	Weißwein und
1	EL	Zucker in der Moulinette fein püriert.

Zubereitung: Etwa ein Drittel der fertigen Biskuitmasse mit dem Minzpüree grün einfärben und mit einem Spritzbeutel und feiner glatter Tülle parallele Streifen auf ein Backpapier aufdressieren. Anschließend kurz tiefkühlen, danach rasch mit der restlichen Biskuitmasse etwa 4 mm dick bestreichen und bei 210° C etwa 7 Minuten backen. Auf einem Gitter abkühlen lassen und in 3 cm breite Streifen schneiden.

Tortenringe **mit 18 cm Ø mit diesen Streifen am Rand auslegen und das noch weiche Knuspernougat dünn auf den Boden einfüllen und kalt stellen.**

Nougatboden

ZUTATEN:

20	g	dunkle Kuvertüre
50	g	Nussnougat
5	g	Palminöl
20	g	zerstoßene Cornflakes

Zubereitung: **Kuvertüre, Nussnougat und Palminöl in einer Schüssel über Wasserdampf schmelzen, Cornflakes mit einem Spatel vorsichtig unterrühren und einstweilen zur Seite stellen.**

Mousse von Milchschokolade

ZUTATEN:

150	g	Milchschokolade
3		Eigelb
150	g	Mehl
50	g	Sahne
30	g	Zucker
1		Blatt Gelatine
125	g	Sahne

Zubereitung: Milchschokolade in kleine Stücke schneiden und in einer Schüssel über Wasserdampf schmelzen. Die Eigelbe mit etwas Milch in einer Schüssel verrühren. Die restliche Milch, Sahne und Zucker in einem kleinen Topf aufkochen. Nun die kochende Flüssigkeit in die Eigelb-Milch-Mischung rühren. Wieder in den Topf zurückgeben und auf 80° C erhitzen, bis die Masse bindet - nicht kochen!

Nun 75 g dieser Masse abwiegen und die eingeweichte Gelatine einrühren. Mit der geschmolzenen Milchschokolade vermengen und auf etwa 30° C abkühlen lassen.

Die Sahne nicht zu fest aufschlagen und mittels eines Spatels unter die Schokoladenmasse heben. In einen Ring (15 cm Ø) auf 15 cm einfüllen und kalt stellen.

Wenn die Mousseescheibe erstarrt ist, aus dem Ring lösen und in die Mitte der großen Form auf den Nougatboden legen.

Zwischen Biskuitrand und Schokoladenmousse soll ein Zwischenraum bleiben!

Waldmeisterfond

ZUTATEN:

1	l	lieblicher Wein
70	g	Zucker
60	g	Waldmeisterblätter

Zubereitung: **Weißwein und Zucker aufkochen lassen. Fein zerschnittene Waldmeisterblätter beigeben und zugedeckt etwa 5 Minuten ziehen lassen, durch ein Sieb abseihen.**

Marinierte Biskuitscheiben

ZUTATEN:

1	Biskuitteig (Rezept Seite 347)
	Waldmeisterfond zum Tränken

Zubereitung: Biskuit backen und Scheiben von 15 cm Ø ausstechen.
Die Schokomoussescheiben mit dem ausgestochenen Biskuit belegen und mit Waldmeisterfond tränken.

Minze

Echte Pfefferminze.
Die genaue Herkunft der Minze ist nicht bekannt. Wir wissen jedoch, dass schon 1000 v. Chr. Minze verwendet wurde - denn man fand sie als Grabbeigaben in alten ägyptischen Pyramiden. In Westeuropa wurde sie erst ab dem 18. Jahrhundert als Heilpflanze angebaut. Ihre Verwendung als Aromat für Speisen ist relativ jung. In Asien findet man verwandte Arten, wie die Ackerminze (chin. *Bohe*) oder die Poleiminze aus Westasien, die auch in Osteuropa beheimatet ist.

Waldmeistermousse

ZUTATEN:

3		Blatt Gelatine
200	ml	Waldmeisterfond
20	g	Zucker
10	cl	Wodka
125	g	Sahne
2		Eiweiß
45	g	Zucker
		fein geschnittene Waldmeisterblätter

Zubereitung: Kalt eingeweichte und ausgedrückte Gelatine in einer Schüssel über Wasserdampf schmelzen. Waldmeisterfond, Zucker und Wodka einrühren und auf Eis abkühlen lassen. Sahne nicht zu fest aufschlagen und mit einem Spatel unterheben.

Die Eiweiß **mit dem Zucker aufschlagen. Den Eischnee und die geschnittenen Waldmeisterblätter ebenso vorsichtig unterheben. Nun die Mousse in die Ringe gießen und die Oberfläche glätten, danach kalt stellen.**

Erdbeersauce

ZUTATEN:

100	g	Erdbeeren
1	EL	Zucker

Zubereitung: Zutaten mit dem Saucenstab mixen und anschließend passieren.

Joghurtsauce

ZUTATEN:

1	EL	Milch
4	EL	Joghurt
2	TL	Zucker

Zubereitung: **Alle Zutaten mit dem Saucenstab aufschäumen.**

ANRICHTEN: PORTIONIERTEN GÂTEAU MIT TERRINE, HALBIERTEN ERDBEEREN, ERDBEERSAUCE, AUFGESCHÄUMTER JOGHURTSAUCE UND MASCARPONEEIS SCHÖN AUF KALTE TELLER PLATZIEREN. NACH WUNSCH MIT BLÄTTERN UND BLÜTEN VON WALDMEISTER UND SCHOKOSTAB SERVIEREN.

WALDMEISTER

Aspevula odorata

Waldmeistergelee

ZUTATEN:

50	ml	Waldmeisterfond
10	g	Zucker
1/2		Blatt Gelatine

Zubereitung: Fond erwärmen, Zucker und eingeweichte Gelatine einrühren und auflösen.
Abkühlen lassen und den Gâteau damit abglänzen.

WALDMEISTER KÖNNEN SIE SELBER SAMMELN. ER IST AN SCHATTIGEN STANDORTEN RECHT HÄUFIG.
SEIN VERBREITUNGSGEBIET ERSTRECKT SICH VON EUROPA ÜBER ASIEN BIS NACH NORDAFRIKA.
DURCH TROCKNEN WIRD DAS AROMA VERSTÄRKT.
SO LÄSST ER SICH AUCH GUT ÜBER LÄNGERE ZEIT AUFBEWAHREN.

Erdbeerterrine

ZUTATEN:

500	g	Waldmeisterfond
100	g	Zucker
8		Blatt Gelatine
125	g	frische Erdbeeren

Zubereitung: Waldmeisterfond leicht erwärmen, Zucker und eingeweichte Gelatine darin auflösen. Eine kleine Terrinenform etwa 2 mm dick mit Gelee ausgießen und erstarren lassen.
Die Erdbeeren waschen und vierteln. So in die Terrine einlegen, dass zwischen der Terrinenwand und den Erdbeeren noch etwas Platz bleibt.

Mit dem restlichen **Gelee auffüllen und kalt stellen. Wenn das Gelee fest ist, die Terrine noch einmal mit etwas Gelee abglänzen und wieder kalt stellen. Nach etwa 2 Stunden die Terrine unter warmem Wasser stürzen, portionieren und nochmals kalt stellen. Diese Terrine schon am Vortag zubereiten.**

Mascarponeeis

ZUTATEN:

9		Eigelb
100	g	Zucker
250	g	Sahne
1/4	l	Milch
50	g	Zucker
1/2		Vanilleschote
		Zitronenzesten
300	g	Mascarpone

Zubereitung: Eigelbe und 100 g Zucker über Wasserdampf schaumig schlagen. Sahne, Milch, 50 g Zucker, ausgeschabte Vanilleschote und Zitronenzesten aufkochen und in die Eigelbmasse einrühren. Im Wasserbad unter ständigem Rühren etwas andicken lassen. Durch ein feines Sieb abseihen, den Mascarpone einrühren und in der Eismaschine frieren.

Petit Four

Feine Patisserie

Ein Kaffee

nach einem

guten Essen -

reichen Sie dazu

zur Abrundung

feines Gebäck

aus Ihrer Küche.

Kokosnussquadrate

Zutaten:
Kokosnussquadrate

950	g	weiße Kuvertüre
170	ml	Kokosnussmilch
75	g	Glukose
35	g	Kokosnussraspel
35	ml	Kokosnusslikör

Zubereitung Kokosnussquadrate: 350 g Kuvertüre schmelzen, die Kokosnussmilch mit der Glukose aufkochen und mit der Kuvertüre langsam verrühren, bis eine homogene Masse entstanden ist. Nun die Kokosnussraspel und den Likör einrühren und die Masse etwas abkühlen lassen (35° C) Nun etwa 100 g weiße Kuvertüre schmelzen und quadratisch etwa 23 x 23 cm groß auf Backpapier aufstreichen. Diese Grundfläche mit einem ca. 1,5 cm hohen Holz- oder Aluminiumrahmen versehen und die Pralinenfüllung einfüllen. Danach für etwa 24 Stunden erstarren lassen. Dann den "Pralinenziegel" in gleich große Quadrate schneiden, auf eine Pralinengabel aufnehmen und einzeln in die auf 29° C temperierte weiße Kuvertüre tunken. Gut abtropfen lassen, auf ein mit Backpapier versehenes Blech absetzen und erstarren lassen.

Champagner-Trüffel

Zutaten:
Champagner-Trüffel

100	ml	Champagner
80	g	Sahne
40	g	Glukose
730	g	Bitterkuvertüre, fein gehackt
25	g	Butter
50	g	Crème fraîche
5	cl	Marc de Champagne

Zubereitung Champagner-Trüffel: Champagner mit Sahne und Glukose aufkochen, 130 g von der Bitterkuvertüre einrühren und zu einer homogenen Masse verrühren. Die Butter würfeln und einrühren, ebenso die Crème fraîche und den Marc de Champagne.
Nun die Pralinenfüllung, auch Ganache genannt, auf etwa 25° C abkühlen und Trüffelhohlkörper (in einer guten Konditorei erhältlich) damit bis knapp unter den Rand füllen und erstarren lassen. Etwa 100 g Bitterkuvertüre schmelzen und auf etwa 35° C temperieren, um die Hohlkörper zu verschießen.
Die Schokolade erstarren lassen, die verbleibende Schokolade bei etwa 40° C schmelzen und danach auf 32° C temperieren.
Die Pralinen mit einer Pralinengabel in die temperierte Bitterkuvertüre tauchen, auf ein Gitter setzen und mit zwei Pralinengabeln über dem Gitter hin und her rollen, um eine geigelte Oberfläche zu erhalten. Danach die fertigen Trüffel auf ein Blech, das mit Backpapier versehen ist, absetzen und erstarren lassen.

Orangenblüten-Trüffel

Zutaten:
Orangenblüten-Trüffel

120	g	Sahne
40	g	Glukose
50	g	Orangenblüten-Aroma
920	g	weiße Kuvertüre, gehackt
25	g	Butter
50	g	Crème fraîche
4	cl	Cointreau

Zubereitung: **Sahne und Glukose aufkochen, das Orangenblüten-Aroma und 320 g der gehackten Kuvertüre einrühren und eine homogene Masse herstellen. Danach die Butter würfeln und einrühren, ebenso die Crème fraîche und den Cointreau. Weiter verfahren wie bei den Champagner-Trüffeln.**

... leider kann man für Petit Four oder Pralinen nicht genau auf 4-8 Personen rezeptieren.

Grundzutaten:

Törtchen:

4 Mürbteigscheiben, gebacken mit 10 cm Ø
30 g flüssige Bitterkuvertüre
1 EL Crème pâtissière (siehe Rezept 347)
2 EL geschlagene Sahne

Erdbeer-Törtchen

Zutaten:

Erdbeer-Törtchen:

50 g geröstete, gehackte Mandeln
30 schöne frische Erdbeeren

Mohnbiskuit:

1 Ei
2 Eigelb
55 g Zucker
40 g Mohn, gemahlen
15 g Mandelgrieß
Schale von 1/2 Zitrone
1 Prise Salz
45 g Mehl
3 Eiweiß
35 g Zucker

Moscatogelee:

350 ml Moskato d' Asti
150 ml Wasser
50 g Zucker
5 g klarer Tortenguss

Zubereitung Erdbeer-Törtchen: **Eier, Eigelbe, Zucker, Mohn, Mandelgrieß, Zitronenschale und Salz in der Rührmaschine weißschaumig aufschlagen. Das Mehl sieben, Eiweiß mit dem Zucker zu festem Schnee schlagen und mit dem Mehl unter die Eigelb-masse heben.**
Die Biskuitmasse nun auf ein Backblech mit Backpapier streichen und bei 210° C etwa 7 Minuten auf Sicht backen.
Aus dem abgekühlten Mohnbiskuit 4 Scheiben mit 10 cm Ø ausstechen.
Die Mürbteigscheiben nun dünn mit Schokolade bestreichen, die Mohnbiskuitscheiben darauf setzen und nun etwa 50 g Crème pâtissière mit 1 EL geschlagener Sahne verrühren und die vier Böden dünn mit der Creme bestreichen. Die Törtchenböden in passende Tortenringe setzen.
Die Erdbeeren waschen, putzen und halbieren. Die Hälften nun mit der Schnittfläche auf die Creme legen und möglichst eng aneinander setzen. Für das Gelee den Moscato mit dem Wasser aufkochen, den Zucker und das Tortengusspulver mischen und rasch in die kochende Flüssigkeit einrühren.
Einmal kräftig aufwallen lassen, dass das Gelee klar wird.
Nun die Törtchen damit abglänzen, bis die Erdbeeren gerade bedeckt sind. Das Gelee erstarren lassen und danach die Tortenringe abziehen.
Die Ränder der vier Törtchen nun mit 1 EL geschlagener Sahne mittels einer kleinen Palette dünn einstreichen und die Mandeln daran festdrücken.
Aus einem Törtchen zwölf gleiche Stücke schneiden.

Kiwi-Törtchen

Himbeer-Törtchen

Zutaten:

Himbeer-Törtchen:

50 g gemahlene Pistazien
400 g schöne frische Himbeeren
1 Menge Moscatogelee (siehe Erdbeer-Törtchen)

Zubereitung Himbeer-Törtchen: Mürbteigscheiben dünn mit Kuvertüre bestreichen, die Biskuitscheiben darauf legen, die Crème pâtissière mit 1 EL geschlagener Sahne verrühren und die Biskuitscheiben damit dünn einstreichen. Die Böden nun in vier passende Tortenringe setzen.
Die Himbeeren verlesen und von außen nach innen möglichst eng aneinander auf die Creme setzen. Mit flüssigem Moscatogelee abglänzen, so dass die Himbeeren gerade damit bedeckt sind. Nun das Gelee erstarren lassen

Mango-Törtchen

Zutaten:

Mango-Törtchen:

50 g Kokosnussraspel
1 reife Mango
1 Menge Moscatogelee (siehe Erdbeer-Törtchen)

Zubereitung Mango-Törtchen: Mürbteigscheiben dünn mit Kuvertüre bestreichen, die Biskuitscheiben darauf legen, und die Tortenringe abziehen. Die Törtchenränder mit der geschlagenen Sahne mittels einer kleinen Palette dünn bestreichen und die gemahlenen Pistazien an den Rand andrücken.

Aus einem Törtchen zwölf gleich große Stücke schneiden.

die Crème pâtissière mit 1 EL geschlagener Sahne verrühren und die Biskuitscheiben damit dünn einstreichen. Die Mango schälen, dem Kern entlang halbieren, die Hälften quer in dünne Scheiben schneiden und die Törtchen gleichmäßig damit belegen.

Die Törtchen mit Moscatogelee und einem Pinsel dünn abglänzen, den Rand mit geschlagener Sahne einstreichen und die Kokosnussraspel leicht andrücken.

Aus einem Törtchen zwölf gleich große Stücke schneiden.

Zutaten:
Kiwi-Törtchen:

50	g	geröstete, gehackte Mandeln
2		nicht zu weiche Kiwi
1		Menge Moscatogelee (siehe Erdbeer-Törtchen)

Zubereitung Kiwi-Törtchen:
Siehe Mango-Törtchen!

Zutaten:
Sacher-Törtchen

150	g	Butter
210	g	Puderzucker
6		Eigelb
100	g	Bitterkuvertüre
6		Eiweiß
125	g	Zucker
135	g	Mehl
20	g	Kakaopulver

Außerdem:

1		Menge Ganacheglasur (Rezept siehe Operaschnitte)
200	g	Aprikosenmarmelade
5	cl	Rum

Zubereitung Sacher-Törtchen: **6 Tortenringe (Ø 10 cm) mit Backpapier versehen.**

Die Butter mit dem Puderzucker weißschaumig aufschlagen und die Eigelbe nach und nach beigeben. Die geschmolzene, auf 35° C temperierte Kuvertüre beigeben. Eiweiß und Zucker zu festem Schnee schlagen.

Mehl und Kakaopulver versieben, und mit dem Eischnee unter die Schokolademasse heben.

In vorbereitete Tortenringe zu etwa 3/4 voll anfüllen, mit 1 EL zum Rand hin hoch streichen und im 165° C heißen Ofen etwa 50 Minuten backen. Die fertig gebackenen Sacherböden aus dem Rohr nehmen, leicht mit Mehl bestäuben und auf die Oberseite legen. 5 Minuten warten und wieder umdrehen, anschließend abkühlen lassen.

Die abgekühlten Böden aus den Tortenringen schneiden und horizontal dritteln.

Nun die Aprikosenmarmelade mit dem Rum aufkochen und die Hälfte der Böden dünn damit füllen.

Die 18 Törtchen zusammensetzen und an der Außenseite dünn mit Marmelade einstreichen und für etwa 1/2 Stunde antrocknen lassen. Törtchen auf ein Gitter setzen, mit der Ganacheglasur und einem nicht zu kleinem Schöpfer übergießen. Mit einer Palette die Oberseite glätten und die Törtchen auf ein sauberes Blech umsetzen. Für etwa 1/2 Stunde kalt stellen, dass die Glasur anzieht.

Anschließend jedes Törtchen in zwölf gleich große Stücke teilen.

Pistazienschnitte

Zutaten:
Pistazienschnitte

70	g	Bitterkuvertüre
20	g	Sonnenblumenöl
2		Biskuitflecke, 30 x 40 cm
100	g	klares Gelee

Ganache:

185	ml	Milch
185	g	Sahne
70	g	Zucker
3		Eigelb
250	g	Bitterkuvertüre

Pistazienmousse:

250	ml	Milch
4		Eigelb
100	g	Zucker
6		Blatt Gelatine
100	g	Pistazienpaste
375	g	Sahne (siehe Erdbeer-Törtchen)

Zubereitung Pistazienschnitte:
Bitterkuvertüre und Sonnenblumenöl verrühren und einen Biskuitfleck mit einem Pinsel damit bestreichen und anschließend kalt stellen.
Für die Ganache die Milch mit der Sahne und 20 g Zucker aufkochen. Die Eigelbe mit dem restlichen Zucker leicht cremig schlagen. Die kochende Milch-Sahne-Mischung unterrühren, zur Eigelbmasse geben, alles wieder zurück in den Topf gießen und diese Masse nun zur Rose abziehen.
(So lange rühren, bis die Creme andickt, jedoch nicht mehr kochen!)

Die abgezogene Creme **durch ein Haarsieb passieren, die gehackte Bitterkuvertüre darin auflösen und eine homogene Masse herstellen. Den zuvor mit Schokolade bestrichenen Biskuitfleck mit der Schokoladenseite nach unten auf ein mit Backpapier versehenes, 4 cm tiefes Blech geben und die Ganachemasse gleichmäßig darauf verteilen. Anschließend den zweiten Biskuitfleck auf die Ganache aufsetzen und leicht andrücken.**
Im Kühlschrank fest werden lassen.

Für die Pistazienmousse die Milch mit 50 g Zucker aufkochen. Die Eigelbe mit dem restlichen Zucker leicht cremig rühren die kochende Milch unter Rühren zur Eigelbmasse gießen und alles wieder zurück in den Topf geben. Wie vorher für die Ganache, diese Masse zur Rose abziehen, durch ein feines Haarsieb passieren, die eingeweichte Gelatine in der noch warmen Masse auflösen und das Pistazienmark beigeben. Dann die Masse auf Eis abkühlen, bis die Gelatine leicht anzuziehen beginnt.
Die Sahne nicht zu steif aufschlagen und mit einem Spatel unter die Pistazienmasse heben. Die Mousse nun auf das vorbereitete Blech gießen, mit einer Palette glätten und fest werden lassen. Nach Belieben mit klarem Gelee abglänzen.

Operaschnitte

Zutaten:
Operaschnitte

70	g	Bitterkuvertüre
20	g	Sonnenblumenöl
3		Biskuitflecke, 30 x 40 cm

Buttercreme:

2		Eier
150	g	Zucker
25	g	Glukose
250	g	Butter

Ganachecreme:

185	ml	Milch
300	g	Bitterkuvertüre
95	g	Butter

Ganacheglasur:

60	ml	Mich
40	g	Sahne
30	g	Zucker
30	ml	Wasser
30	g	Glukose
180	g	Bitterkuvertüre

Zubereitung Operaschnitte: **Bitterkuvertüre und Sonnenblumenöl verrühren und einen Biskuitfleck mit einem Pinsel damit bestreichen; anschließend kalt stellen.**
Für die Buttercreme die Eier mit dem Zucker und der Glukose über Dampf warm aufschlagen, vom Dampf nehmen und so lange weiter schlagen, bis die Masse wieder kalt ist.

Die Butter im Rührgerät weißschaumig aufschlagen und die Eiermasse nach und nach einrühren. Es soll eine glatte und homogene Creme entstehen.
Den zuvor mit Schokolade bestrichenen Biskuitfleck mit der Schokoladenseite nach unten auf ein mit Backpapier versehenes, 4 cm tiefes Blech geben und die Hälfte der Buttercreme gleichmäßig darauf verteilen.
Anschließend den zweiten Biskuitfleck auf die Buttercreme aufsetzen und leicht andrücken. Im Kühlschrank fest werden lassen.

Für die Ganachecreme **die Milch aufkochen, die gehackte Bitterkuvertüre einrühren, die Butter in Würfel einrühren und eine homogene Masse herstellen.**
Auf Eis rühren, bis sie dickflüssig wird, und anschließend auf dem Blech mit der Buttercreme und dem Biskuit gleichmäßig aufstreichen. Mit dem dritten Biskuitfleck abdecken, diesen leicht andrücken und die restliche Buttercreme darauf glatt verstreichen. Anschließend kalt stellen und für etwa 2 Stunden durchkühlen.
Für die Ganacheglasur alle Zutaten außer der Schokolade aufkochen, dann die Kuvertüre nun einrühren und die Glasur homogenisieren.
Die gekühlte Schnitte rasch damit glasieren und wieder kalt stellen. In kleine quadratische Stücke schneiden.

Apfelkuchen

Zutaten:
Apfelkuchen

Mürbteig:

520	g	Quark, 10 % Fett
480	g	weiche Butter
550	g	Mehl
5	g	Salz
		Schale von
1/2		Zitrone
50	g	Vanillezucker
80	g	Aprikosenmarmelade
1		Biskuitfleck, 30 x 40 cm

Füllung:

1,5	kg	Äpfel (Boskop oder Jonagold)
150	g	Zucker
		Saft von
2		Zitronen
3		Zimtstangen
		Rosinen nach Belieben
2		Eigelb zum Bestreichen
		Puderzucker zum Bestäuben

Zubereitung Apfelkuchen: Aus Quark, Butter, Mehl, Salz, Zitronenschale und Vanillezucker rasch einen Teig kneten und etwa 3 Stunden im Kühlschrank ruhen lassen. Danach den Teig rechteckig ausrollen und so zusammenschlagen, dass drei Schichten übereinander liegen. Für etwa 1 Stunde in den Kühlschrank geben.
Danach den Teig wieder zu einem Rechteck ausrollen und wieder so zusammenlegen, dass drei Schichten übereinander liegen. Nun den Teig halbieren, die beiden Hälften in Frischhaltefolie einschlagen und über Nacht in den Kühlschrank geben.

Am nächsten Tag **eine Teighälfte auf die Größe von 30 x 40 cm ausrollen, auf ein Backblech legen, mit einer Gabel mehrmals einstechen und bei 180° C etwa 15 Minuten auf Sicht blindbacken, das heißt, der Teig soll nicht bräunen. Mit der Aprikosenmarmelade bestreichen, den Biskuitfleck darauf legen und etwas andrücken.**

Für die Füllung die Äpfel schälen, halbieren, entkernen und in etwa 1 cm große Würfel schneiden.
Mit den restlichen Zutaten vermengen und zugedeckt in einem Topf auf dem Ofen nicht zu weich dünsten. Der noch warmen Füllung die Zimtstangen entnehmen und die Apfelfüllung auf dem Biskuitfleck gleichmäßig verteilen und glatt streichen. Nun die zweite Hälfte vom Quarkmürbteig auf ein Rechteck von etwa 40 x 50 cm ausrollen und über die Apfelfüllung legen. Die Ränder andrücken, mit Eigelb bestreichen, mit einer Gabel mehrmals einstechen und bei 180° C etwa 40 Minuten backen.
Den abgekühlten Kuchen mit einem Sägemesser in kleine, gleich große, quadratische Stücke schneiden und mit Puderzucker bestäuben.

Windbeutel mit Mousse

Zutaten:

Windbeutel mit dunkler und weißer Schokoladenmousse,

250 ml	Milch
60 g	Butter
1	PriseSalz
125 g	Mehl
3	Eier

je eine Menge Schokoladenmousse dunkel und weiß (Rezept Seite 59)

Zubereitung Windbeutel: **Milch, Butter und Salz aufkochen, das zuvor gesiebte Mehl einrühren und im Topf gut abbrennen, bis sich die Masse vom Topf löst. Die Brandteigmasse in eine Rührschüssel füllen und nun die Eier nacheinander einrühren, bis ein glatter Teig entsteht. Mittels eines Dressiersacks, der mit einer glatten Tülle Nr. 5 versehen ist, kleine Kugeln auf ein mit Backpapier belegtes Backblech aufdressieren und bei 165° C auf Sicht backen. Die abgekühlten Windbeutel mit einem Messer halbieren und mit Schokoladenmousse füllen, mit Dressiersack Sterntülle Nr. 5, und mit Puderzucker bestreuen.**

Szechuanpfeffer-Zunge

Zutaten:

Szechuanpfeffer-Zungen

1050 g	Milchkuvertüre
60 g	Glukose
260 g	Sahne
10 g	Szechuanpfeffer
4 g	Salz
400 g	Puderzucker, gesiebt

Zubereitung Szechuanpfeffer-Zungen:
Glukose, Sahne und Salz aufkochen und den Pfeffer beigeben - etwa 5 Minuten ziehen lassen und passieren. Die Pfeffersahne nun erneut aufkochen und mit 550 g Milchkuvertüre eine homogene Masse herstellen. Diese im Kühlschrank abkühlen lassen, bis sie dressierfähig ist. Nun einen Dressiersack mit Lochtülle Nr. 5 versehen und auf ein Backblech, das mit Backpapier ausgelegt ist, kleine Zungen von 4 cm Länge aufdressieren. Die Zungen im Kühlschrank für etwa 24 Stunden erstarren lassen. Die verbliebene Kuvertüre bei 40° C schmelzen und auf 31° C temperieren. Den Puderzucker auf ein tiefes Backblech sieben. Die erstarrten Zungen nun in die Kuvertüre tauchen, in den Puderzucker absetzen und darin wälzen. Danach den Puderzucker von den Pralinen leicht abklopfen und diese in einer Dose kühl und trocken aufbewahren.

Linzerschnitte

Zutaten:

Linzerschnitte

300 g	Butter
300 g	Puderzucker
3	Eier
3	Eigelb
15 ml	Rum
1	Prise Salz
1	Prise Zimt
1	Prise Nelkenpulver
1/2	Vanilleschote (Mark)
1/2	Zitrone (Schale)
1/2	Orange (Schale)
350 g	Mandelgrieß
100 g	Biskuitbrösel
150 g	Mehl

Zubereitung Linzerschnitte: **Die Butter mit dem Puderzucker schaumig rühren und die Eier mit den Eigelben nach und nach einrühren. Rum, Salz, Vanillemark, Zimt, Nelkenpulver, Orangen- und Zitronenschale beigeben, Mandelgrieß, Biskuitbrösel und Mehl miteinander vermengen und einrühren. Etwa 2/3 der Masse auf ein**

Zutaten:
Getunkte Physalis

1	frische Physalis
	geschmolzene, temperierte dunkle Kuvertüre
	Kokosraspel

Zubereitung getunkte Physalis: Die Kokosraspel auf einem Tablett großzügig aufstreuen und etwas verteilen. Die Kuvertüre schmelzen und temperieren.

Nun die Physalis an den Schalennähten aufreißen und nach oben zusammendrehen.

An den Blättern fassen und die Frucht zu einem Drittel in die Kuvertüre tunken. Danach abtropfen lassen, auf dem vorbereiteten Tablett mit Kokosraspel absetzen und die Kuvertüre erstarren lassen.

Backblech streichen, das zuvor mit Butter ausgefettet und mit Mehl bestäubt wurde. Mit Johannisbeermarmelade (Feinkostgeschäft) nach Belieben bestreichen.

Die restliche Teigmasse in einen Dressiersack mit Lochtülle Nr. 5 füllen und auf die Marmelade ein Gittermuster aufdressieren.

Im Backrohr bei 175° C etwa 40 Minuten backen.

Die Aprikosenmarmelade (Feinkostgeschäft) in einer Sauteuse erhitzen und den Kuchen mit einem Pinsel damit abglänzen.

Danach noch einmal für etwa 5 Minuten in den Backofen schieben.

Den abgekühlten Kuchen in kleine rautenförmige Schnitten schneiden.

Zutaten:
Schokoladen-Earl-Grey-Rollen

150	g	Sahne
50	g	Glukose
20	g	Earl Grey Tee
200	g	dunkle Kuvertüre
650	g	Milchkuvertüre

Zubereitung Schokoladen-Earl-Grey-Rollen: Sahne und Glukose aufkochen, Earl Grey Tee beigeben und zugedeckt etwa 8 Minuten ziehen lassen. Durch ein feines Haarsieb passieren und die Sahne erneut aufkochen.

150 g dunkle Kuvertüre und 150 g Milchkuvertüre gemeinsam schmelzen und die kochende Tee-Sahne einrühren. Eine homogene Masse herstellen und 24 Stunden kalt stellen.

Am nächsten **Tag die Ganache aufschlagen, in einen Dressiersack mit Lochtülle Nr. 7 füllen und lange Stangen aufdressieren. Diese im Kühlschrank erstarren lassen und mit einem Messer in gleich große Rollen schneiden. Die restlichen Kuvertüren getrennt voneinander temperieren.**

Die Rollen mit einer Pralinengabel in die Milchkuvertüre tunken, abtropfen lassen und auf ein Backblech mit Backpapier absetzen.

Die Milchkuvertüre in eine Papiertüte füllen, dünn über die getunkten Rollen filieren und erstarren lassen.

Mandelquadrate

Zutaten:

Mandelquadrate mit Mousseline-Pralinée

Mürbteig:

380 g	Mehl
280 g	weiche Butter
90 g	Sauerrahm
1	Prise Salz
1/2	Zitrone (Schale)
1/2	Vanilleschote (Mark)

Mandelcreme:

250 g	Butter
250 g	Zucker
4	Eier
250 g	Mandelgrieß etwas Vanillezucker
1/2	Zitrone (Schale)
2 cl	Rum
1	Prise Salz
300 g	gehackte, geröstete Mandeln

Mousseline-Pralinée:

250 ml	Milch
75 g	Zucker
2	Eigelb
30 g	Mehl
125 g	Butter
45 g	Pralinée

Zubereitung Mandelquadrate mit Mousseline-Pralinée: Für den Mürbteig Mehl, Butter, Sauerrahm. Geriebene Zitronenschale, Salz und Vanilleschotenmark rasch zu einem Teig verarbeiten und mindestens 24 Stunden in Frischhaltefolie eingeschlagen ruhen lassen. Danach den Teig rasch auf die Größe eines Backbleches ausrollen und ein solches damit auslegen. Den Teig mit einer Gabel mehrmals einstechen und bei 180° C auf Sicht etwa 12 Minuten blindbacken.

Für die Mandelcreme **Butter und Zucker schaumig rühren und die Eier einzeln einarbeiten. Die restlichen Zutaten einrühren, außer den gehackten Mandeln. Den zuvor gebackenen, bereits abgekühlten Teig damit gleichmäßig bestreichen und mit den gehackten Mandeln bestreuen. Den "Kuchen" nun bei 160° C etwa 45 Minuten backen (unbedingt mit einer Gabel eine Garprobe machen!). Ist er fertig gebacken, so lässt man ihn abkühlen und schneidet ihn in kleine Quadrate.**

Für die Mousseline lässt man Milch und 35 g Zucker aufkochen. Währendessen die Eigelbe mit dem restlichen Zucker und dem Mehl glatt verrühren. Etwa die Hälfte der kochenden Milch unter Rühren zur Eigelbmasse und diese wiederum zurück zur übriggebliebenen, kochenden Milch gießen. Die Creme nun einmal aufkochen lassen und etwa 3 Minuten leicht weiter köcheln.
Dann die Creme abkühlen lassen und durch ein feines Haarsieb streichen. Die Butter schaumig schlagen und die Grundcreme nach und nach einrühren.
Zum Schluss das Pralinée einrühren und die fertige Mousseline in einen Dressiersack mit einer Lochtülle Nr. 3 füllen. Kleine Rosetten auf die geschnittenen Mandelquadrate dressieren und kalt stellen.

Schoko-Mandel-Crossis

Zutaten:

Schoko-Mandel-Crossis

200 g	Mandeln, gehackt
35 g	Läuterzucker
30 g	Puderzucker
100 g	Cornflakes
110 g	temperierte weiße Kuvertüre
30 g	Kakaobutter, flüssig

Zubereitung Schoko-Mandel-Crossis: Mandeln und Läuterzucker mischen und auf einem Backblech verteilen. Mit Puderzucker bestäuben und im Ofen bei 200° C braun rösten. Dabei öfter wenden. Abkühlen lassen und mit den Cornflakes und der flüssigen Kuvertüre, der zuvor die Kakaobutter untergemengt wurde, mischen.
Mit zwei Kaffeelöffeln auf ein Backpapier kleine Häufchen setzen und erstarren lassen.

DEN KAFFEE
ZUM
ABSCHLUSS
IHRES MENÜS
KÖNNEN SIE
VORBEREITEN
UND IDEAL IN
ISOLIERKANNEN
STUNDENLANG
HEISS HALTEN.
PRODUKTE DER
MARKE ALFI
SIND VON
EMPFEHLENS-
WERTER
QUALITÄT.

EINE EDEL
GEDECKTE TAFEL
WERTET IHR
MENÜ AUF. DIE
MÖGLICHEN STILE
SIND VIELFÄLTIG.
VON KLASSISCH
BIS FRECH UND
MODERN.
LASSEN SIE SICH
DURCH DIE JAHRES-
ZEIT ANREGEN UND
DEKORIEREN SIE
EINMAL MIT
ELEMENTEN, DIE
NORMALERWEISE
NICHT UNBEDINGT
ETWAS AUF DEM
TISCH ZU SUCHEN
HABEN. WIE HIER
- HERBSTLICH -
MIT BLÄTTERN,
TROCKENEN
FRÜCHTEN UND
BELAUBTEN
ÄSTEN.

FÜR MARMELADEN

UND ZUM TEIL

AUCH FÜR

CHUTNEYS

EIGNET SICH FAST

JEDE FRUCHT.

SIE KÖNNEN NACH

HERZENSLUST

KOMBINIEREN

UND MISCHEN.

AUCH EINIGE

GEMÜSESORTEN,

WIE DIE TOMATE,

ERGEBEN EINE SEHR

GUTE MARMELADE.

Marmeladen und Chutneys

Fragt man

Dieter Müller

nach seinen Hobbies,

ist die Antwort:

"Ich koche gern

Marmelade."

Walderdbeer-Marmelade mit Waldmeister

Ananas-Kumquat-Marmelade mit Sternanis und Basilikum

Walderdbeer-marmelade mit Waldmeister

ZUTATEN:

300 g		reife kleine Erdbeeren
200 g		Walderdbeeren
500 g		Gelierzucker
1/2	TL	getrockneter Waldmeister (Rezept Seite 28)
1	Msp	Vitamin C
1		Spritzer Stroh-Rum (80 % Vol) zum Flambieren

Zubereitung: Von den Erdbeeren Stiele abzupfen, vorsichtig waschen und abtropfen lassen. Die Beeren mit dem Zucker mischen und einen Tag abgedeckt im Kühlschrank ziehen lassen. Die Früchtemischung aufkochen und 4 Minuten sprudelnd kochen lassen. Wenn sich oben Schaum bildet, diesen mit einer Kelle abschöpfen. Im letzten Moment Waldmeister zugeben, gut verrühren und in Marmeladengläser (diese vorher kurz durch kochendes Wasser ziehen) einfüllen. 1 Spritzer Rum darüber geben, anzünden und brennend verschließen.

P.S.: **Statt Walderdbeeren schmeckt auch sehr gut der erste rötliche Rhabarber oder Mango! Dann aber frisch geriebenen Ingwer statt Waldmeister beigeben.**

Ananas-Kumquat-Marmelade

ZUTATEN:

450	g	reife, aromatische Ananaswürfel
120	g	reife Kumquats (Mini-Orangen)
500	g	Gelierzucker
2		Sternanis
8		Blatt Basilikum
1	Msp	Vitamin C
2	cl	Rum (38 % Vol)
1		Spritzer Stroh-Rum (80 % Vol) zum Flambieren

Zubereitung: Kumquats durch kochendes Wasser ziehen, kalt abschrecken, halbieren und das Kernhaus rausschaben. Die Schale in Würfel schneiden, mit der Ananas, dem Zucker, Sternanis und Vitamin C vermischen und 1 Tag mit Klarsichtfolie verschlossen im Kühlschrank ziehen lassen. Die Früchtemischung aufkochen und 4 Minuten sprudelnd kochen lassen. Wenn sich oben Schaum bildet, diesen mit einer Kelle abschöpfen. Zum Schluss fein geschnittene Basilikumstreifen und Rum einrühren. In vorbereitete Gläser geben, mit Rum beträufeln, anzünden und brennend verschließen.

P.S.: **Durch das Flambieren ist die Marmelade länger haltbar, denn eventuell am Glasrand sitzende Keime werden dadurch abgetötet.**

BEVOR SIE FRÜCHTE, DIE SIE NICHT MEHR VERZEHREN WOLLEN, WEGWERFEN, KOCHEN SIE IHRE EIGENE MARMELADE DARAUS. ES GEHT WIRKLICH GANZ EINFACH, UND DAS ERGEBNIS IST OFT DEUTLICH BESSER IM GESCHMACK ALS INDUSTRIEWARE. EINE PACKUNG GELIERZUCKER SOLLTEN SIE ALSO IMMER IM HAUS HABEN.

Mirabellen-Chutney

Kürbis-Aprikosen-Chutney

Mirabellen-Chutney

ZUTATEN:

500	g	Mirabellen
75	g	Farinzucker
3		Schalotten
5	cl	Apfelweinessig
1	TL	Senfkörner
1/2	TL	Zimtpulver
1/2	TL	Kurkuma
1		Prise Macisblüte
1		Prise Kardamom
1		Prise Cayennepfeffer
2	cl	Mirabellenschnaps
15	g	Mandeln, gehackt und geröstet

Zubereitung: Schalotten würfeln und anschwitzen, den braunen Zucker zugeben, etwas karamelisieren und mit dem Essig ablöschen. Dann die Mirabellen und die Gewürze zufügen und einige Minuten vorsichtig kochen lassen.

Mit Mirabellenschnaps und 1 Prise Salz abschmecken, die gerösteten Mandeln unterheben und heiß in Gläser füllen. Sofort mit etwas Stroh-Rum beträufeln, abflämmen und die Gläser verschließen. Das Chutney reicht für 2 Weckgläser von 25 cl Inhalt und hält sich im Kühlschrank einige Wochen.

Es schmeckt **hervorragend zu gebratener Gänsestopfleber und zu feinen Terrinen.**

Chutney

Kürbis-Aprikosen-Chutney

ZUTATEN:

250	g	Muskatkürbis
250	g	reife Aprikosen
150	g	Aprikosen, getrocknet
3		Schalotten
4	cl	Noilly Prat
10	cl	Verjus de Périgord (Most von Trauben, Feinkostgeschäft)
10	cl	Einlegefond vom Muskatkürbis (Rezept Seite 351)
		Walnussöl
		Salz, Tabasco

Zubereitung: Schalotten würfeln und mit etwas Walnussöl anschwitzen. Den Kürbis würfeln und zugeben, ebenso die Aprikosen. Noilly Prat, Verjus und den Einlegefond zugeben und bei reduzierter Hitze einköcheln lassen.

Wenn das Chutney weich gekocht ist, in einer Moulinette sehr fein purieren, abschmecken und heiß in Gläser füllen.

Das Chutney **reicht für zwei bis drei Weckgläser von 25 cl Inhalt und hält sich etwa 1 Woche im Kühlschrank.**
Wenn man es sterilisiert auch entsprechend länger.

CHUTNEYS KOMMEN URSPRÜNGLICH AUS INDIEN. DER NAME LEITET SICH VOM HINDUWORT "CHATNI" AB. EIN GUTES CHUTNEY SOLLTE VERHÄLTNISMÄSSIG WEICH IN DER BESCHAFFENHEIT SEIN UND EINEN VOLLEN SAFTIGEN GESCHMACK HABEN. DAS ERFORDERT LANGSAMES UND VORSICHTIGES KOCHEN.

HELLER GEFLÜGELFOND

Zutaten für 1 Liter:

• 2 kg Geflügelknochen • 0,2 l trockener Weißwein • 50 g Champignons • 100 g Schalotten • 60 g Karotten • 50 g Knollensellerie • 40 g Lauch • 2 frische Zweige glatte Petersilie • 2 frische Zweige Estragon • 1 Gewürznelke • 1/2 Lorbeerblatt

Zubereitung: Die Knochen zerhacken. Mit kaltem Wasser und dem Wein bedecken, zum Kochen bringen und abschäumen. Das Gemüse waschen, putzen, klein schneiden und zusammen mit Kräutern und Gewürzen zu den Knochen geben. Bei milder Hitze im offenen Topf 1 1/2 Stunden köcheln lassen. Durch ein Sieb oder Tuch passieren und entfetten. Entweder im heißen Zustand mit Küchenkrepp absaugen oder die Brühe erkalten lassen und dann die Fettschicht abheben.

BRAUNER GEFLÜGELFOND

Zutaten für 1 Liter:

• 2 kg Geflügelknochen • 2 EL Öl • 150 g Zwiebeln • 60 g Karotten • 40 g Knollensellerie • 40 g Tomatenmark • 0,2 l trockener Weiß- oder Rotwein • 1/4 Blatt Lorbeer • 1 kleiner Zweig Thymian • 10 schwarze Pfefferkörner • 1 Gewürznelke

Zubereitung: Die Geflügelknochen in Stücke zerhacken und in dem erhitzten Öl rundherum kräftig anbraten. Man kann die Knochen auch ohne Fett auf einem Backblech im Ofen anrösten. Das geputzte, zerkleinerte Gemüse zufügen, kurz mitrösten und das Tomatenmark unterrühren. Mit dem Wein auffüllen und die Flüssigkeit stark einkochen lassen. Das Wasser dazugießen, aufkochen lassen und abschäumen. Kräuter und Gewürze zufügen und bei milder Hitze im offenen Topf 2 Stunden köcheln. Durch ein Sieb oder Tuch passieren und nach Belieben entfetten.

HELLER KALBSFOND

Zutaten für 1 Liter:

• 2 kg Kalbfleischknochen • 0,2 l trockener Weißwein • 150 g Zwiebeln • 60 g Karotten • 40 g Knollensellerie • 40 g Lauch • 1 Tomate • 1 Gewürznelke • 5 weiße Pfefferkörner • 1/2 ungeschälte Knoblauchzehe • je 1 Zweig Thymian und Rosmarin • 2-3 frische Zweige glatte Petersilie • 2 frische Zweige Estragon

Zubereitung: Die Knochen grob zerhacken. Mit kaltem Wasser und Wein bedecken und zum Kochen bringen. Abschäumen. Das geputzte, zerkleinerte Gemüse, die Gewürze und Kräuter zufügen und im offenen Topf bei milder Hitze 2-2 1/2 Stunden köcheln lassen. Durch ein feines Haarsieb oder Tuch passieren und - falls nötig - entfetten. Entweder im heißen Zustand mit Küchenkrepp aufsaugen oder die Brühe erkalten lassen und die erstarrte Fettschicht abheben.

BRAUNER KALBSFOND

Zutaten für 1 Liter:

• 2,5 kg Kalbsknochen • 1-2 EL Öl • 150 g Zwiebeln • 60 g Karotten • 40 g Knollensellerie • 40 g Tomatenmark • 0,3 l trockener Rotwein • 1/2 Lorbeerblatt • je 1 Zweig Thymian und Rosmarin • 10 schwarze Pfefferkörner • 1-2 Gewürznelken • 5 Pimentkörner • 1/2 Knoblauchzehe

Zubereitung: Die Knochen fein zerhacken und in dem erhitzten Öl von allen Seiten kräftig anbraten. Das Fett abgießen. Das Gemüse waschen, putzen, klein schneiden und zufügen. Unter ständigem Rühren anrösten. Das Tomatenmark unterrühren, nach und nach Wein und etwas Wasser zugießen, dabei immer wieder ein bisschen einkochen lassen; so erhält der Fond später eine schöne klare Farbe. Nach dem letzten Einkochen die Knochen gut mit Wasser bedecken, aufkochen lassen und abschäumen. Kräuter und Gewürze zufügen und bei milder Hitze im offenen Topf 2-2 1/2 Stunden köcheln lassen. Durch ein Sieb oder Tuch passieren und entfetten.

P.S.: DURCH REDUZIEREN MACHEN SIE AUS DEN FONDS EINE KRÄFTIGE JUS. SIE KÖNNEN DIESE AUCH PORTIONSWEISE EINFRIEREN.

FOND VOM MILCHLAMM ODER ZICKLEIN

Zutaten für 1 Liter:

• 2 kg Milchlamm- oder Zickleinknochen • 150 g Zwiebeln • 60 g Karotten • 40 g Sellerie • 1 Knoblauchzehe (mit Schale) • 40 g Tomatenmark • 4 EL Olivenöl • 1/2 Lorbeerblatt • 1 Gewürznelke • je 1 Zweig Thymian und Rosmarin • 10 Pfefferkörner (schwarz und weiß) • 0,2 l trockener Weiß- oder Rotwein

Zubereitung: Die Knochen zusammen mit dem geputzten und zerkleinerten Gemüse in einer Kasserolle mit Olivenöl im Ofen hell anrösten. Knoblauch, Tomatenmark, Lorbeerblatt, Nelke, Thymian, Rosmarin und Pfefferkörner zufügen. Mit Wein und Wasser auffüllen und offen im Ofen oder auf dem Herd bei milder Hitze 2 Stunden köcheln lassen. Durch ein Sieb passieren und falls nötig entfetten (mit Küchenpapier im heißen Zustand oder die Brühe erkalten lassen und die erstarrte Fettschicht abheben).

TIPP: **Wenn man das Tomatenmark und den Rotwein weglässt, ergibt es einen hellen Fond.**

LAMMFOND

Zutaten für 1 Liter:

•2-2,5 kg Lammknochen • 2-3 EL Öl • 150 g kleine Zwiebeln • 60 g Karotten • 50 g Knollensellerie • 50 g Tomatenmark • 0,3 l Rotwein • 1 Lorbeerblatt • je 1 Zweig Thymian und Rosmarin • 1 Knoblauchzehe • 4 Pimentkörner • 10 schwarze Pfefferkörner • 1-2 Gewürznelken

Zubereitung: Die Knochen fein zerhacken und in einer Kasserolle in dem erhitzten Öl von allen Seiten anbraten. Das geputzte, zerkleinerte Gemüse zufügen und mit anrösten. Das angesammelte Fett abgießen. Das Tomatenmark unterrühren und nochmals anrösten. Nach und nach mit Wein und Wasser angießen, dabei zwischendurch immer wieder die Flüssigkeit einköcheln lassen. Das gibt dem Fond nachher eine schöne klare, dunkelbraune Farbe. Nach dem Einkochen die Knochen mit kaltem Wasser bedecken, aufkochen und abschäumen. Die Kräuter und Gewürze zufügen und bei milder Hitze im Ofen oder auf dem Herd im offenen Topf etwa 3 1/2 Stunden köcheln lassen. Durch ein feines Haarsieb oder Tuch passieren und entfetten - im heißen Zustand mit Küchenkrepp oder die Brühe erkalten lassen und die erstarrte Fettschicht abheben.

WILD- ODER WILDGEFLÜGELFOND

Zutaten für 1 Liter:

• 2,5 kg Wildknochen • 2 EL Öl • 150 g Zwiebeln • 60 g Karotten • 40 g Knollensellerie • 50 g Tomatenmark • 0,3 l Rotwein • 1 Lorbeerblatt • je 1 Zweig Thymian und Rosmarin • 6 Pimentkörner • 10 schwarze Pfefferkörner • 10 Wacholderbeeren • 1 Gewürznelke

Zubereitung: Die Knochen fein zerhacken und in einer Kasserolle in dem erhitzten Öl anbraten. Das geputzte, zerkleinerte Gemüse zufügen und 5-8 Minuten mitrösten. Das Fett abgießen und das Tomatenmark unterrühren. Nochmals kurz anrösten. Nach und nach den Wein und das Wasser zugießen, zwischendurch die Flüssigkeit immer wieder ganz einkochen lassen. Nach dem letzten Einkochen kaltes Wasser über die Knochen geben, aufkochen lassen und abschäumen. Die Kräuter und Gewürze zufügen, bei milder Hitze im Ofen oder auf dem Herd im offenen Topf 2-2 1/2 Stunden köcheln lassen. Durch ein feines

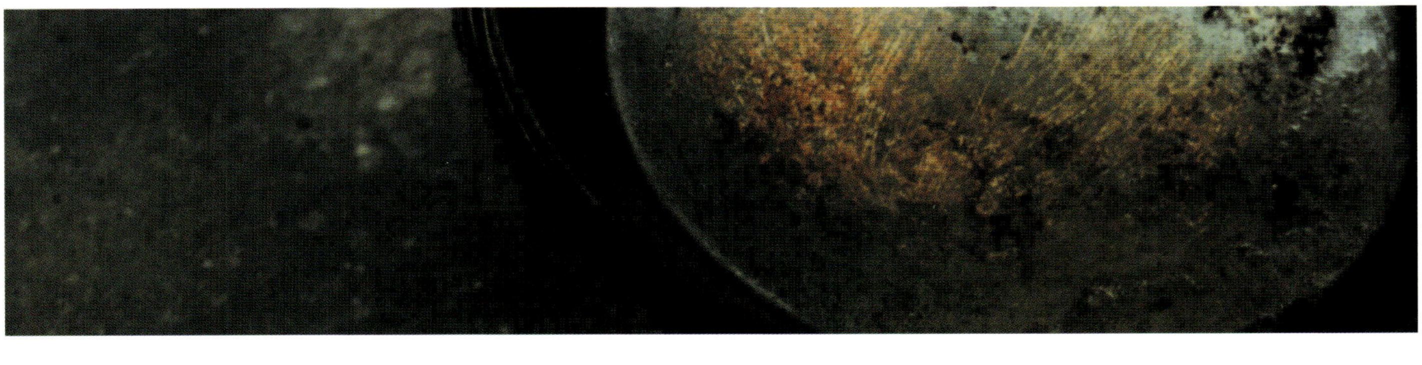

Haarsieb oder Tuch passieren und entfetten - entweder im heißen Zustand mit Küchenkrepp aufsaugen oder die Brühe erst erkalten lassen und die erstarrte Fettschicht dann abheben. Nach Belieben zur gewünschten Konsistenz einköcheln.

FISCHFOND

Zutaten für 1 Liter:
• 750 g Fischgräten (von Seezunge, Rotzunge, Steinbutt, Forelle, Zander) • 80 g Staudensellerie • 1/2 Stange Lauch (nur das Helle) • 5 Schalotten oder 3 Zwiebeln • 20 g Butter • 4 frische Zweige glatte Petersilie • 1 frischer Zweig Thymian • 1 frischer Zweig Estragon • 1 Lorbeerblatt • 6 weiße Pfefferkörner • 1 Gewürznelke • 1/2 l trockener Weißwein

Zubereitung: Die Fischgräten zerkleinern und in eine Schüssel geben. Mit kaltem, fließendem Wasser so lange wässern, bis das Wasser ganz klar abläuft. Den Sellerie und Lauch waschen, putzen und in feine Würfel schneiden. Die Schalotten schälen und vierteln. In der erhitzten Butter glasig dünsten. Fischgräten, Gemüse, Kräuter und Gewürze zufügen, mit Wein und kaltem Wasser bedecken. Bei milder Hitze im offenen Topf 15 Minuten köcheln lassen und - falls nötig - zwischendurch abschäumen. Die Brühe durch ein sehr feines Haarsieb oder Tuch passieren.

FISCHGELEE

1/4 l schön klar hergestellten Fischfond mit 2 1/2 Blatt Gelatine aufgelöst in 4 cl warmem Wein verrühren. Nach Wunsch 1 Prise Safranpulver zugeben und mit Salz, Tabasco und Sherry gut würzig abschmecken. Das Gelee kann kalt in Würfelchen geschnitten oder erwärmt aufgelöst zum Überglänzen verarbeitet werden. **P.S.:** Sollte der Fischfond nicht klar genug sein, kalt 2 Eiweiß einschlagen, vorsichtig, nur ab und zu über den Boden rührend, einmal aufkochen und ca. 12 Minuten sieden lassen. Danach behutsam durch ein Tuch laufen lassen.

HUMMER, LANGUSTEN- ODER KREBSFOND

Zutaten für 1 Liter:
• 500 g Karkassen von Krustentieren • 30 g geklärte Butter (Butterfett) • 250 g geputztes Gemüse (Karotten, Lauch, Zwiebeln, Fenchel, Staudensellerie) • 4 cl Cognac • 0,2 l trockener Weißwein • 250 g geschälte Tomaten (aus der Dose) • 1/2 Knoblauchzehe • 10 zerdrückte weiße Pfefferkörner • 5 Pimentkörner • 1 Zweig Thymian • 2 frische Zweige Estragon

Zubereitung: Die Karkassen gut unter fließend kaltem Wasser abspülen. Abtropfen lassen und im Mörser fein zerstampfen. In dem erhitzten Butterfett zusammen mit den Gemüsen anrösten. Mit dem Cognac ablöschen und flambieren. Den Weißwein dazu gießen, die Tomaten im Mixer pürieren und unterrühren. Alles gerade eben mit kaltem Wasser bedecken. Gewürze und Kräuter untermischen und bei milder Hitze im offenen Topf 20 Minuten köcheln lassen. Ein Durchschlagsieb mit einem Passiertuch auslegen und den Krustentierfond hineinschütten. Die Tuchenden fassen und gleichmäßig nach unten und oben bewegen, so lange, bis der Fond durchgelaufen ist. Durch diesen Vorgang kommt mehr von der Tomatenessenz durch das Tuch und gibt damit dem Fond eine schönere Farbe.

REDUKTION VON BRAUNEN UND KRUSTENTIERFONDS

Zutaten für je 2-3 Esslöffel:
• 0,2 l Fond (von Kalb, Geflügel, Wild oder Krustentieren)

Zubereitung: Den Fond in einer Kupferkasserolle bei milder Hitze langsam dickflüssig einkochen.

Abwandlung Krustentiersahne: **3 EL Crème fraîche, Crème double oder ungesüßte Schlagsahne (30 % Fett) mit 1 EL Krustentierreduktion vermischen und mit 4 Tropfen Balsamicoessig und 1/2 TL Vinaigrette aromatisieren.**

Anmerkung: **Reduktionen werden zur Färbung und Geschmacksverbesserung von Terrinen, Pasteten und Soufflés gebraucht, aber auch für kalte Sahne- und Cremesaucen. Bei einer Reduktion zeigt es sich, wie** wichtig es ist, bei der Grundzubereitung von Fonds keinerlei Salz zu verwenden. Denn das starke Einkochen intensiviert die Aromastoffe.

FISCHFARCE

Zutaten für 4 Personen:

• 200 g Zanderfilet • Salz • Tabasco • 180 g Sahne • 2 cl trockener Sherry • 1/2 Zitrone

Zubereitung:

Das Zanderfilet (statt Zander kann man auch Hecht oder Forelle verwenden) häuten und Gräten ziehen. Das Fleisch klein schneiden und mit Salz und 1 Spritzer Tabasco würzen. Separat mit der Sahne in das Tiefkühlfach geben und leicht anfrieren lassen. Nach etwa 30 Minuten die Fischmasse in die Moulinette geben und 10-20 Sekunden durchmixen. Zuerst die Hälfte der Sahne zufügen, kurz durchmixen und dann den Rest dazugießen. Alles schnell zu einer glatten glänzenden Farce verarbeiten. Die Farce durch ein feines Haarsieb streichen, mit Sherry, etwas Zitronensaft und Salz abschmecken.

Anmerkung: **Für das gute Gelingen einer Farce ist es wichtig, dass die Zutaten richtig durchgekühlt sind, sonst "verbrennt" sie bei der hohen Drehzahl der Moulinette, und die Farce verliert ihre Bindung.**

Von jeder Farce immer vor der weiteren Verarbeitung ein Probeklößchen machen:

Mit einem Teelöffel etwas von der Farcemasse abstechen und in siedendem Wasser 3 Minuten ziehen lassen. Das Klößchen heraus nehmen und durchschneiden; die Schnittfläche sollte glatt und glänzend sein. Ist das Klößchen zu fest, noch 1-2 EL Schlagsahne unter die gut gekühlte Farce ziehen. Die Farce kann man nach Wunsch färben, mit gemixten Kräutern (Petersilie, Dill, Sauerampfer) grün, mit Safran gelb und mit wenig Rote-Bete-Saft rötlich. Diese Farce ist die Basis für Terrinen, Klößchen und Füllungen. Für Soufflés hebt man geschlagenes Eiweiß und geschlagene Sahne unter die Masse.

DIE HÄNDE DES MEISTERS. DIETER MÜLLER IST LINKSHÄNDER.
DIE KOCHMESSER DER MARKE GLOBAL SIND OHNE AUFPREIS IN LINKSHÄNDER-VERSIONEN LIEFERBAR.
MIT GUTEM WERKZEUG ZU ARBEITEN MACHT SPASS UND ERLEICHTERT DIE ARBEIT. DIE HIER ABGEBILDETEN GLOBAL-MESSER SIND EINE IDEALE AUSSTATTUNG FÜR DIE PROFESSIONELLE KÜCHENEINRICHTUNG.

FÜR KRUSTENTIERFARCE:
Rohes, ausgebrochenes Hummerfleisch oder ausgebrochene rohe Langustinen im Verhältnis 1:1 zum Zanderfilet verarbeiten.

GEFLÜGELFARCE
Zutaten für 4-6 Personen:
• 100 g Poularden- oder Hähnchenbrustfleisch (ohne Haut) • 30 g Gänsestopfleber • Salz und weißer Pfeffer aus der Mühle • 100 g Sahne • 2 cl weißer Portwein
Zubereitung: Das Fleisch und die Gänsestopfleber fein schneiden und mit Salz und Pfeffer abschmecken. Separat mit der Sahne in das Tiefkühlfach geben und leicht anfrieren lassen.
Dann zusammen mit der Sahne in der Moulinette zu einer glatten glänzenden Farce vermixen.
Die fertige Farce 15 Minuten kühl stellen, durch ein feines Passiersieb streichen und mit Portwein und 1 Prise Salz abschmecken. Zum Schluss die Schlagsahne unterheben.
Anmerkung: **Damit die Farce gelingt und nicht stumpf und trocken wird, ist es wichtig, dass das Fleisch und die Sahne im leicht angefrorenen Zustand - also gut durchgekühlt - verarbeitet werden. Denn durch die hohe Drehzahl, mit der die Moulinette arbeitet, erwärmt sich die Masse zu schnell und könnte dann gerinnen ('verbrennen'). Gänsestopfleber verfeinert die Farce. Sie können aber darauf verzichten.**
Bevor man die Farce weiter verarbeitet, sollte unbedingt eine Probe gemacht werden:
1 Klößchen mit einem Teelöffel von der Masse abstechen und in siedendes Wasser geben. Ist sie zu weich, arbeitet man noch etwas gemixtes Brustfleisch unter die gut durchgekühlte Farce. Ist sie im Biss zu fest, wird etwas Schlagsahne zugefügt.
Diese Farce ist die Basis für Terrinen, Füllungen und Klößchen. Mit blanchiertem, gut ausgedrücktem Spinat, Petersilie und Kerbel alles gut durchgekühlt vermixt, haben sie eine sehr schöne grüne Farce.
KALBFLEISCHFARCE MIT KALBFLEISCH UND WILDFARCE MIT REHFLEISCH.

BÄRLAUCHPESTO
Zutaten:
• 200 g Bärlauchblätter (März/April) • 50 g Petersilienblätter • 50 g geriebener Parmesan • 2 EL Pinienkerne • 0,2 l Olivenöl (Extra Vergine) • 1 TL weißer Balsamico • Salz und weißer Pfeffer aus der Mühle
Zubereitung: Die gewaschenen Bärlauchblätter 5 Sekunden in kochendem Salzwasser blanchieren. Sofort in Eiswasser abkühlen, sehr gut ausdrücken und mit den anderen Zutaten im Mixer dickflüssig fein pürieren.
Mit Salz, Pfeffer und Balsamico würzig abschmecken und im verschlossenen Einweckglas im Kühlfach aufbewahren.

PESTOSAUCE
Zutaten:
• 50 g Blattpetersilie • 50 g Basilikumblätter • 50 g Pinienkerne • 20 g Parmesan oder Peccorino, fein gerieben • 1 Zoll gutes Olivenöl • 2 EL weißer Balsamico • Salz und Pfeffer
Zubereitung: Alle Zutaten im Mixer unter Zugabe des Olivenöls zu einer sämigen Sauce aufmixen. Pestosauce, die nicht gebraucht wird, kann im verschlossenen Einmachglas etwa 3-4 Wochen im Kühlschrank aufbewahrt werden.

SAUCE VERTE
Zutaten:
• 2 Bund Basilikum • 1 Bund Petersilie • 1/4 Knoblauchzehe • 2 EL Pinienkerne • 0,15 l feines Olivenöl (Extra Vergine) • 1 TL feine Kapern • 1 Spritzer weißer Balsamico • Salz und weißer Pfeffer aus der Mühle
Zubereitung: Die Kräuter waschen, schleudern, die Blättchen von den Stielen zupfen. Die Knoblauchzehe abziehen. Alles zusammen mit den restlichen Zutaten für die Sauce mit 1 Prise Salz im elektrischen Mixer fein zu einer Paste pürieren.
TIPP: **Diese Sauce kann man gut verschlossen in einem Einweckglas im Kühlschrank einige Tage aufbewahren. Risottos und Teigwaren kann man köstlich mit dieser Sauce servieren.**

FISCH-WEISSWEIN-SAUCE

Zutaten für 8 Personen:

• 1/2 l Fischfond (Rezept Seite 340) • 0,2 l trockener Weißwein • 1 EL Mehlbutter (Rezept Seite 354) • 150 g Sahne (30 % Fett) • 10 g Crème fraîche • 1/2 Zitrone • Salz

Zubereitung: Den Fischfond mit Wein und der Mehlbutter langsam zum Kochen bringen und auf die Hälfte der Flüssigkeit einkochen. Die Sahne und Crème fraîche zufügen und wieder auf ein Drittel der Flüssigkeit reduzieren. Mit etwas Zitronensaft und Salz abschmecken.

Diese Grundsauce lässt sich verschieden abwandeln:

Champagnersauce: 6 cl Champagner bei milder Hitze stark reduzieren. 0,2 l von der Fisch-Weißwein-Sauce zufügen und auf 0,15 l einkochen lassen. Mit 20 g eiskalten Butterwürfeln montieren, eventuell etwas nachwürzen und kurz vor dem Servieren einen Schuss Champagner und 1 EL geschlagene, ungesüßte Sahne (30 % Fett) unterziehen.

Kräutersauce: 1 EL verschiedene gehackte Kräuter mit 25 g Butter mixen und gut gekühlt kurz vor dem Servieren unter die Fisch-Weißwein-Sauce schlagen.

DER IDEALE KÜCHENMIXER (MIT HEIZPLATTE UND WAAGE). IN DIETER MÜLLERS KÜCHE WIRD MIT GERÄTEN VON VORWERK GEARBEITET.

MARCHAND DE VIN (WEINHÄNDLER-SAUCE)

Zutaten für 4 Personen:

• 300 g Schalotten • 20 g Butter • 1/4 l trockener Rotwein • 1 l brauner Kalbsfond (Rezept Seite 338) • 8 zerdrückte schwarze Pfefferkörner • Salz

Zubereitung: Die Schalotten abziehen und in Scheiben schneiden. In der erhitzten Butter glasig dünsten. Mit Rotwein und Kalbsfond aufgießen, die Pfefferkörner zufügen und bei milder Hitze auf 1/4 l Flüssigkeit reduzieren. Durch ein feines Haarsieb passieren und nochmals um die Hälfte einkochen. Mit Salz abschmecken.

Anmerkung: **Diese Sauce erhält ihre natürliche Bindung durch die Schalotten, ist kräftig im Geschmack und hat einen schönen dunklen Glanz. Man serviert sie am besten zu dunklem Fleisch. Sie passt aber auch ebenso gut zu gebratenen Bluttaubenbrüstchen, Gänsestopfleber und Kalbsbries auf Salat.**

MAYONNAISE

Zutaten für 500 g:

• 4 Eigelb • 1 EL Gewürzgurkenfond • 2 EL trockener Weißwein • Saft von 1/2 Zitrone • 1/2 TL Delikatess-Senf • 0,5 l kaltgepresstes Distel- oder Sonnenblumenöl • Salz • weißer Pfeffer aus der Mühle

Zubereitung: Die Eigelbe mit Gurkenfond, Wein, Zitronensaft und Senf in einer hochwandigen Schüssel verschlagen. Unter ständigem Rühren, das geht am besten mit einem Schneebesen oder dem elektrischen Handrührer, langsam das zimmerwarme Öl dazugießen. Mit Salz und Pfeffer würzen. In ein sauberes Glas füllen und im Kühlschrank aufbewahren; hält sich bis zu 3 Wochen frisch.

Wichtige Abwandlungen der Mayonnaise:

Sauce Tatar: 200 g Mayonnaise mit je 1 TL sehr fein gehackten Cornichons, hartgekochten Eiern, gehackter glatter Petersilie, extra feinen Kapern, 1 Prise Salz und Pfeffer vermischen.

Cocktailsauce: 200 g Mayonnaise mit 1 gewürfelten Gewürzgurke, 1 EL Kapern, 1 gewässerten und zerdrückten Sardelle und reichlich gehackter glatter Petersilie vermischen.

SAUCE AMÊRICAINE (HUMMERSAUCE)

Zutaten für 8 Personen:

• 700 g Hummerkarkassen (oder Hummerbruch) • 30 g geklärte Butter (Butterfett) • 4 Schalotten • 4 cl Cognac • 1 EL Mehl • 0,3 l trockener Weißwein • 3/4 l heller Geflügelfond (Rezept Seite 338) • 250 g geschälte Tomaten (aus der Dose) • 1 frischer Zweig Thymian • 3 frische Zweige Estragon • 10 zerdrückte schwarze Pfefferkörner • 1/2 Knoblauchzehe • 100 g Fenchel • 100 g Karotten • 100 g Knollensellerie • 10 g Butter • 2 Tomaten • Salz • 4 cl weißer Portwein

Zubereitung: Die Hummerkarkassen im Mörser fein zerdrücken. Das Butterfett erhitzen. Die Schalotten abziehen, in dünne Scheiben schneiden und in dem Fett glasig dünsten. Die Hummerkarkassen zufügen und unter Rühren kräftig anrösten. Mit dem Cognac ablöschen und flambieren. Das Mehl darüber stäuben, mit Weißwein, Geflügelfond und den pürierten Tomaten auffüllen. Die Kräuter, Gewürze und Knoblauch zufügen. 20 Minuten köcheln lassen. Durch ein feines Haarsieb passieren und auf 3/8 l Flüssigkeit einkochen. Die Gemüse waschen, putzen und in kleine Würfel schneiden. In der erhitzten Butter andünsten. Mit der Hummersauce aufgießen und 5 Minuten köcheln lassen. Die Tomaten überbrühen, häuten, halbieren und entkernen. Das Fruchtfleisch fein würfeln und unter die Sauce geben. Etwas einköcheln, mit Salz und Portwein abschmecken.

Anmerkung: **Diese Sauce lässt sich zu allen Krustentieren und Fischen mit Krustentieren servieren. Mit einem Schuss Champagner und 2 EL geschlagener Sahne (30 % Fett) kann man sie verfeinern und verlängern.**

SAUCE BÉCHAMEL (MILCHSAUCE)

Zutaten für 4 Personen:

• 60 g Butter • 75 g Mehl • 1 l Vollmilch • 1 geschälte Zwiebel, gespickt mit 2 Gewürznelken und 1 Lorbeerblatt • Muskatnuss • Salz

Zubereitung: Die Butter in einer Kasserolle erhitzen. Das Mehl zufügen und alles hell anschwitzen. Den Topf vom Herd nehmen und die Mehlschwitze erkalten lassen. Die Milch aufkochen, unter die Mehlschwitze rühren, wieder auf den Herd stellen und unter ständigem Rühren erhitzen.

Die gespickte Zwiebel zufügen und bei milder Hitze 30 Minuten köcheln lassen. Zwischendurch mehrfach umrühren. Mit etwas abgeriebener Muskatnuss und Salz würzen. Durch ein Tuch oder feines Sieb passieren.

Anmerkung: **Diese Sauce passt gut zu Gemüse als Bindung oder zum Gratinieren.**

Hier die wichtigsten Abwandlungen einer Milchsauce:

Sauce Mornay: Unter die abpassierte Milchsauce 20 g kalte Butterwürfel und 2-3 EL frisch geriebenen Parmesan rühren.

Meerrettichsauce: Die Milchsauce mit reichlich frisch geriebenem Meerrettich würzen und mit etwas Zitronensaft abrunden.

Sauce Soubise (weiße Zwiebelsauce): 300 g geschälte, in Scheiben geschnittene Zwiebeln in 1/4 l Milch weich dünsten und durch ein Sieb passieren. Mit der Béchamel-Sauce aufmixen, mit Cayennepfeffer würzen.

TIPP: **Die Sauce Soubise mit 2-3 EL Hollandaise vermischen, auf Steaks vom Schwein oder Rind streichen und gratinieren - schmeckt ganz ausgezeichnet.**

SAUCE HOLLANDAISE

Zutaten für 4 Personen:

• 150 g Butter • 3 Eigelb • 1 EL Weißwein • Salz • Saft von 1/2 Zitrone

Zubereitung: Die Butter bei milder Hitze zerlassen. In einem emaillierten Topf die 3 Eigelb mit je 1 EL kaltem Wasser und Weißwein im Wasserbad cremig aufschlagen, dann die zerlassene Butter langsam unterrühren. Die Sauce im Wasserbad weiterhin bis zu einer cremigen Konsistenz aufschlagen. Anschließend mit Salz und Zitronensaft abschmecken. Diese Sauce sollte immer à la minute zubereitet und dann sofort serviert werden.

Hier die wichtigsten Abwandlungen der Hollandaise:

Sauce Mousseline: Die Hollandaise mit 2-3 EL geschlagener Sahne (30 % Fett) vermischen. Die Sauce Mousseline ist gut zum Gratinieren geeignet.

Sauce Béarnaise: Nachfolgende Zutaten über lebhaftem Feuer reduzieren, bis fast alle Flüssigkeit verkocht ist. Man gibt die Reduktion in die Hollandaise und würzt anschließend mit Salz, Pfeffer und Zitrone nach:

• 2 TL Estragonessig • 1 EL fein gehackte Estragonblätter • 1 EL glatte Petersilie, fein gehackt • 1-2 Schalotten, fein gehackt • 6 cl trockener Weißwein • frisch gemahlener weißer Pfeffer

Sauce Choron: Eine Béarnaise mit 1/2 TL eingekochtem, passiertem Tomatenmark verrühren.

TIPP: **Bei der Zubereitung einer Hollandaise in einem Topf mit emaillierter Oberfläche behalten die in der Sauce enthaltenen Eigelbe ihre Farbe besonders gut. Bei Zubereitung einer Hollandaise in einem Topf mit metallener Oberfläche (Edelstahl, Aluminium und Guss) verliert die Sauce etwas von ihrer leuchtend gelben Farbe. Die Hollandaise lässt sich auch im Mikrowellengerät zubereiten.**

SAUCE RICHE
(REICHE SAUCE)

Zutaten:

• 300 g Champignons • 20 g Butter • 100 g Gänsestopfleber (auch marinierte Abschnitte) • 0,4 l brauner Kalbsfond (Rezept Seite 338) • 200 g Sahne • 4 cl Weißwein • 2 cl Cognac • Salz und Pfeffer aus der Mühle

Zubereitung: Die Champignons putzen, waschen, trockentupfen und in feine Scheiben schneiden. In der erhitzten Butter goldbraun braten. Die Gänseleber in feine Stücke schneiden, zufügen und kurz schwenken. Mit dem Weißwein, Kalbsfond und Sahne auffüllen. Die Flüssigkeit nun auf die Hälfte einkochen lassen und durch ein feines Haarsieb passieren. Auf die gewünschte Konsistenz reduzieren und mit Cognac, Salz und Pfeffer fein abschmecken.

P.S.: **Diese feine Sauce passt bestens zu Geflügel und hellen Fleischgerichten.**

TOMATENSAUCE

Zutaten:

• 1 l eingelegte Eiertomaten (Dose oder Glas/Feinkostgeschäft) • 200 g gewürfeltes Wurzelgemüse (Zwiebel, Lauch, Staudensellerie, Karotte) • 1 Knoblauchzehe • 2 EL Tomatenmark • 5 EL Olivenöl • je 1 Zweiglein Liebstöckel, Thymian, Rosmarin • Salz und Pfeffer aus der Mühle

Zubereitung: Gemüse mit geschälter Knoblauchzehe in heißem Olivenöl ca. 3 Minuten schwenken. Tomaten, Tomatenmark und die Kräuter zugeben und bei kleiner Hitze ca. 12 Minuten dickflüssig einköcheln lassen. Danach durch ein grobes Sieb passieren und mit Salz und Pfeffer würzig abschmecken. Die Sauce kann in Gläser abgefüllt, gut verschlossen, mehrere Tage im Kühlschrank aufbewahrt werden.

TIPP: **Die Tomatensauce kann sehr gut zu Nudelgerichten, Risottos oder Pilzen gereicht oder verarbeitet werden.**

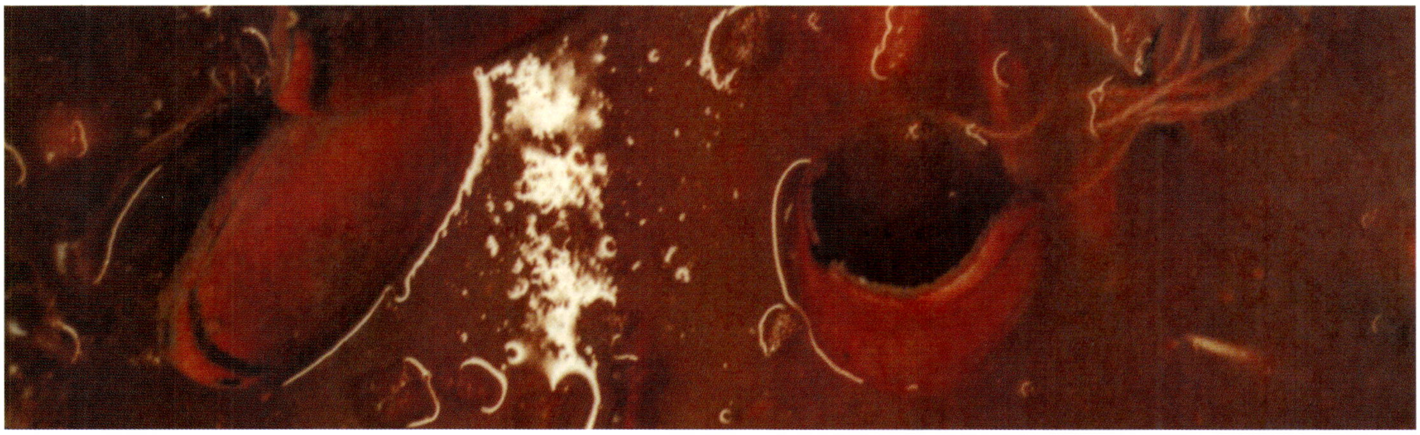

VELOUTÉ
(WEISSE GRUNDSAUCE)

Zutaten für 4 Personen:

• 50 g Lauch (nur das Helle) • 2 Schalotten • 50 g Knollensellerie • 60 g Butter • 75 g Mehl • 1 l heller Geflügel- oder Kalbsfond (Rezept Seite 338) • 1/4 l trockener Weißwein • Salz • weißer Pfeffer aus der Mühle

Zubereitung: Lauch, Schalotten und Sellerie putzen, klein schneiden und in der erhitzten Butter andünsten. Mit dem Mehl überstäuben und hell anschwitzen. Mit dem kalten Fond und Weißwein aufgießen und unter häufigem Rühren 45 Minuten zur gewünschten Bindung einköcheln. Mit Salz und Pfeffer würzen und durch ein Tuch oder feines Haarsieb passieren.

Anmerkung: **Die Velouté ist die wichtigste weiße Grundsauce für Geflügel oder Kalbsfrikassee und Gemüse. Sie wird nur noch mit Sahne oder Crème double geschmacklich abgerundet.**

VINAIGRETTE
(SALATSAUCE)

Zutaten für 4 Personen:

• 2 Schalotten • 0,1 l Consommé (stark eingekochter Fischfond) • je 4 EL kaltgepresstes Walnuss-, Distel- und Traubenkernöl • 2 EL Sherry- oder Zitronenessig • 1/2 TL Balsamicoessig • 2 EL Sherry (medium/Amontillado) • 1/2 TL Dijonsenf • Salz • weißer Pfeffer aus der Mühle • 1 Prise Zucker

Zubereitung: Die Schalotten abziehen, fein würfeln und 30 Sekunden blanchieren. In Eiswasser abschrecken und gut abtropfen lassen. Mit den restlichen Zutaten gut verrühren und abschmecken. In ein gut verschließbares Gefäß füllen und im Kühlschrank aufbewahren; hält sich mindestens 5 Tage frisch.

Wichtige Abwandlungen der Vinaigrette:

Kräuter-Vinaigrette:
Zugabe von 2 EL fein geschnittenen frischen Kräutern (z.B. Schnittlauch, Liebstöckel, glatte Petersilie, Kerbel, Estragon, Dill).

Meerrettich-Senfsaat-Sauce:
4 EL Crème fraîche mit 2 EL Vinaigrette verrühren. 1 Msp Dijonsenf, 1 TL gekochte Senfsaatkörner, 1 TL geschälter, sehr fein gewürfelter Meerrettich und 1 TL Dillspitzen zufügen. Mit Pfeffer und Salz abschmecken.

Hummertrüffelsahne:
4 EL Crème fraîche mit 2 EL Vinaigrette verrühren. 2 EL Hummerreduktion, 20 g sehr fein gewürfelte schwarze Trüffel, 1 EL roten Portwein und 1 Spritzer Balsamicoessig zufügen. Mit Salz abschmecken.

BAUMKUCHEN

Zutaten:

• 12 Eigelb • 100 g Butter • 100 g Zucker • 12 Eiweiß • 240 g Mehl • Salz

Zubereitung: Eigelbe, Butter und Zucker schaumig rühren und das Eiweiß steif schlagen. Alles zusammen mit dem gesiebten Mehl und etwas Salz vermischen. Mit Oberhitze auf Backpapier dünn in 4 Scheiben nacheinander goldbraun backen und abkühlen.

BLÄTTERTEIG

Zutaten für 1 kg Teig:

• 500 g Mehl (Type 405) • 50 g Butter • 10 g Salz • 1/4 Zitrone • 0,2 l Wasser • Mehl zum Ausrollen • 350 g Butter • Wasser zum Bestreichen

Zubereitung: Das Mehl auf eine Arbeitsfläche sieben und in die Mitte eine breite Mulde drücken. Da hinein die Butter, das Salz, den ausgepressten Zitronensaft und

das Wasser geben und nun vom Rand her zur Mitte alles zu einem geschmeidigen Teig verarbeiten. Zu einer Kugel formen, die Oberfläche kreuzweise einschneiden und zugedeckt 60 Minuten kühl ruhen lassen. Dann die Teigkugel auf einer bemehlten Fläche 6 mm dünn ausrollen; die Mitte sollte etwas dicker sein. Die nicht zu weiche Butter zu einem flachen viereckigen Stück ausformen und auf die dickste Teigstelle in der Mitte geben.

Den Rand des Teiges mit Wasser bestreichen, die Teigenden über der Butter wie ein Paket zusammen schlagen, etwas flach drücken, auf ein mit Mehl bestäubtes Tuch legen und 20 Minuten kühl stehen lassen. Auf einer bemehlten Fläche dann zu einem rechteckigen Stück von 1,5 cm Dicke ausrollen, dabei mit gleichmäßigem Druck arbeiten und die Rolle abwechselnd von unten nach oben und von rechts nach links führen. Für die erste einfache Tour zwei Drittel des Teiges zusammenklappen (wie ein Handtuch). Diese doppelte Tour ebenfalls dreimal wiederholen und zwischendurch immer wieder 20 Minuten kühl stellen. Den fertigen Teig in Portionen aufteilen und nach Bedarf einfrieren. Aufgetaut lässt er sich ebenso gut wieder verarbeiten.

Anmerkung: **Je exakter und sorgfältiger Sie beim Tourengeben arbeiten, umso besser wird das spätere Ergebnis. Beim Ausrollen immer darauf achten, dass der Teig auf einer bemehlten, kühlen Platte (am besten Marmor) bearbeitet wird. Und vor jedem Zusammenklappen vom Teig sorgfältig den Mehlstaub abbürsten. Wenn Ihnen die Blätterteigherstellung zu aufwendig ist, können Sie sich den Teig bei Ihrem Bäcker bestellen oder einen fertigen TK-Blätterteig nehmen, der sich sehr gut verarbeiten lässt.**

BISKUITTEIG

Zutaten:

• 2 Eier • 3 Eigelb • 185 g Zucker • 115 g gemahlene Mandeln • 90 g Mehl • 7 Eiweiß

Zubereitung: Die Eier, Eigelbe, 110 g Zucker und die gemahlenen Mandeln mit der Rührmaschine weiß schaumig aufschlagen. Eiweiß mit dem restlichen Zucker zu einem festen Eischnee schlagen und anschließend mit dem gesiebten Mehl unter die Eiermasse heben. Ein Backblech mit Backpapier versehen und die Biskuitmasse gleichmäßig aufstreichen. Im Backofen bei 200° C etwa 10 Minuten backen. Ist der Biskuit fertig gebacken, zieht man diesen sofort auf ein Gitter, um ihn rasch abzukühlen.

CRÈME PÂTISSIÈRE

Zutaten:

• 0,5 l Milch • 250 g Zucker • Mark einer Vanilleschote • 6 Eigelb • 60 g Mehl

Zubereitung: Die Milch mit 125 g Zucker aufkochen. Die restlichen Zutaten in einer Schüssel verrühren. Nun etwa ein Drittel der kochenden Milch zur Eimasse gießen und diese dann wieder zur Milch gießen. Die Creme unter ständigem Rühren aufkochen und ca. 3 Minuten leicht weiterköcheln lassen. Sofort in eine kalte Schüssel füllen und mit etwas Puderzucker bestreuen, so dass sich beim Abkühlen keine Haut bildet. Die Creme nun durch ein feines Haarsieb streichen und nach Wunsch weiter verarbeiten.

MÜRBTEIG

Zutaten:

• 115 g Butter • 100 g Puderzucker • 250 g Mehl • 1 Ei • Schale von 1/2 Zitrone • Mark einer Vanilleschote • 1 Prise Salz

Zubereitung: Mehl und Puderzucker fein in eine Rührschüssel sieben. Die restlichen Zutaten - bis auf das Ei - beigeben und mit dem Knethaken abbröseln. Nun das Ei beigeben und rasch einarbeiten. Den Teig in Frischhaltefolie einwickeln und vor der Verarbeitung für etwa 1/2 Stunde im Kühlschrank ruhen lassen.

BRIOCHE
Zutaten für 4 Personen:
• 1-2 EL lauwarme Vollmilch • 15 g Hefe • 175 g Mehl • 2 Eier • 1 Eigelb • 20 g Zucker • 3 g Salz • 60 g warme Butter • Fett für die Form
Zubereitung: Die Milch mit der Hefe und 2 EL von dem durchgesiebten Mehl zu einem Vorteig verrühren. An einem warmen Ort gehen lassen, bis er Blasen wirft. In eine große Schüssel geben und mit dem restlichen durchgesiebten Mehl, Eiern, Eigelb, Zucker und Salz vermischen. Nach und nach die weiche Butter zufügen und zu einem glatten geschmeidigen Teig verarbeiten. Wird er zu fest, noch 1-3 EL Vollmilch dazugeben. Mit einem Tuch abdecken und 20 Minuten gehen lassen. Wieder tüchtig durchwalken und nochmals 15-20 Minuten gehen lassen.
Durchkneten und in eine gut ausgefettete Kastenform (1 l Inhalt) füllen. In der Form nochmals 10-15 Minuten gehen lassen und in den vorgeheizten Backofen auf Mitte schieben. Bei 180° C etwa 45 Minuten backen.
Abwandlung:
Feigen-Rosmarin-Brioche: Vor dem letzten Gehenlassen 1/2 TL fein geschnittene Rosmarinnadeln und 2 EL Trockenfeigenwürfelchen untermischen.
Temperatur: **Backofen, Ober- und Unterhitze, Vorheizen und Backen: 180° C. Backzeit: ca. 45 Minuten.**
Anrichten: **Die in Scheiben geschnittene Brioche zum Servieren toasten und zusammen mit Butter reichen.**
TIPP: **Je mehr man den Teig durchwalkt und gehen lässt, umso feinporiger wird er später.**

FOCACCIABROT
Zutaten:
• 250 g Mehl • 25 g Hefe • 175 ml Wasser • 5 g Salz • 30 ml Olivenöl
Zubereitung: Hefe und Salz in lauwarmem Wasser auflösen, mit Mehl zu einem zähen Teig schlagen, Olivenöl daraufgeben und etwa 20 Minuten bei etwa 20° C Raumtemperatur gehen lassen. Dann mit dem Öl auf einem Backblech ausbreiten und nochmals gehen lassen, schließlich bei 220° C etwa 25 Minuten goldgelb backen, danach abkühlen lassen.
TIPP: **Das Brot eignet sich auch gut als Beilage zum Essen, wenn man es vor dem Backen mit frisch geschnittenen Kräutern wie Rosmarin und Thymian bestreut.**

NUDELTEIG
Zutaten für 4 Personen:
• 1 Ei • 3 Eigelb • 1/2 TL kaltgepresstes Distelöl • 1 Prise Salz • 200 g Mehl
Zubereitung: Ei, Eigelbe, Öl und Salz in eine Schüssel geben und mit dem Schneebesen gut verrühren. Nach und nach das Mehl dazu sieben und mit den Händen so lange verkneten, bis sich der Teig vom Schüsselrand und den Händen löst. Der Nudelteig muss schön glatt, aber noch fest und zäh sein. Zur Kugel formen, in Klarsichtfolie einschlagen und 30 Minuten kühl stellen. Dann den Teig durch die Nudelmaschine treiben und je nach Wunsch feine oder breite Nudeln herstellen. Wer keine Nudelmaschine hat, macht es mit der Hand: den Nudelteig auf einer bemehlten Fläche mit Mehl dünn ausrollen, 10 Minuten antrocknen lassen und in 20 cm breite Bahnen schneiden. Diese aufrollen und in die gewünschte Form schneiden. Anschließend in kochendem Salzwasser mit einem Schuss Öl bissfest garen.
Die wichtigsten Abwandlungen:
Spinatnudeln: 100 g frischen, blanchierten Spinat gut ausdrücken, mit den Eiern, Öl und Salz im Mixer fein pürieren und mit dem Mehl wie zuvor beschrieben herstellen. Etwa 2-3 EL mehr Mehl nehmen, damit der Teig seine gewünschte Festigkeit erhält.
Tomatennudeln: 1 EL Tomatenmark und 3-4 frische, fein geschnittene Basilikumblättchen zu der Eimischung im Grundrezept geben und mit 1-3 EL mehr Mehl die gewünschte Festigkeit des Teiges herstellen.
Schwarze Nudeln: Tintenfisch-Tinte (Feinkostgeschäft) mit den Eiern, Öl und Salz gut verrühren und wie im Rezept fertig stellen.

Gestreifter Nudelteig:
Hellen Nudelteig dünn ausrollen. Fein geschnittene schwarze Nudelstreifen schön im Abstand auflegen und mit einem Wellholz gut andrücken. Nochmals durch die Maschine walzen und nach Wunsch weiter verarbeiten.

Estragon-Nudeln:
In den Nudelteig etwas fein geschnittenen Estragon geben und vor dem Servieren mit 1 TL Estragon in Butter anschwenken.

PIZZATEIG

Zutaten:
• 0,2 l warmes Wasser • 2-3 EL kaltgepresstes Olivenöl • 17 g frische Hefe • 350 g Mehl • 3 g Salz • Mehl zum Ausrollen

Zubereitung: Das Wasser in die Rührschüssel der elektrischen Küchenmaschine geben und mit Öl und der zerbröckelten Hefe vermischen. Bei laufenden Knethaken nach und nach das Mehl mit dem Salz zufügen. Alles zu einem kompakten, glatten Teig verarbeiten. Bei Zimmertemperatur 20 Minuten gehen lassen. Dann tüchtig durchwalken und auf einer bemehlten Fläche ausrollen. Auf ein Blech ausbreiten und nochmals 15-20 Minuten gehen lassen. Nach Belieben mit Gemüse, Fleisch, Meeresfrüchten, Wurst und Käse belegen. In den vorgeheizten Backofen schieben und bei 225° C 15 Minuten backen oder auf dem Backstein zubereiten.
Temperatur: **Backofen Ober- und Unterhitze, Vorheizen und Backen: 225° C.** Backzeit: **15 Minuten oder: Backofen/Backstein P und 275° C. Vorheizen: 30 Minuten, Backzeit: 5-7 Minuten.**

SALZTEIG

Zutaten:
• 300 g Mehl • 300 g Salz • 2 Eier • 0,1 l Wasser • 2 EL Weißweinessig • 2 EL kaltgepresstes Olivenöl

Zubereitung: Das Mehl mit Salz, Eiern, Wasser, Essig und Öl zu einem glatten Teig verkneten. Etwa 40 Minuten kühl stellen.
TIPP: **Ganze Fische, Geflügel, Keulen von Milchlamm oder Milchzicklein und Wildfleisch eignen sich besonders gut für die Zubereitung im Salzteig. Das Fleisch bleibt herrlich saftig und zart.**

STRUDELTEIG

Zutaten:
• 100 g Mehl • 1 g Salz • 3 EL Wasser • Öl zum Bepinseln • Mehl zum Ausrollen

Zubereitung: Das Mehl auf eine Arbeitsfläche sieben und in die Mitte eine Mulde drücken. Da hinein das Öl mit dem Salz geben und zusammen mit dem Wasser alles zu einem geschmeidigen, glatten Teig verkneten. Zu einer Kugel formen, die Oberfläche mit Öl bepinseln und in Klarsichtfolie einschlagen. So kann der Teig keine Haut ziehen und bei weiterer Verwendung auch nicht einreißen. 30 Minuten kühl stellen. Die Arbeitsfläche mit einem Tuch auslegen und gleichmäßig mit Mehl bestreuen. Die Teigkugel mit Mehl bestäuben, auf das Tuch legen und so dünn wie möglich ausrollen. Mit beiden Handrücken unter den Teig fahren, langsam und vorsichtigen Richtung Tischkante ausziehen. Der Teig darf auf keinen Fall einreißen, aber er sollte so dünn werden, dass man eine Zeitung durch ihn hindurch lesen könnte. Der Strudel kann mit

verschiedenen Füllungen - pikant oder süß - gefüllt werden. Man gibt ihn auf ein mit Wasser abgespültes Backblech, bepinselt die Oberfläche mit Milch oder verquirltem Eigelb und backt das Ganze nach der jeweiligen Rezeptangabe. Einen Strudel können Sie natürlich auch auf dem Backstein zubereiten.

Anmerkung: **Einen Strudelteig gibt es auch fix und fertig aus der Kühlteke zu kaufen.**

APFEL-MEERRETTICH

Zutaten:

• 2 große Äpfel (Granny Smith)
• 2 TL geriebener Meerrettich
• 1 EL Honig • 1 Msp Vitamin C

Zubereitung: Geschälte Äpfel grob reiben und schnell mit Meerrettich, Honig und Vitamin C (dadurch verfärbt sich der Apfel nicht) vermischen und in ein Weckglas geben, verschließen und kühl stellen.

TIPP: **Diese köstliche Beilage passt zu einfachen, rustikalen Gerichten, wie Blut-, Leberwurst und Schinken, Räucherfischen, Terrinen oder zu gebratener Gänseleber. Für Wildgerichte einfach vermischt mit wenig Preiselbeerkompott servieren. Ich persönlich empfehle, in der winterlichen Jahreszeit morgens und abends je einen Teelöffel einzunehmen, hält Nase und Kopf frei.**

APFEL-SELLERIE-SALAT

Zutaten für 4 Personen:

• 1 Apfel (Delicious), etwa 150 g • 1/2 junge Sellerieknolle, etwa 300 g • 1 Msp Vitamin C • 2 EL Crème fraîche • 1 EL geschlagene Sahne • 1 TL Blütenhonig • 1/2 TL Walnussöl • 1 Prise Salz

Zubereitung: Vom Sellerie Äußeres abschneiden, Äpfel schälen, beides in feine Streifen schneiden und gleich in wenig kaltes Wasser mit Vitamin C legen, wodurch die Farbe erhalten bleibt. Die restlichen Zutaten gut verrühren und mit 1 Prise Salz abrunden.

Apfel-Sellerie-Streifen auf ein Sieb schütten und dann am besten in einer Salatschleuder leicht trocknen. Mit der Sauce gut vermischen und mindestens 1/2 Stunde kühl aufbewahren.

P.S.: **Diesen erfrischenden Salat kann man nach Wunsch mit Nüssen und Rosinen verfeinern. Er passt sehr gut zu Terrinen und kalten Geflügel- und Wildgerichten.**

APFEL-SEMMEL-BRIOCHES

Zutaten für 4 Personen:

• 2 helle Milchbrötchen • 4 EL Milch • 1 Ei • 1 EL Schalottenwürfel • 10 g Butter • 1 TL fein gehackte Petersilie • 1 frischer Zweig Thymian • Salz • Pfeffer aus der Mühle • 1 Apfel (Delicious oder Cox Orange) • Butter für die Förmchen • Semmelmehl zum Ausstreuen • 1 Eigelb

Zubereitung: Die Brötchen in gleichmäßige, kleine Würfel schneiden. Milch, Ei, in Butter glasierte Schalotten, gehackte Thymianblättchen, Salz und Pfeffer gut verrühren und mit der Petersilie vorsichtig unter die Brotwürfel mischen. Den Apfel schälen, vierteln, entkernen und in kleine Würfel schneiden, zum Schluss unter die Brötchenmasse mischen. Vorsichtig umrühren, damit die Würfelstruktur der Brötchen erhalten bleibt. Ist die Masse zu weich, noch 1-2 EL Semmelmehl zufügen. Vier kleine Teflonförmchen ausbuttern und mit Semmelmehl ausstreuen, die Masse einfüllen und glatt streichen. Mit dem verquirlten Eigelb bepinseln. Die Fettauffangpfanne des Backofens zu zwei Drittel mit heißem Wasser füllen, die Förmchen hineinstellen und bei 200° C im Ofen 12-15 Minuten backen.

Anmerkung: **Apfel-Semmel-Brioches passen zu Wild- und Geflügelgerichten. Die Semmel-Apfel-Masse kann auch als Plätzchen in einer heißen Teflonpfanne goldbraun gebraten werden.**

AVOCADO-MANGO-PÜREE

Zutaten:

• 1 reife, aber feste Avocado • 1/2 Mango • 1 EL Korianderblättchen • 1 EL Petersilienblättchen • 1 TL Ingwer, gerieben • Salz • Currypulver • Tabasco

Zubereitung: **Avocado und Mango schälen und in Stücke schneiden und in einer Moulinette mit den restlichen Zutaten zu einer feinen, grünen Mousse verarbeiten und würzig abschmecken. In einem Glas im Kühlschrank aufbewahrt, hält sie sich etwa 1 Woche.**

TIPP: **Wir stechen in unserer Küche mit Löffeln kleine Nocken ab und geben sie zum Pot au Feu von Zitronengras und Curry oder auch zu gebratenem Fisch.**

EINGELEGTER MUSKATKÜRBIS

Zutaten:

• 1 kleiner Muskatkürbis • 5 dl Obstessig • 5 dl Wasser • 500 g Zucker • Ingwerwurzel • 2 Lorbeerblätter • 5 Pimentkörner • 20 Pfefferkörner • 1 EL Senfsaat • 3 Sternanis • 3 Macisblüten • 3 Kardamomkapseln

Zubereitung: **Den Kürbis in Scheiben schneiden und beliebig ausstechen. Den Essig mit Wasser und Zucker aufkochen, die Gewürze zufügen und den ausgestochenen Kürbis mit kochendem Fond in Gläser füllen, diese verschließen und einige Tage im Kühlschrank ziehen lassen. Die Kürbisreste vom Ausstechen kann man ebenfalls einlegen und zur Herstellung von Kürbis-Chutney verwenden (Rezept Seite 335). Wenn man den Kürbis lieber etwas weicher mag, sollte man ihn mit dem Fond zusammen aufkochen und dann darin erkalten lassen. Der eingelegte Kürbis passt gut zu Vorspeisen und Salaten oder auch als Beilage zu Terrinen. Der Einlegefond eignet sich auch gut für andere Gemüsesorten, zum Beispiel für Rettich, Karotten oder Rote Bete.**

EINGEMACHTE HOLUNDERBEEREN

Zutaten:

• 1 kg Holunderbeeren, entstielt • 175 g Zucker • 5 cl Himbeeressig • 5 dl Banyuls oder Portwein • 5 dl Holundersaft, kaltgepresst und ungesüßt • 1 Zimtstange • 2 Sternanis • 2 Pimentkörner • 2 Kardamomkapseln • 2 Wacholderbeeren • 1 Macisblüte • 1/2 Vanillestange • 1/2 Orangenschale • Mondamin • Stroh-Rum

Zubereitung: **Den Zucker in einem Topf karamelisieren und mit Himbeeressig ablöschen. Dann den Banyuls, den Holundersaft und die Gewürze zufügen, einmal aufkochen lassen und etwa 1/2 Stunde ziehen lassen. Mondamin mit etwas Portwein verrühren und den Fond damit binden. Die entstielten Holunderbeeren auf zehn Weckgläser von 20 cl verteilen und den heißen, passierten Holunderfond darauf gießen. Mit Stroh-Rum beträufeln, anzünden und die Gläser sofort verschließen, danach bei 85° C etwa 15 Minuten sterilisieren. Das Kompott sollte kühl und dunkel gelagert werden, dann ist es einige Monate haltbar.**

KUMQUATCONFIT

Zutaten für 4 Personen:

• 12 Kumquats (Zwergorangen) • 4 EL Schalottenwürfel • je 1 Zweig Thymian und Estragon • 1/8 l Orangensaft • 8 cl Noilly Prat • 1 Msp Safranpulver • 50 g Butter • 1 EL Traubenkernöl • 1 EL Walnussöl • 1 Spritzer Tabasco • 2 cl Grand Marnier • 1 Prise Salz

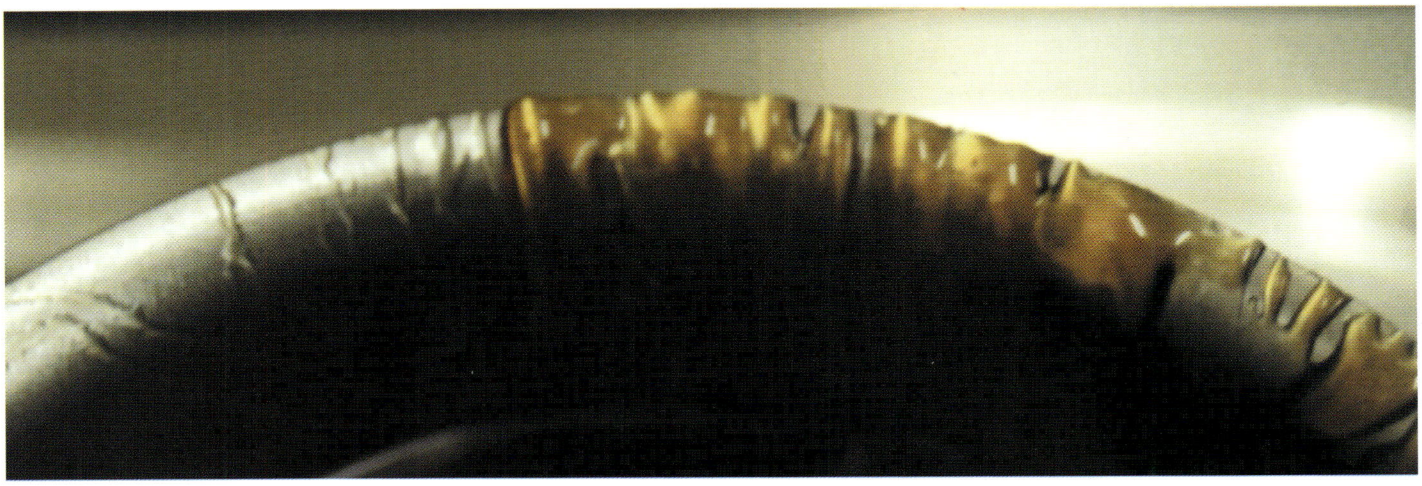

Zubereitung: Kumquats 10 Sekunden in kochendes Wasser geben, danach kalt abschrecken. Die Früchte halbieren, mit einer Essgabel die Kerne rausschaben. Danach in kleine Würfelchen schneiden oder wolfen (durch die 3-mm-Scheibe). Schalotten in heißer Butter ohne Farbe glasieren, Kumquats, Orangensaft, Noilly Prat und Kräuter zugeben und dickflüssig einköcheln lassen. Die Kräuter rausnehmen, das Confit mit Safran, Tabasco und Salz würzen. Zum Schluss mit Walnuss- und Traubenkernöl sowie Grand Marnier abrunden und heiß in ein Einweckglas füllen. Dies kann gut verschlossen im Kühlschrank aufbewahrt werden. Dieses Confit schmeckt sehr gut zu Terrinen, Jakobsmuscheln, gebratenen Fischen, Geflügel- und Wildgerichten.

PHYSALIS-KOMPOTT

Zutaten:

• 150 g Physalis • 1 EL Zucker • 10 cl Orangensaft • 10 cl Sauternes • 1 Msp Safran • 1 Rosmarinzweig • 1 Thymianzweig • 1 Gewürznelke • 1/2 Sternanis • 1/4 Zimtstange

Zubereitung: Physalis aus der Pergamentschale pellen und achteln. Zucker karamelisieren und mit Orangensaft und Sauternes auffüllen und um die Hälfte einkochen. Mit etwas Stärke den Fond binden, die Gewürze und Kräuter zufügen und mit den Physalis heiß in ein kleines Weckglas von 25 cl füllen. Über Nacht durchziehen lassen. Das Kompott hält sich gekühlt einige Tage.

PORTWEINGELEE

Zutaten für 1/2 Liter:

• 300 g Rinderhesse • 50 g Karotten, geschält • 30 g Staudensellerie, geschält • 30 g Schalotten, abgezogen • 2 Eiweiß • 2 Wacholderbeeren • 1 Gewürznelke • 1 frischer Zweig Thymian • 8 zerdrückte weiße Pfefferkörner • 5 zerdrückte Pimentkörner • 1/2 l Rinderkraftbrühe • 0,2 l roter Portwein • 6 Blatt Gelatine • Salz • 0,15 l weißer Portwein

Zubereitung: Das Fleisch zusammen mit dem zerkleinerten Gemüse durch die grobe Scheibe des Fleischwolfs drehen. Mit dem Eiweiß und den Gewürzen in die Brühe einrühren und bei milder Hitze unter ständigem Rühren langsam zum Kochen bringen. Den roten Portwein zufügen und 20 Minuten ziehen lassen. Durch ein Tuch passieren. Die Gelatine kalt einweichen, gut ausdrücken und in dem noch warmen Fond auflösen. Mit 1 Prise Salz würzen, den weißen Portwein unterrühren und kalt stellen.

Anmerkung:

Nach etwa 5 Stunden ist das Gelee schnittfest und kann, in feine Würfelchen geschnitten, zu Terrinen serviert werden. Leicht erwärmt füllt man es in Pasteten oder gießt damit Formen aus.

GEWÜRZLACHS

Zutaten:

• 300 g Meersalz • 200 g brauner Zucker • 8 g schwarzer Pfeffer • 8 g Senfkörner • 2 Nelken • 6 g Pimentkörner • 5 g Thymian • 10 g Fenchelsamen • 2 Lorbeerblätter • 8 g Wacholderbeeren • 10 g Sternanis • 8 g Korianderkörner • 500 g frisches, pariertes Lachsfilet

Zubereitung: Alle Zutaten mixen, mit 2 EL davon das Lachsfilet beidseitig würzen, in Klarsichtfolie einschlagen und ca. 1/2 Tag im Kühlschrank marinieren lassen. Danach kalt abspülen, und den Gewürzlachs weiter verarbeiten. Die Gewürzmischung kann im verschlossenen Glas gut noch länger aufbewahrt werden.

MARINIERTE GÄNSESTOPFLEBER

Zutaten:

• 1 frische Gänsestopfleber, ca. 650 g

Marinade: • 6 cl Sauternes • 5 cl weißer Portwein • 4 cl Cognac

Gewürzmischung: • 3 EL Salz • 1 Prise Pökelsalz • 1 TL weißer Pfeffer aus der Mühle • 1 Prise Zucker • 1 Msp Pastetengewürz (Feinkostgeschäft - ca. 10 g Gewürzmischung auf 600 g Leber)

Zubereitung: Von der Leber (Zimmertemperatur) die Haut abziehen, halbieren, etwas flach drücken und vorhandene, blutige Adern mit einer Pinzette entfernen. In eine Schüssel geben, mit

Gewürzmischung und Spirituosen marinieren und für 1-2 Tage mit Klarsichtfolie umschlossen im Kühlschrank durchziehen lassen. Danach die Leber wie eine dicke Wurst in eine Klarsichtfolie einrollen. Diese noch mal mehrmals in Alufolie einrollen und an den Enden straff festdrehen. Die Gänseleber in 50° C warmem Wasserbad ca. 40 Minuten pochieren. Danach mindestens 1 Tag kalt stellen. Man kann auch eine geeignete Porzellan-Terrinenform dünn mit grünem Speck (frisch vom Schweinebauch) auslegen, die Leber einschichten, mit Speck verschließen und abgedeckt auf einem Backblech mit etwa 3 cm Wasser bei 100° C im Backofen 40 Minuten pochieren.

TIPP: **Die qualitativ beste Leber kommt aus Frankreich (Périgord), aber auch Ungarn und Israel liefern sehr gute Stopflebern.**

NUDELGRATIN

Zutaten für 4 Personen:

• 120 g Bandnudeln (Rezept Seite 348) • 4 cl Noilly Prat • 200 g Sahne • 2 cl trockener Weißwein • 2 EL Hollandaise (Rezept Seite 344) • 2 EL geschlagene Sahne • Salz • Pfeffer aus der Mühle • 1 EL frisch geriebener Parmesan

Zubereitung: Die Bandnudeln in kochendem Salzwasser bissfest garen, abgießen und gut abtropfen lassen. Den Noilly Prat auf die Hälfte einköcheln, die Sahne zufügen und weiter auf 0,12 l reduzieren. Die Nudeln untermischen und den Wein angießen. 2 Minuten köcheln lassen, vom Herd nehmen und die Hollandaise und die Schlagsahne unterziehen. Mit Salz und Pfeffer abschmecken, alles in eine feuerfeste Form geben, mit dem Parmesan überstreuen und im Backofen bei Oberhitze oder im Salamander goldbraun überbacken.

TIPP: **Das Nudelgratin passt gut als Beilage zu Geflügelgerichten und hellem Fleisch. Es kann aber auch als eigenständiges Gericht serviert werden. Dann nimmt man einfach die doppelte Menge der Zutaten und schichtet noch Gemüse mit ein - zum Beispiel Pilze, frische Algen oder Karottenstreifen, kurz blanchiert und in wenig Butter sautiert.**

PETERSILIENSPÄTZLE

Zutaten für 4 Personen:

• 100 g Blattpetersilie • 1 Vollei • 4 Eigelb • 160 g Weizenmehl, Type 405 • 1 EL Mineralwasser • Salz • Butter zum Schwenken

Zubereitung: Die Petersilienblätter von den Stielen zupfen und gut waschen. Abtropfen und mit dem Ei und den Eigelben im Mixer pürieren und in eine Schüssel füllen. Nach und nach das gesiebte Mehl unterrühren und mit Wasser und Salz zu einem nicht zu festen Teig verschlagen. Einen Teil des Teiges auf einem Spätzlebrett dünn verstreichen und mit einem Teigschaber oder einer Palette feine Streifen in kochendes Salzwasser schaben. 3 Minuten köcheln lassen, dann mit einer Schaumkelle heraus heben und in Eiswasser abschrecken, mit dem restlichen Teig ebenso verfahren. Die Spätzle abtropfen lassen und in zerlassener Butter anschwenken.

Für einfache Spätzle die Petersilie weglassen.

SELLERIEPÜREE

Zutaten für 4 Personen:

• 150 g geschälter und gewürfelter Sellerie • 50 g kalte Butterwürfelchen • 1/2 Zitrone • 1/2 TL Vitamin C • Salz

Zubereitung: Die Selleriewürfel nach dem Schneiden schnell in kaltes Wasser mit dem Saft der Zitrone legen. So bleibt das Gemüse schön weiß! 4 dl Wasser mit Vitamin C und Salz aufkochen, Sellerie hinein geben und gerade weich kochen.

Danach das heiße Gemüse in eine Kartoffel- oder Spätzlepresse, ausgelegt mit einem dünnen Tuch, geben und den Saft völlig ausdrücken. Das noch gut warme Gemüse in einer Moulinette mit der kalten Butter fein pürieren. Das Püree durch ein Passiersieb streichen, mit Salz würzig abschmecken. Zum Servieren in einer Sauteuse rührend erwärmen oder in einen Spritzsack mit Plastiksterntülle füllen, in der Mikrowelle erhitzen und dann als Beilage aufspritzen.

PETERSILIENWURZELPÜREE

Zutaten:

• 150 g geschälte und gewürfelte Petersilienwurzel • 50 g kalte Butterwürfelchen • Salz

Zubereitung wie Selleriepüree, Vitamin C und Zitrone braucht es nicht.

ROTE-BETE-PÜREE

Gleiche Zubereitung wie Sellerie-Püree, bei den Zutaten je 80 g Rote-Bete- und Selleriewürfel nehmen, der Rest bleibt.

TIPP: OB DAS PÜREE EINE SCHÖNE SPRITZFESTE BINDUNG HAT, LIEGT VOR ALLEM AM SEHR GUTEN AUSPRESSEN DES GEMÜSES. SEHR WICHTIG IST ABER AUCH, DASS DAS GEMÜSE BEIM PÜRIEREN ETWA 50° C WARM IST UND SO DIE KALTE BUTTER CREMIG AUFNIMMT. HIER EMPFIEHLT SICH DIE VERWENDUNG DES THERMOMIXERS VON VORWERK. MAN KANN DAS PÜREE DANN MIT DER EINGEGEBENEN TEMPERATUR MIXEN.

BEURRE MANIÉ (MEHLBUTTER)

Zutaten:

• 60 g zimmerwarme Butter
• 60 g Mehl

Zubereitung: Die Butter mit dem Mehl verkneten. In Folie einpacken und im Kühlschrank lagern. Hält sich bis zu 4 Tage lang frisch.

Anmerkung: **Mehlbutter verwende ich hauptsächlich zum Binden von hellen Saucen und Suppen. Soll es einmal schnell gehen und der Vorrat ist aufgebraucht, hilft aber auch 1 gehäufte Msp. bis 1/4 TL Mais- oder Kartoffelstärke, angerührt mit etwas Weißwein. Für dunkle Saucen Rotwein nehmen.**

NUSSKRUSTE

Zutaten:

• 250 g weiche Butter • 1 Vollei • 1 Eigelb • 50 g Mandeln • 50 g Haselnüsse • 30 g Walnüsse • 30 g Pistazien • 50 g Weißbrot, gerieben • 1 EL Kräuter, gehackt (Thymian, Rosmarin, Petersilie und Kerbel) • Salz • Pfeffer

Zubereitung: Die Nüsse im Ofen etwas rösten und anschließend grob hacken. Die weiche Butter in einer Küchenmaschine schaumig rühren, dann nach und nach das Vollei und das Eigelb zufügen. Die gehackten Nüsse und das geriebene Weißbrot vorsichtig unter die Butter heben, die Kräuter zufügen und mit Salz und Pfeffer abschmecken.

Die Buttermasse in eine mit Backpapier ausgelegte Form füllen, im Kühlschrank durchkühlen lassen und dann gefrieren. Die Butter lässt

sich in gefrorenem Zustand sehr dünn aufschneiden und gut aufbewahren.

SCHALOTTENBUTTER

Zutaten:

• 100 g Schalottenwürfel • 1/2 l Banyuls-Rotwein • 100 ml roter Portwein • 200 g Butter • 4 Eigelb • 1 EL gehackte Thymianblätter • Salz und Pfeffer

Zubereitung: Die Schalotten mit dem Banyuls und Portwein dickflüssig einkochen und gut abkühlen. Die Butter mit den Eigelben cremig rühren, die Schalotten gut untermischen und mit Salz und Pfeffer kräftig abschmecken. In Alufolie einrollen und tiefkühlen.

ROTWEINSCHALOTTEN

Zutaten:

• 1 kg Schalotten, geschält • 100 g Gänseschmalz • 100 g Zucker • 5 cl Balsamicoessig • 5 cl Rotweinessig • 2 dl Portwein • 4 dl Rotwein • 1/2 Bund Thymian

Zubereitung: Die geschälten Schalotten in Schmalz anschmoren und mit Zucker karamelisieren, dann mit Balsamicoessig ablöschen und mit Rotwein auffüllen. Thymianzweige zugeben und etwa 20 Minuten im Ofen bei 200° C schmoren lassen. Den Fond evtl. mit Stärke leicht abbinden und die Schalotten heiß in Weckgläser abfüllen, so halten sie sich einige Wochen im Kühlschrank.

OFEN-GEWÜRZTOMATEN

Zutaten:

• 4 reife, feste Strauch-Eiertomaten • 1/2 Knoblauchzehe • Olivenöl • Prise Salz und Zucker • Pfeffer aus der Mühle • nach Wunsch fein geschnittene Provencekräuter

Zubereitung: Tomaten waschen, vierteln und Kerne entfernen. Ein Backblech mit Knoblauch abreiben, Tomatenstücke auflegen und mit Salz, Zucker und Pfeffer leicht würzen. Mit etwas Olivenöl überglänzen, wenig Kräuter aufstreuen und im Backofen bei 70° C (mittleres Fach, Tür einen winzigen Spalt geöffnet) 8-10 Stunden trocknen.

P.S.: **Diese Tomaten schmecken sehr köstlich zu Salat- und Fischgerichten.**

SCHWARZE NÜSSE

Zutaten:

• 500 g grüne Walnüsse • 500 g Zucker • 125 g Zucker • Gewürznelken • 1 Sternanis • 1 Zimtstange • 1 Orangenschale • 60 g Glukosesirup

Zubereitung: Die Nüsse müssen grün gepflückt werden, so dass die innere Schale noch weich ist. Dann gründlich waschen und mit einer Nadel rundum mehrmals einstechen und einige Tage lang wässern, wobei das Wasser ein- bis zweimal täglich gewechselt werden sollte.

Wenn die Nüsse schwarz werden, müssen sie in reichlich Wasser weich gekocht werden. Dann Zucker und Wasser aufkochen, Gewürze und Nüsse zufügen und erneut aufkochen; über Nacht ziehen lassen. Nüsse aus dem Sirup nehmen und diesen mit dem restlichen Zucker aufkochen, Glukose unterrühren und mit den Nüssen in ein großes Weckglas füllen.

Die Nüsse sollten mindestens 8 Wochen lagern, bevor sie verwendet werden.

Abkürzungen:

EL	Esslöffel
TL	Teelöffel
Msp	Messerspitze, 1 Messerspitze sind 2-3 Prisen
g	Gramm
kg	Kilogramm
l	Liter
cl	Zentiliter
ccm	Kubikzentimeter
dl	Deziliter
ml	Milliliter
TK	Tiefkühlkost
i.Tr.	in der Trockenmasse
Bd.	Bund
Pr.	Prise 1 Prise ist etwa so viel, wie man zwischen Daumen und Zeigefinger halten kann.

Maße:

1 Schnapsglas	2 cl
1 Weinglas	100 ml = 0,1 Liter
1 Tasse	125 ml = 1/8 Liter oder 8-10 Esslöffel
1 Spritzer	2-3 Tropfen
1 Schuss	1/2 Schnapsglas = 1 cl

Fachausdrücke:

A

abflämmen: Abbrennen von feinen Flaumenfedern über einer Gasflamme, z.B. bei gerupftem Geflügel.

abglänzen: Mit einer Glasur bedecken, glänzend machen.

abschäumen: Brühen und Fonds mit Hilfe eines Schaumlöffels von Trübstoffen (geronnenem Eiweiß, Unreinheiten) befreien, die sich beim Kochen an der Oberfläche sammeln.

abschrecken: Eine heiße Speise in eiskaltem Wasser schnell abkühlen.

abstechen: Mit einem Tee- oder Esslöffel kleine Klöße oder Nocken von einer Masse formen und in siedenden Wasser gar ziehen lassen.

abziehen: Milch mit Stärkemehl, Eiern oder Sahne, um Brühen, Saucen und Suppen sämig zu machen.

Algen (Queller): Wachsen im salzigen Meeresboden, schmecken knackig frisch, sind zart, leuchtend grün und sehr eiweißreich.

abschwitzen: In Fett anrösten, ohne dass die Speise Farbe annimmt.

à point: Gerade richtig, auf den Punkt gebracht braten, pochieren, garen.

Aromaten: Sammelbegriff für Würzzutaten (Gewürze, Kräuter etc.).

aufschlagen: Eine Sauce oder Creme mit dem Schneebesen bearbeiten, um sie locker und luftig zu bekommen.

ausbacken: In reichlich heißem Fett goldbraun backen.

ausbeinen: Schlacht-, Geflügel- und Wildfleisch von allen Knochen befreien, ohne die Haut zu verletzen.

ausbrechen: Das Knacken der Schalen und Herauslösen der fleischigen Teile bei Krustentieren.

auslegen: Eine Form mit dünn gerolltem Teig auskleiden.

ausstreichen: Eine Form mit Fett bestreichen, um später den Inhalt besser zu stürzen bzw. auszulösen.

B

bardieren: Mit Speck umwickeln oder belegen.

Beignet: Kleines, gefülltes Gebäck (z.B. Früchte im Teig) im Fett ausbacken

bestauben: Formen oder Speisen leicht mit Mehl aus- bzw. bestreuen.

binden: Mit Stärke, Eiern oder Gelatine eine Speise sämiger machen.
bissfest garen: Gemüse, Nudeln nicht zu weich kochen, sie sollen noch einen weichen Kern haben.
blanchieren: Kurzes Kochen in reichlich Salzwasser z.B. bei Gemüse, um es von Verunreinigungen und unangenehmen Geschmacksstoffen zu befreien und die Vitamine zu erhalten oder um die Haut besser abziehen zu können.
blindbacken: Teigböden ohne Füllung vorbacken. Damit der Boden flach bleibt, der Teigrand aber hoch geht, wird der Teigboden mit Pergamentpapier oder Alufolie abgedeckt und mit Hülsenfrüchten (Erbsen, Bohnen) beschwert. Nach dem Backen wird beides wieder entfernt.
Bouquet garni: Ein Gewürzsträußchen aus verschiedenen Kräutern, Suppengemüsen und Gewürzen zur geschmacklichen Verfeinerung von Saucen, Suppen und Brühen.
Brunoise: fein gewürfeltes Gemüse

C

Consommé: Besonders kräftige, klare Brühe (Fond).
Corail: Rogen weiblicher Krusten- und Schalentiere.
Coulis: Früchte mit Zucker oder reduzierte Gemüsesaucen von der Konsistenz eines Pürees.
Crème double: Extra fette, süße Sahne (45 % Fettgehalt).
Crème fraîche: Dicke, säuerliche Sahne (30-40 % Fettgehalt).

D

dämpfen: Im Wasserdampf garen, ohne dass die Speise mit Flüssigkeit in Berührung kommt. Auch: Kartoffeln nach dem Kochen im Ofen austrocknen lassen.
dressieren: Mit Spritzbeutel und Tülle eine Speise geschmackvoll anrichten.
dünsten: In wenig Flüssigkeit - eigenem Saft oder Fett - garen.
durchstreichen: Durch ein Sieb passieren.

E

entbarten: Bei Muscheln den Bart entfernen.
entfetten: Brühen, Saucen und Fonds - in heißem Zustand mit Küchen- oder Filterpapier - im kalten Zustand einfach die abgesetzte Fettdecke abheben.
Entrecôte: Fleischscheibe aus dem Zwischenrippenstück vom Rind.
Essenz: Stark eingemachte Brühe, konzentrierter Fond.

F

Farce: Füllung aus sehr fein gehacktem oder durchgedrehtem Fleisch, Fisch oder Meeresfrüchten, pikant gewürzt und gebunden.
flambieren: Eine Speise mit hochprozentigem Alkohol übergießen und anzünden: der Alkohol verflüchtigt sich, zurück bleibt das feine Aroma.
Flan: Im Wasserbad zubereitete Eierspeise.
Fond: Extrakt, der beim Garen von Fleisch, Fisch, Geflügel und Gemüse gewonnen wird; er dient als Basis für Saucen.
Frittüre: Fettbad zum Ausbacken von Teigspeisen.

G

garnieren: Eine Speise hübsch anrichten.

geklärte Butter: Erhitzte Butter, die abgekühlt durch ein Tuch passiert wird; das reine Butterfett ohne die Molke bleibt übrig.

Glace: Stark eingekochte, ungesalzene Brühe (Reduktion) zur geschmacklichen Verbesserung von Saucen oder zum Überglänzen von Speisen.

glasieren (glacieren): Mit einer feinen Glasur bedecken, überziehen oder in Fett und etwas Zucker schwenken.

gratinieren: Ein Gericht mit starker Oberhitze überbacken, bis eine schöne, braune Kruste entsteht.

grüner Speck: Frischer, ungepökelter, ungeräucherter Speck.

J

Julienne: Sehr feine Streifen von Gemüse oder Trüffeln, als Einlage oder Garnitur.

Jus: Konzentrierter, brauner Fond oder reiner Bratensaft.

K

Karkassen: Skelett von Krustentieren oder Geflügel zum Auskochen für Fonds.

klären: Mit Hilfe von einer Masse aus klein gehacktem Fleisch (Rinderhesse/Wadenfleisch) oder Fisch mit Eiweiß und Kräutern werden sämtliche trüben Bestandteile aus einer Brühe gebunden und entfernt; für klare Essenzen und Gelees.

Krebsnasen: Körper ohne Schwanz von gekochten Krebsen, zum Füllen mit Farce oder als Garnitur.

Küchencutter: Elektrische Blitz-Zerhacker zur Herstellung von Farcen.

Kutteln (Kaldaunen): Vormagen oder Pansen von Kalb oder Rind: fertig vorbereitete Kutteln erhält man beim Metzger.

M

marinieren: Fleisch, Fisch, Wild einlegen in eine würzende Flüssigkeit aus Essig, Wein, Zitronensaft, Öl, Kräutern und Gewürzen.

melieren: Vermischen, vermengen, unterziehen.

Mille-feuille:
Kleine Blätterteigkuchen.

montieren: Eine Sauce oder Suppe mit kalter Butter aufschlagen.

N

nappieren: Speisen mit Sauce überziehen.

Noilly Prat: Trockener, französischer Wermut.

P

panieren: Erst in Mehl, danach im geschlagenen Ei und zum Schluss in Semmelmehl wenden.

Parfait: Eine exquisite Farce aus besonders edlen Zutaten in kleinen Formen: wird gut gekühlt gestürzt.

parfümieren: Eine Speise mit einer aromatischen Flüssigkeit würzen.

parieren: Fleisch- und Fischstücke von Sehnen, Fett und Haut befreien und gleichmäßig zurechtschneiden.

Parüren: Abschnitte, die beim Parieren entstehen, sie werden für Fonds verwendet.

passieren: Durch ein Sieb streichen oder abgießen.

Passiertuch: Feines Gazetuch, durch das die feinsten, festen Bestandteile abgesiebt werden.

pochieren: In einer siedenden Flüssigkeit leise gar ziehen lassen, köcheln.

R

reduzieren: Flüssigkeiten wie Fonds, Suppen, Saucen auf die gewünschte Konsistenz dickflüssig einkochen; verringert die Flüssigkeit und verstärkt den Geschmack.

S

Sabayon: Im Wasserbad aufgeschlagene Eierweinschaumcreme.

Salamander: Spezialgerät zum Überbacken und Bräunen.

Sauternes: Süßer, alkoholreicher Weißwein.

sautieren: Schnelles, kurzes Anbraten in Fett.

Schalotten: Kleine, würzige, eiförmige Lauchknollen, edelste Zwiebelsorte.

Schlagsahne: Halbsteif geschlagene Sahne ohne Zucker oder Salz; ideal für Saucen und Pürees, um sie leicht und luftig zu machen. Immer erst unmittelbar vor dem Servieren unterheben.

schleifen: Hefeteigstücke mit der Hand auf der Arbeitsfläche formen.

schmoren: Garvorgang zwischen Braten und Kochen.

soufflieren: Mit einer Soufflémasse füllen und dann dünsten oder überbacken.

Spiegel gießen: Formen, z.B. Terrinen, mit einem dünnen Überzug aus Gelee- oder Aspikmasse.

T

temperieren: Eine Speise zum Verarbeiten von einer niedrigen Temperatur langsam auf 32° C erwärmen.

Touren: Mehrfaches Ausrollen und Zusammenlegen von Blätterteig.

tournieren: Gemüse zuschneiden bzw. abdrehen zur runden Form - heute meist oval oder länglich: aus optischen Gründen, aber auch, damit das Gemüse schneller gar wird.

Tranchen: Die angerichteten Scheiben bzw. Schnitten.

tranchieren: Zum Anrichten zerlegen und in Scheiben schneiden.

W

wässern: Helles, noch blutiges Fleisch (z.B. Bries, Hirn) in Wasser legen, um das Blut herauszuwaschen; dadurch bleibt das Fleisch nach dem Garen hell. Auch um den aufdringlichen Geschmack (Nieren) oder Bitterstoffe (Chicorée) herauszuziehen.

Wasserbad (Bain marie): Ein mit Wasser gefüllter Behälter, in dem empfindliche Saucen, Cremes etc. sanft erwärmt werden, ohne zu kochen. Die Gefäße mit den Speisen stehen auf einem Untersatz, damit sie nicht mit dem heißen Topfboden in Berührung kommen. Das Wasser im Wasserbad darf niemals sieden.

Z

Zesten: Dünn abgeschälte Schale von Zitrusfrüchten oder Gemüse mit einem Spezialschäler (Zestenschneider).

zur Rose abziehen: Eine Crememasse unter Rühren bis kurz vor dem Siedepunkt erhitzen, so dass sie auf dem Kochlöffel leicht angedickt liegen bleibt und beim Draufblasen kleine Kringel - in Form einer Rose - zeigt.

DIE WEINE IN DIESEM BUCH:

SICHER, ES GIBT SPITZENWEINE AUS VIELEN ANBAUGEBIETEN, DIE ZU MEINEN REZEPTEN PASSEN. IN DIESEM BUCH HABE ICH MICH MIT MEINEN EMPFEHLUNGEN AUF ITALIEN BESCHRÄNKT. DER KLAREN LINIE WEGEN UND UM FÜR SIE AUCH DIE "VERFÜGBARKEIT" SICHER ZU STELLEN. ALLE WEINE KÖNNEN SIE ÜBER DAS UNTERNEHMEN VORTKAMP (SIEGER IM "WINE QUALITY CUP '97") BEZIEHEN. HEINZ VORTKAMP HAT MIT MIR GEMEINSAM DIE AUSWAHL GETROFFEN. KRITERIUM HIERBEI WAR, WEINE ZU FINDEN, DIE NOCH EIN "GEHEIMTIP" SIND UND AUF DEREN QUALITÄT DAUERHAFT VERLASS IST.

VORTKAMP WEINSPEZIALITÄTEN • ENSCHEDER STRASSE 313 • 48599 GRONAU • TEL. 02562-93360 • FAX 02562-25635